国家社科基金
后期资助项目
GUOJIA SHEKE JIJIN HOUQI ZIZHU XIANGMU

新西兰社会保障制度

Social Security System of New Zealand

张晓霞　著

社会科学文献出版社
SOCIAL SCIENCES ACADEMIC PRESS (CHINA)

国家社科基金后期资助项目
出版说明

后期资助项目是国家社科基金设立的一类重要项目，旨在鼓励广大社科研究者潜心治学，支持基础研究多出优秀成果。它是经过严格评审，从接近完成的科研成果中遴选立项的。为扩大后期资助项目的影响，更好地推动学术发展，促进成果转化，全国哲学社会科学工作办公室按照"统一设计、统一标识、统一版式、形成系列"的总体要求，组织出版国家社科基金后期资助项目成果。

全国哲学社会科学工作办公室

目　录

第一章 导 论

一国社会保障制度是伴随着社会和经济的发展而逐步发展起来的，它的产生是社会文明和进步的重要标志之一。从几千年前社会成员之间的互帮互助发展到今天的社会化保障制度，世界社会保障制度大致经历了萌芽、确立、繁荣和改革四个发展阶段。1601 年英国颁布的《济贫法》为失去劳动能力的老年人和残疾人提供济贫救济，标志着政府正式介入由民间主导的慈善事业。德国是世界上第一个建立社会保险制度的国家，此后，欧美其他国家纷纷仿效也建立起了社会保险制度。社会保障制度的确立对于稳固资本主义政权和促进经济发展起了重要的作用。

第二次世界大战以后，西方社会保障制度进入了高福利高保障的发展阶段，社会保障制度从保障标准、深度和广度上都得到了空前的发展，形成了不同模式的各具特色的社会保障制度。进入 20 世纪 80 年代后，随着世界经济发展速度的放缓及人口老龄化问题的出现，西方社会保障制度的弊端也显现出来，相继出现了社会保障制度的改革浪潮，各国纷纷从本国的国情出发来检视社会保障制度，进行社会保障制度的改革，不同模式社会保障制度的界限也日渐模糊，并出现了相互渗透的发展趋势。

新西兰社会保障制度的起源可追溯到 19 世纪后期，经历了四个重要的转折时期，分别是 19 世纪 90 年代、20 世纪 30 年代、20 世纪 80 年代、21 世纪初。尤其是前三个阶段的改革都是成功的，实现了革命性的转型。本书尝试回答以下几个问题：第一，新西兰社会保障制度发展的驱动力是什么？第二，新西兰社会保障制度与其他国家社会保障制度相比有哪些特色？第三，从 19 世纪末新西兰第一部养老金法案出台到 21 世纪，新西兰社会保障制度经过了漫长的发展阶段，在不同的政党治理下，在经济和社会发展的不同时期，新西兰社会保障制度发生了哪些变化？第四，在人口老龄化压力下，西方福利国家大多出现了养老金支出压力，而建立在非缴费型基础上的新西兰养老金制度却发展稳健，财政压力较小，值得我们借鉴的经验是什么？本书以上述问题为研究脉络，归纳总结新西兰社会保障制度的演变规律、问题与经验。

第一节　研究缘起与范畴的界定

新西兰曾经是英国最远的殖民地，根据1840年《怀唐伊条约》，英国放弃了对新西兰的统治，由殖民当局自行接管。19世纪中后期新西兰经济发展较快，尤其是随着制冷业的发展，新西兰成为英国最大的肉类、羊毛及日用品进口国，一跃成为当时世界上最富裕的国家之一。社会经济的发展推动了社会保障制度的建立，1898年新西兰议会颁布了第一部面向低收入老年人的《老龄养老金法案》，随后新西兰又在最高工时规定、最低工资法律和强制仲裁程序方面进行了创新。

国外学界对新西兰社会保障制度的研究成果较为丰富，但国内的研究从中国知网上能检索到的文章只有零星几篇。新西兰是世界上较早全面建立社会保障制度的国家之一，在其社会保障制度的发展和变迁过程中，呈现自身独有的特色和逻辑。新西兰社会保障制度没有采用社会保险模式，养老金、医疗费及家庭福利津贴的资金都是来自税收收入，尤其是它的养老保障体系在世界上更是具有独特优势。本书通过审视新西兰社会保障制度变迁的历史脉络，系统梳理不同历史阶段社会保障制度变迁的现实动因，挖掘新西兰社会保障制度在社会历史领域和实践活动领域的深层价值。

本书对新西兰社会保障制度的研究，主要以几个标志性的发展阶段作为研究的时间节点，第一个阶段是1898年至1928年，1898年新西兰第一部《老龄养老金法案》的出台标志着制度化社会保障的开始。第二个阶段是以1938年《社会保障法》的出台为标志，这是新西兰社会保障制度正式确立阶段。第三个阶段是二战结束后到20世纪70年代末，这一阶段是新西兰福利国家的繁荣时期，按照韦伯学派的划分，属于福利国家阶段，保障水平逐步提高和保障体系不断完善。第四个阶段是1984年到2000年，属于新自由主义福利国家阶段，这一时期在新自由主义思潮的影响下，新西兰对社会保障制度进了改革，主要特征是削减福利，强调工作的责任。第五个阶段为2000年以后，属于新福利国家发展阶段。

在研究时段确定后，我们有必要对社会保障的概念加以界定。"社会保障"一词最早出现在 1935 年美国的《社会保障法》中，后来迅速传遍全球。什么是社会保障？其实这一问题国际社会并未达成一致的意见。各国对社会保障概念的理解和界定都不同，因此建立的社会保障制度也是各具特色的。

首先，对社会保障概念的理解要放在整个人类社会发展的历史中来考察。如果单纯用现代意义上的社会保障概念来理解和指导社会保障制度的实践，一定是有局限性的，人的一生会遭遇到年老、疾病、死亡、失业等风险，鳏、寡、孤、独等社会弱势群体在不同时代和社会都会存在，在不同发展时期和不同经济发展条件的国家，社会保障的概念和内容也不尽相同。因此，社会保障不仅要适应现代社会范畴，也要与人类社会的历史发展相始终。

其次，由于中国与西方国家社会环境的差异，西方国家的社会福利制度在中国的官方语境下一般用社会保障制度来代替，因此，本书没有命名为新西兰社会福利制度而是用社会保障制度取代，目的是适应中国的官方语境。无论是西方语境下的社会福利制度还是中国的社会保障制度，都是由国家或政府设立的，都为了维持公民的基本生活水平，保障社会成员的基本需要。学者们在理解和界定社会保障概念上存在学科和认识上的分歧，例如，莫泰基把社会保障制度定义为"政府设定的一种制度，通过对社会财富的分配，给予国民基本生活援助，以维持其基本生活稳定"。[1] 关信平认为社会保障是"政府通过公共行动向社会成员提供基本生活保障的一种政策体系"。[2] 曹景文根据各国社会保障的实践，认为社会保障是指国家立法制定的，动员社会资源，保证公民在年老、失业、工伤、患病、生育时的生活不受影响，同时根据经济和社会发展状况，逐步增进公共福利的水平。[3] 由此可见，要形成一个统一的、各学科都能接受的界定是比较困难的，本书所指的社会保障是指国家通过立法制定的社会保险、社会救助、家庭补贴、住房保障等一系列制度的总称。

---

①　莫泰基：《香港贫穷与社会保障》，（香港）中华书局，1993，第 56—57 页。
②　关信平：《社会政策概论》，高等教育出版社，2004，第 16 页。
③　曹景文：《社会主义市场经济条件下的社会保障》，中国戏剧出版社，2006，第 129 页。

第二节　社会保障制度中的新西兰模式

新西兰位于美丽的南太平洋岛屿上，不仅拥有世界先进的工业和农牧业，属于发达的工业化国家，而且还拥有完善的社会保障制度，是一个保障制度成熟而完备的福利国家。新西兰的社会保障制度有着悠久的历史，早在1898年政府为保障老年人的生活就出台了《老龄养老金法案》（Old Age Pension Act）。1938年执政的工党政府颁布了第一部《社会保障法》，开启了全面建设社会保障制度的进程。

1860年至1890年，新西兰被看作世界上最富裕的国家之一，①19世纪末新西兰国民的生活水平有了很大提高，一跃成为一个都市化和工业化的现代社会。社会的发展推动了社会保障制度的繁荣，新西兰成为世界福利国家的先驱，被誉为"社会保障的试验场"，也成为世界上社会保障最慷慨的国家之一。1879年新西兰男子获得了普遍的选举权，1883年新西兰成为世界上第一个给予女性选举权的国家，1894年在世界上第一次对劳资纠纷实行仲裁，并建立了最低工资保障制度。这一系列的举措推动议会在1898年颁布了新西兰第一部面向低收入老年人的《老龄养老金法案》，1938年《社会保障法》的出台和实施使新西兰成为世界上第一个福利国家。新西兰社会保障制度非常独特，尤其是它的养老保障制度。那么是什么因素造就了新西兰独特的社会保障模式呢？

一　社会保障模式形成的政治、社会与经济背景

一国的社会保障制度的发展是由其政治、社会与经济因素来推动的。1845年英国贵族乔治·格雷（George Grey）被任命为新西兰的统治者，乔治·格雷的统治是专制和独裁的，却因此战胜了当时的财政危机，但也招致了定居者们的憎恨。乔治·格雷希望能按照杰斐逊宣言的内容建立一个小而富庶的国家。②新的定居者们反对统治者的独裁，推动议会

---

① F. G. Castle, *The Working Class and Welfare: Welfare in Australia and New Zealand*, Wellington: Allen & Unwin, 1985, p. 28.

② W. H. Oliver and B. R. Williams (eds.), *The Oxford History of New Zealand*, Wellington: Oxford University Press, 1981, p. 639.

于 1846 年通过了新西兰宪法，其在后来被 1852 年的持久宪法所代替，根据这部持久宪法新西兰设立了两院制。

英国的议会制度被移植到新西兰的殖民社会中，最重要的事情是，新西兰不再属于英国，而成为完全自治和自我管理的国家。更为值得注意的是，19 世纪新西兰的政治制度和政治体制首先是通过废除财产的要求而获得公民权的扩大；其次，1893 年新西兰宪法赋予了妇女选民的权利。为什么新西兰人公民权的获得要早于其他国家？公民权在其母国英国还要等 40 年后才获得。

答案是很明显的，就是新西兰殖民社会的情况不同于英国，新的移民定居者认为他们不是财富的奴隶和劳动者。① 这些定居者原来在英国并不是来自社会最底层，大部分给新西兰支付了一定的费用，一般支付 10 英镑，这个价格费用在当时并不低，在当时的英国，80% 的工人一年的收入不到 75 英镑。② 大部分殖民者是英国的小业主或商人，受过良好的教育，政治意识较强，很多人在英国属于中产阶级，他们对参与本地事务或国家政治很积极。③ 而且，殖民社会并没有成为一个等级社会，一些政治党派已经出现，虽然有资格的选民行使自己选举权的比例较低，但女性的解放扩大了政治支持的基础。如此的政治状况为新西兰早期社会政策的发展提供了基础，这也是大部分国家不具备的。

以上这些因素可能被称作出台社会政策的社会或文化的先决条件。新西兰发展史上有两个显著的持久动力，即保守主义④和平等主义。新西兰社会保障制度发展史上有两个积极的激进立法阶段，1891—1898 年和 1935—1938 年。这两个阶段的新西兰立法是对经济萧条的直接反映。平等主义源于新西兰社会的殖民本质，格雷厄姆（Graham）认为早期殖民地生活的困苦和危险在某种程度上阻止了阶级的形成和性别的不平等，

① Alex Davidson, *Two Models of Welfare: The Origins and Development of the Welfare State in Sweden and New Zealand, 1888 – 1988*, Uppsala: Uppsala University Press, 1989, p. 35.

② Pat Thane, *Foundations of the Welfare State*, London: Longman, 1982, p. 5.

③ W. H. Oliver and B. R. Williams (eds.), *The Oxford History of New Zealand*, Wellington: Oxford University Press, 1981, p. 63.

④ 保守主义不是守旧，保守主义对人类的能力、政府的能力保持戒心，认为规则必须是有利于自由的发展。它的突出特点是保障人类的自由，守住自由。

培育了平等主义和团结主义的理念。① 除此之外，还有一个不可忽视的事实，早期的定居者很多是来自英国的农业劳动者阶层，包括一些失败的教徒，在女王维多利亚统治的早期 30 年里，有大约 500 万人为了摆脱苦难、贫穷、失业等问题离开了英国，这些人来到新西兰的目的是追求更加平等的社会，希望能过上更好更自由的生活。

这个新的国家没有形成一个强大的固化的上层阶级，普惠教育制度成了一种维持平等的力量，跟世界上其他国家相比，新西兰国民收入的差距一直是最低的。② 政治的发展来自早期的殖民社会，因此，新西兰构成了一个富裕、保守和同质化的社会，没有传统社会的精英和固化的上层阶级。

到 20 世纪初，新西兰已从一种掠夺性的经济发展成发达的农业和工业经济，成为一个民族认同的国家。共同的信仰构成了民族的认同感，成为新西兰民族和国家持久发展的动力。1890 年至 1914 年是新西兰农业发展的黄金时期，农民被看作社会中坚力量。

然而，在农业达到辉煌时期之前，移民们不得不突破分散的定居点以获取土地，这样做是在牺牲毛利人利益的基础上实现的：从 1840 年到 1870 年，通过一系列的土地争夺战，毛利人失去了他们的大量土地，毛利人的社会发展进程遭到破坏，人口数量也不断减少。从毛利人手里获取的土地为新西兰经济的发展提供了基础，但是也带来了一些社会问题。

经济状况在群体参与国家政治活动中起到了至关重要的作用，很多早期的移民来自英国农业劳动者阶层，英国韦克菲尔德的贵族也没有成为新西兰社会的上层，因为没有多少人获得土地的利益。新西兰的关键问题是土地和谁拥有土地。1881 年的统计数据表明，29% 的劳动力从事农业，44% 的从事采矿业、工业、运输业和传播业，③ 农业社会向工业社会转型，农民不再是社会中坚力量。从 1882 年开始，船上有了制冷装置，英国市场获得更多新西兰的肉和其他日用品，英国成为新西兰的大

---

① W. H. Oliver and B. R. Williams（eds.），*The Oxford History of New Zealand*，Wellington：Oxford University Press，1981，p.134.

② R. Chapman，*Ends and Means in New Zealand Politics*，Auckland：Auckland University Press，1979，p.62.

③ T. Simpson，*The Road to Erewhon：A Social History of the Formative Years in New Zealand，1890 – 1976*，Auckland：Beax Arts，1976，p.17.

市场，畜牧业的繁荣进一步推动了经济的发展。

从 19 世纪末长期萧条阶段的结束到 20 世纪初的经济大萧条开始前的 35 年里，商人和城市业主并没有发展成为一个上层阶级，商人的代表进入自由党和内阁，有助于阻止自由党的变革热情，他们对改革党的政策影响很大。国家通过给予所有男性平等的机会影响了社会阶层形成的过程，国家干预已成为一个规则，这对将来新西兰社会政策的发展有着深刻的意义。

新西兰的一些老的省份被土地主和公司统治，即使在后来废除了省的治理，这些利益也影响到了中央政府。尽管 1879 年男性获得了普遍的选举权，但是，移民工人阶层趋向于到处移动寻找工作机会，因此，移民工人不具备 6 个月的选民居留资格要求。受 1890 年发生在大不列颠码头工人大罢工的影响，新西兰工会开始与雇主进行斗争，1894 年新西兰工人大罢工达到了高潮，大部分工人获得了选民资格，并且转向了支持 1890 年竞选的自由党政府，新政府上台后很快推行了一系列的社会计划。以上因素是新西兰社会保障制度产生的政治、社会和经济根源。

二　新西兰社会保障制度的特征

新西兰的社会保障制度与其他国家所不同的是没有采用社会保险模式，养老金、医疗费及家庭福利津贴的资金都来自税收收入。在新西兰并没有一个专门需要工薪阶层来缴纳费用的基金会，对那些符合社会保障资助条件的人来说，接受政府的帮助是他们应有的一项公民的社会权利。新西兰社会保障制度名目繁多，包括抚养津贴，例如，用于维持家庭生活的津贴，以及专门给予孤儿、无人抚养儿童以及丧偶者的现金资助等。病残津贴的内容不仅包括对病人和残疾人的现金补贴，还包括向残疾人提供一定数额的贷款，用于支付搬家、维修房屋和购买汽车等费用。与工作相关联的福利救济不仅包括对劳动者的职业培训和失业救济，还包含失业者寻找工作期间的生活补贴。其他的福利补贴方式主要有儿童抚养津贴、康复补助和葬礼津贴等。

新西兰社会保障制度经过一个多世纪的修改、补充和完善，形成了四个重要的特征。第一个重要特征可以归纳为：起步早、种类多、覆盖广、门槛低。新西兰于 19 世纪末就建立了养老金制度，迄今已有 120 多年的历史，称得上很早。社会保障制度涵盖了各类居民，有各种类型的津贴，人们生活中可能遇到的各种情况都被覆盖了。社会保障的门槛也很低，很少有附加的一些条件，即使非新西兰公民，只要取得绿卡也可以享有各项福利。新西兰历史学家曾经给予新西兰社会保障制度高度的评价：开创性、创新性、人道主义。①

　　第二个重要特征是新西兰社会保障制度不是完全建立在普惠原则的基础上。除了超级养老金、医疗保健服务及历史上的子女津贴外，其他的社会保障项目都是建立在家计调查的基础上，也就是说是有选择性的（Selective）保障，也称目标（Targeted）保障。新西兰社会保障制度的先进性在于，通过有选择性的社会保障让大多数的公民比其他国家公民更早地过上了高水平的生活。这种选择性的社会保障使得国家的税收负担相对较轻，不利之处是部分人可能会被排除在保障范围之外，选择性的社会保障制度给申请者也带来了不好的名声。关于新西兰社会保障制度到底属于哪种模式，艾斯平·安德森在《福利资本主义的三个世界》一书中并没有谈到。20世纪英国著名社会政策学家蒂特马斯（R. Titmuss）把社会福利模式分为普遍性福利模式和选择性福利模式。② 按照蒂特马斯的分类，新西兰应该属于选择性福利模式，但同时，新西兰的福利模式与公民权利又紧密结合在一起，因此，严格意义上也不能说是选择性的福利模式，大致应该归属于混合式的福利模式，也就是各种福利模式的特点都具备一些。相比之下，瑞典的社会保障制度是建立在普惠基础上的，属于普遍性的福利模式，所有公民被纳入社会保障制度中，加强了社会的融合和凝聚力，但也带来了税负过重的不利结果。

　　新西兰社会保障模式的第三个引人注目的特征是两支柱的养老保障体系。新西兰的养老金制度不仅是慷慨的而且在世界上更是具有独特优势。为了应对人口的老龄化和减少福利的支出，世界上大部分国家按照世界银行的倡议建立了三个支柱的养老保障体系，即缴费型的基本养老保险、企业年金和个人商业保险。而新西兰的超级养老金是非缴费型的，无须雇员缴费，这是区别于社会保险模式的重要特征。

---

① J. B. Condliffe, *The Welfare State in New Zealand*, Unwind Brothers Limited, 1959, p. 319.
② 蒂特马斯：《社会政策十讲》，江绍康译，（香港）商务印书馆，1991，第112页。

新西兰虽然也建立了雇员缴费的企业年金制度作为超级养老金制度的补充，但是在整个养老保障体系中超级养老金制度仍然占据了主导的地位，并且运行良好，并没有出现养老金负担过重的问题，体现出两个支柱优于三个支柱的特征，这在世界社会保障制度中是一枝独秀的。超级养老金作为第一支柱的养老金为所有公民，无论贫穷还是富裕，提供了养老保障，该模式的优点是管理成本较低，而且适应性好，可以随着经济状况的变动、家庭结构的变化（如离婚、独居的增多）及时进行调整。新西兰非缴费型的以第一支柱为主的养老金制度虽然也遭到了非议，但是目前运行状态稳健，它"两支柱优于三支柱"的做法是值得其他国家借鉴的。

新西兰社会保障制度的第四个显著特征是当公民或家庭遇到意外情况时政府会保障国民的正常收入。如单项津贴中的遗孀津贴就是为那些丧偶的女性设立的，而遭到丈夫抛弃或者丈夫患精神疾病的女性也可以申请该项津贴。因病需要停工的可以得到疾病津贴，先天残疾或因突发事件致残的可以申领残疾津贴。

第三节　国内外研究现状

新西兰是世界上较早建立全面社会保障制度的国家之一，与欧美各国的社会保障制度相比既有共性也有个性，新西兰社会保障制度根植于特殊的政治、社会和经济环境中，形成了自身的特色和体系。西方学界对新西兰社会保障制度的研究已有 30 多年的历史，主要成果集中于 20 世纪 90 年代末至 21 世纪初期，我们按照类别就国内外的研究状况进行梳理。

从宏观上对新西兰社会保障制度进行考察始于 20 世纪 90 年代末。戴维·汤普逊（David Thomson）在《没有福利的世界：新西兰殖民时期的经历》[1] 一书中全面论述了早期慈善机构的救助活动，并阐述了国家建立社会保障制度的必要性。

玛格丽特·麦克卢尔（Margaret McClure）在《体面社会：新西兰社

---

① David Thomson, *A World without Welfare: New Zealand's Colonial Experiment*, Auckland: Auckland University Press, 1998.

会保障的历史（1898—1998）》① 一书中阐述了 1898 年《老龄养老金法案》的出台背景及新西兰社会保障制度的确立。作者重点考察了新西兰经济和政治状况对社会保障制度的影响。

米歇尔·奥布莱恩（Michael O'Brien）在《贫穷、政策及国家：社会保障的变化》② 一书中分析了 20 世纪 80 年代以来新西兰经济和社会发展所带来的新的收入不平等和贫穷的扩大。作者重点阐述了第四届工党政府和第四届国家党政府社会保障政策的改革和调整，并讨论了全球化对社会保障制度的影响。

亚历克斯·戴维森（Alex Davidson）在《两种福利模式：新西兰和瑞典福利国家的发展（1888—1988 年）》③ 一书中对新西兰和瑞典就福利国家的起源、福利模式进行比较。作者认为，在 19 世纪末 20 世纪初，两个国家的差异大于相似之处。19 世纪末新西兰工业化发展较快，出现了工人阶级和资本家，男性和女性获得了选举权，自由主义思潮蓬勃发展。而瑞典社会发展缓慢，零星的社会立法仅仅是补充济贫制度。在比较两种福利模式时，作者没有仅仅通过衡量两国的公共支出来评估两种模式的效果，而是把一些均等化效应的指标（如收入分配、教育、健康、住房标准等）考虑其中。

尼尔·伦特（Neil Lunt）、迈克·奥布莱恩（Mike O'Brien）、罗伯特·斯蒂芬（Robert Stephens）在《新西兰，新福利》④ 一书中分析了新西兰社会保障制度承受的全球化和人口老龄化压力，作者阐述了自 1999 年以来新西兰政府对社会保障体系的目标、框架、组织结构的调整。

康德利夫（J. B. Condliffe）在《新西兰福利国家》⑤ 一书中分析了19 世纪末期到 20 世纪初期新西兰的经济结构及经济发展状况，并重点

① Margaret McClure, *A Civilised Community：A History of Social Security in New Zealand*，*1898 - 1998*，Auckland：Auckland University Press，1998.

② Michael O'Brien, *Poverty*，*Policy*，*and the State：The Changing Face of Social Security*，Bristol：The Policy Press University of Bristol，2008.

③ Alexander Davidson, *Two Models of Welfare：The Origins and Development of the Welfare State in Sweden and New Zealand*，*1888 - 1988*，Uppsala：Uppsala University Press，1989.

④ Neil Lunt, Mike O'Brien and Robert Stephens, *New Zealand*，*New Welfare*，South Melbourne：Cengage Learning Australia PTY Limited，2008.

⑤ J. B. Condliffe, *The Welfare State in New Zealand*，London：George Allen & Unwin，1959.

阐述了从 1893 年至 1957 年新西兰从慈善救助向社会保障制度转变的过程，对老龄养老金、医疗津贴、子女津贴、住房等社会保障项目进行了定量的测量和分析。

一些福利历史学家比较关注新西兰早期社会政策的发展，布朗文·达利（Bronwyn Dalley）、玛格丽特·坦南特（Margaret Tennant）在《过去的判断：新西兰社会政策史》① 一书中阐述了 20 世纪 30 年代之前新西兰社会政策的发展，对 1898 年《老龄养老金法案》、1926 年的子女津贴等福利项目进行了评价，认为此时的社会保障仍然是以道德本位为基础的。

玛格丽特·坦南特专注于新西兰社会保障制度的历史研究，她在《福利的结构：志愿组织、政府和新西兰福利（1840—2005 年）》② 一书中特别关注志愿部门和国家的作用。玛格丽特·坦南特认为福利制度不仅仅是政府通过立法和国家机关颁布实施的制度，福利历史是由国家和志愿组织之间的相互联系编织在一起的，它们的相互作用构成新西兰福利制度的过去。

乔纳森·波斯顿（Jonathan Boston）在《新西兰福利国家再思考：问题、政策与展望》③ 一书中对新自由主义时期新西兰社会保障制度的改革进行了思考，认为新自由主义的养老、健康、住房、家庭福利等的改革偏离了社会民主主义的公民权模式，使新西兰成为更加典型的补缺型社会保障制度。作者认为新西兰社会保障制度的目的应该是为所有人提供高水平的公共福利，确保人民参与社会而不是维持基本生存。他的这些观点影响了第五届工党政府的社会保障政策的制定。

戴维·纳特森（David Knutson）在其研究报告《新西兰福利改革：走向以工作为基础的福利制度》④ 中，回顾了新西兰社会保障制度的历

---

① Bronwyn Dalley and Margaret Tennant, *Past Judgement*: *Social Policy in New Zealand History*, Dunedin: University of Otago Press, 2004.

② Margaret Tennant, *The Fabric of Welfare*: *Voluntary Organizations*, *Government and Welfare in New Zealand*, Wellington: Bridget Williams Books, 2007.

③ Jonathan Boston, *Redesigning the Welfare State in New Zealand*: *Problems*, *Policies*, *Prospects*, Auckland: Oxford University Press（NZ）, 1999.

④ David Knutson, *Welfare Reform in New Zealand*: *Moving to a Work-based Welfare System*, the Sponsors of the Ian Axford New Zealand Fellowship in Public Policy Wellington, August, 1998.

史发展，并对社会保障制度转向为以工作为基础的福利制度的改革进行了检视。

弗朗西斯·卡斯尔斯（F. G. Castle）在《工人阶级与福利：澳大利亚和新西兰福利》[①] 一书中考察了 20 世纪八九十年代澳大利亚和新西兰的社会保障制度的改革，分析了两国劳动力市场规制对社会保障制度的影响，阐述了两国的不同福利模式。

米歇尔·奥布莱恩在《新西兰福利改革：从公民到管理工人》[②] 一文中分析了近 30 年来新西兰社会保障制度的变化，倡导积极的公民权，减少福利依赖，强调社会保障受益人的义务。

皮特·桑德斯（Peter Saunders）在《澳大利亚和新西兰的社会保障：家计调查抑或仅仅平均？》[③] 一文中分析了两国社会保障制度的相似性和差异，主要阐述了两国养老保障体系的差异及原因。

除了宏观上的研究外，个案性的研究成果也较为丰富。盖纳·怀特（Gaynor Whyte）在《新西兰老龄养老金（1898—1939）》[④] 一书中分析了 1898 年《老龄养老金法案》的出台背景及对新西兰社会保障制度的影响。

托尼·阿什顿（Toni Ashton）、苏珊·约翰（Susan John）在《新西兰超级养老金：避免危机》[⑤] 一书中分析了退休人口的特征，阐述了超级养老金的缺点，并探讨了改革的可能途径，提出了五大改革方案建议。

苏珊·约翰在《两条腿优于三条腿：新西兰养老金模式》[⑥] 一文中阐述了两条腿模式的新西兰养老金制度的优势，认为新西兰养老金制度

---

① F. G. Castle, *The Working Class and Welfare：Welfare in Australia and New Zealand*, Wellington：Allen & Unwin, 1985.

② Michael O'Brien, "Welfare Reform in New Zealand：From Citizen to Managed Workers", *Social Policy & Administration*, No. 6, 2013.

③ Peter Saunders, "Social Security in Australia and New Zealand：Means-tested or Just Mean?", *Social Policy & Administration*, Vol. 33, No. 5, December, 1999.

④ Gaynor Whyte, *Old-Age Pension in New Zealand*, *1898 – 1939*, MA Thesis, Massey University, 1993.

⑤ Toni Ashton and Susan John, *Superannuation in New Zealand：Averting the Crisis*, Wellington：Victoria University Press, 1988.

⑥ Susan John, "Two Legs Are Better than Three：New Zealand as a Model for Old Age Pensions", *Word Development*, Vol. 29, No. 8, 2001.

运行稳定、管理成本低，简单且易于操作。

安德鲁·阿什顿（Andrew Alston）在《新西兰公房》[1] 一文中讨论了 1992 年的公房改革，并对未来公房政策进行了设想。戴维·索恩斯（David Thorns）在《20 世纪 90 年代新西兰的住房政策：新西兰的十年变迁》[2] 一文中评价了公房改革的影响以及由此带来的与住房相关联的贫困问题。劳伦斯·默菲（Laurence Murphy）在《走向市场又回归：新西兰住房政策与公房》[3] 一文中分析了公房市场化改革的问题，重点分析了住房补贴及租客的不满，认为政府公房的市场化背离了公房的本质。戴维·索恩斯在《住房政策的重建：面向 21 世纪的新西兰住房政策》[4] 一文中分析了新西兰公房制度面临政府公房供不应求、政府的财政压力大、住房补贴不公平等问题，认为单纯依赖政府的财力已经无法解决住房的资本需要问题，必须寻找合作方，并提出了解决问题的对策。

克劳迪亚·斯科特（Claudia D. Scott）在《新西兰医疗保健改革》[5] 一文中描述了医疗保健系统的基本特征，阐述了 1991 年的医疗改革，并分析了医疗保健对卫生保健系统的效率和公平的影响。托尼·阿什顿（Toni Ashton）在《从演变到革命：新西兰医疗保健制度的重建》[6] 一文中评价了新自由主义医疗保健制度改革的成效与不足。弗洛夫·科琳（M. Floof Colleen）在《新西兰医疗制度的展望》[7] 一文中分析了新西兰医疗保健制度的特征、面临的问题及政府改革的压力。

布朗文·利希滕斯坦（Bronwen Lichtenstein）在《从原则到节俭：对

[1] Andrew Alston, "State Housing in New Zealand", *Alternational Law Journal*, Dec. , 1998.

[2] David Thorns, "Housing Policy in the 1990s: New Zealand a Decade of Change", *Housing Studies*, No. 15, Janaury, 2000.

[3] Laurence Murphy, "To the Market and Back: Housing Policy and State Housing in New Zealand", *GeoJournal*, No. 59, 2003.

[4] David Thorns, "The Remaking of Housing Policy: The New Zealand Housing Strategy for the 21st Century", *Housing Finance International*, No. 3, 2012.

[5] Claudia D. Scott, "Reform of the New Zealand Health Care System", *Health Policy*, No. 29, 1994.

[6] Toni Ashton, "From Evolution to Revolution: Restructuring the New Zealand Health System", *Healthcare Analysis*, No. 6, 1993.

[7] M. Floof Colleen, "Prospects for New Zealand's Reformed Health System", *Health System*, No. 87, 1996.

事故赔偿计划的探讨》①一文中探讨了新西兰《事故赔偿法》25年的发展及改革历程，分析了其成就和存在的问题。

总体来说，国外学者关于新西兰社会保障制度的研究较为深入和全面，这些研究既有对新西兰社会保障制度历史演进的考察，也有对单个社会保障项目的深入探讨。但是，既有研究大多集中于20世纪八九十年代的社会保障制度的发展，对于19世纪末期和20世纪30年代前的研究较少，对医疗保健、工伤保险制度的研究较为单薄，对新西兰社会保障与其他国家的差异性也较少关注。

从国内学界来看，国内对欧美各国社会保障制度的研究非常丰富，但涉及新西兰社会保障的研究相对薄弱，系统性的成果也不多见。

目前尚没有关于新西兰社会保障制度研究的专业性著作，仅有部分研究论文。李倩倩《新西兰私人养老储蓄计划评估对我国的启示》②一文从参保、缴费及投资运营状况分析了私人养老储蓄计划的现状，以及对中国的年金制度的启示。

于环《新西兰超级年金："一枝独秀"的养老保障模式》③一文分析了新西兰超级年金制度的成效，指出其覆盖面广、政府财政压力小等优势，也指出了人口老龄化背景下超级年金面临的抗风险压力。

焦培欣《新西兰：公共年金改革潮起潮落》④一文分析了自20世纪70年代以来公共年金的改革，作者认为新西兰的产业结构和劳动力市场与我国相似，新西兰的公共年金改革可以给我国提供借鉴。

李满奎《新西兰工伤保险制度及对我国的启示》⑤一文阐述了新西兰工伤保险体系的内容及纠纷解决机制，也分析了新西兰工伤保险制度存在的问题，并提出了完善我国工伤保险制度的思考。

孙英华《新西兰医疗保健制度改革反思》⑥一文分析了20世纪90

①　Bronwen Lichtenstein, "From Principle to Parsimony: A Critical Analysis of New Zealand's No-Fault Accident Compensation Scheme", *Social Justice Research*, Vol. 12, No. 2, 1999.

②　李倩倩：《新西兰私人养老储蓄计划评估对我国的启示》，《现代经济探讨》2015年第12期。

③　于环：《新西兰超级年金："一枝独秀"的养老保障模式》，《中国财政》2016年第1期。

④　焦培欣：《新西兰：公共年金改革潮起潮落》，《中国社会保障》2012年第1期。

⑤　李满奎：《新西兰工伤保险制度及对我国的启示》，《财经科学》2012年第7期。

⑥　孙英华：《新西兰医疗保健制度改革反思》，《国外医学》1995年第4期。

年代新西兰医疗保健制度的改革内容，并对改革的公平性和效率性进行了评价。

张跃松、肖雪《新西兰公共住房实践：创新与启示》[①] 一文阐述了新西兰政府公房保障人群的范围及保障效果，并与我国的保障性住房进行比较，提出了完善我国住房保障的政策建议。

高乐《新西兰社会住宅改革及启示》[②] 一文阐述了新西兰公房制度的改革及住房运行机制，并对完善我国住房保障提出了建议和对策。

国内学界关于新西兰社会保障的研究较少，研究成果也较零散，多为针对单个社会保障项目的研究，缺乏对新西兰社会保障制度宏观上的探讨。为此，本书将新西兰社会保障制度置于宏观的经济社会变迁的背景下进行研究，力求在内容和方法等方面有所突破。

第四节　本书的研究方案

本书注重的是从宏观层面进行研究，将社会保障制度放在一定的历史背景去考察，分析社会保障制度的演变，探讨社会保障与经济和社会发展的互动关系。本书具体采用了如下几种研究方法。

第一，历史分析的方法。社会保障制度是在特定的历史条件下产生、发展和演变的。因此，本书以时间为顺序，以社会保障制度的发展为主线，对不同时期的社会保障制度加以考察、分析和阐述。

第二，系统分析的方法。依据系统论的观点，社会关系是由多个子系统组成的，各个系统是开放的和互相影响的。如社会保障制度的形成与发展模式不仅取决于经济发展和政治决策，还深受一国文化和核心价值观的影响，同时经济状况、劳动力市场的结构对社会保障制度的发展和运行模式也具有一定影响。本书在研究社会保障制度时，注重分析各子系统之间的关系。

第三，比较分析的方法。史学研究中常用的方法是比较研究。对不同阶段社会保障制度的总结，以及政府社会保障政策的变化，本书借助

---

① 张跃松、肖雪：《新西兰公共住房实践：创新与启示》，《工程管理学报》2015 年第 4 期。
② 高乐：《新西兰社会住宅改革及启示》，《第一资源》2013 年第 4 期。

比较的方法进行分析，最终做出评价。

本书除结语外，共七章。第一章导论部分概述了本书的选题意义、界定了相关概念，总结了新西兰社会保障制度的特征，考察了国内外研究现状。

第二章是对20世纪30年代之前国家对个人需求保障的分析。在分析19世纪中后期新西兰经济和社会状况的基础上，探讨了1898年《老龄养老金法案》出台的社会背景。1898年《老龄养老金法案》是新西兰社会保障制度最重要的先导，体现了这个新移民国家社会观念的重大转变，养老金不仅是国家对贫穷现象做出的一种反应，更重要的是建立起国家对贫穷的一种社会责任。老龄养老金弥补了慈善救助的不足。但是，新西兰第一部养老金法创造的新西兰人道主义的神话无法掩盖制度自身的不足，老龄养老金实行的是家计调查的方法，仅仅那些最贫穷的老年人才符合申请的条件，其他老年人的需求直到20世纪初才被认识到。总之，在20世纪30年代之前，国家承担的保障责任覆盖范围还比较窄，失业者、单亲父母、残疾人等还没有被纳入国家正式的社会保障制度中。

第三章分析了1938年《社会保障法》产生的背景及内容。1938年《社会保障法》的出台是对20世纪初社会立法局限的一种反映，20世纪30年代的大萧条进一步加剧了个人的困境，贫穷成为一种普遍的现象，国家和慈善救助机构的保障不足、无序。《社会保障法》的出台是对普遍贫穷现象的反映，目的是为所有人建立一个体面、舒适和有保障的生活，也表明了政府对生、老、病、意外伤亡等风险的进一步认识，认识到整个社会成员面对风险都是脆弱的。《社会保障法》扩大了社会保障的项目类别，残疾津贴、疾病津贴和失业津贴等新项目陆续出台。

更重要的是，第一届工党政府把社会保障制度建立在普惠原则基础上，引入了普惠的超级养老金制度和普惠的医疗保健制度，仍然继承了原来的非缴费传统，把社会保障与公民权紧紧地联系在一起。

第四章分析了二战期间和二战结束后社会保障政策的发展。二战结束后经济的重建急需年轻的劳动力，这一阶段政府的关注重点由老年人保障转向了家庭福利，重点是年轻人就业家庭的保障问题。1946年普惠子女津贴制度出台，普惠子女津贴把穷人和富人都纳入了社会保障制度中，享有社会福利成为富人与穷人的共同经历。二战结束后充分就业的发展使得年轻人的家庭过上了富裕的生活，老年人想要过上体面而舒适的生活仍然不容易，出现了争夺社会保障资源的紧张局面：老年人和青年人之间，白人和毛利人之间，经经济状况审查的受益人和普惠津贴受益人之间。

20世纪五六十年代是新西兰社会的富裕时期，反对贫困的战争已经完成，这一时期也是西方资本主义发展的黄金时期，欧美国家此时正在利用富裕时代建立和发展福利国家。而这一阶段新西兰社会保障制度却发展较慢甚至一度出现停滞，这不仅反映了国家党政府缺乏政治远见或者以自我为中心，而且也反映了新西兰社会保障制度固有的一些矛盾：普惠主义抑或家计调查的津贴，关注年轻人还是关注老年人的需求，现金救助或是福利指导的选择。社会保障制度表现出的矛盾问题一直比较突出，是服务于整个大众还是给最需要的个人？社会保障制度如何能公平地保障所有的富人与穷人？20世纪50年代是国家党执政时期，国家党把社会保障制度分为两个方向：一是不断增加中产阶层的超级养老金；二是为最穷的群体提供特殊帮助，为中低收入家庭兴建政府住房。政府社会保障计划的实施推动了20世纪70年代社会保障的剧烈扩张，以至于到20世纪八九十年代又不得不削减社会保障支出。

第五章分析了20世纪70年代至80年代初期新西兰社会保障制度的快速发展。皇家社会保障调查委员会把社会保障的原则定位为通过社会保障制度推进新西兰公民的社会"参与感和归属感"，在这样的定位原则指导下，无论是工党政府还是国家党政府都极力扩张社会保障。工党政府建立的储蓄型超级养老金制度遭到整个社会的反对，很快"寿终正寝"。国家党政府扩大了意外事故保险的覆盖范围，实施了普惠的子女津贴计划和普惠的国民超级养老金计划。

20世纪70年代末，整个国际经济形势持续恶化，西方发达国家的社会保障制度大多呈现紧缩的状态，而新西兰却在全国广泛地施行社会保障制度，其结果是社会保障受益人增多，社会保障支出大幅度增加，加重了财政的负担，影响了经济的发展。从20世纪70年代末开始，新西兰的经济出现衰退，经过十多年的社会保障制度的扩张，国家已经无力负担持续增长的社会保障支出，需要对社会保障制度进行新的审视和调整，社会保障制度进入改革阶段。

　　第六章对新自由主义时期新西兰社会保障制度的变革进行了分析。作为社会和经济改革的一部分，新西兰社会保障制度在 20 世纪八九十年代也经历了从凯恩斯主义到新自由主义的改革，与其他西方国家相比，新西兰的新自由主义来得比较晚，但是来势凶猛并非常明显，迅速就把新西兰推到了改革的前沿。在 20 世纪 80 年代前，新西兰福利国家的一个典型特征是由政府提供直接的社会服务，政府采用凯恩斯主义的经济干预理论，对整个国家的经济进行干预，并垄断了所有的公共服务，为社会提供优厚的福利服务。从 20 世纪 80 年代中期起，社会保障制度的构成和内容都发生了变化，无论是工党政府还是国家党政府都放弃了"参与感和归属感"的社会保障原则，鼓励受益人参加工作，推进积极的公民权。

　　与此同时，政府从早期社会保障的普惠原则向"目标保障"原则转型，只保障最需要的人，减少受益人的福利依赖，建立适度的社会安全网。新西兰新自由主义社会保障政策变革的核心是遏制（如果不能消除的话）财政赤字和大幅度减少公共支出占国内生产总值的比例以及减少福利依赖。事实上，政府的目标并没有取得多大效果。相反，新自由主义福利改革的后果是带来了新的贫穷，造就了新的底层阶级。

　　第七章分析了 21 世纪初期新西兰工党政府和国家党政府的社会保障制度改革与发展。"第三条道路"理论对政府的社会保障制度改革产生了重要的影响。1999 年工党执政后，更加激进的措施是社会保障的目标转向提供社会服务和推行积极的劳动力市场政策，倡导为家庭工作（WFF）的福利政策。工作优先成为社会保障制度主要的发展目标，通过工作机会的刺激与提供包括个案管理与量身定做鼓励人们工作。2008 年上台的国家党政府对福利制度进行了一系列重大改革，试图减少福利依赖，建立一个更积极的福利体系。

　　结语部分对新西兰保障制度的百年发展进行了总结，分析了社会保障制度的利弊得失。

　　本书的创新之处体现在如下三个方面。

　　第一，研究视角上的创新。从国内外关于社会保障制度研究的相关文献来看，多数学者偏重于从经济学角度对西方国家社会保障制度进行研究，很少有从历史学的角度来探讨社会保障制度的形成、演变及发展规律的。比较偏重于对西方国家社会保障制度现状的研究，缺乏对西方国家社会保障制度发展演变进行系统研究。

第二，内容阐释上的些许创新。国外学者关于新西兰社会保障制度的研究较为深入和全面，但既有研究大多集中于20世纪八九十年代，对于19世纪末期和20世纪30年代前的研究较少关注。国内学界对西方国家社会保障制度的研究成果较为丰富，但涉及新西兰社会保障制度研究的成果从中国知网上检索到的文章只有零星几篇，也大多是对单个社会保障项目的探讨，缺乏对新西兰社会保障制度整个历史演进过程的考察。新西兰社会保障模式不同于欧美国家，尤其是它的养老保障体系在世界上是最独特的，在全球化和人口老龄化的影响下，新西兰并没出现欧洲国家那样严重的福利危机，其社会保障制度的结构和运行模式是值得我们借鉴的。

第三，研究方法的创新。研究过程中采用了系统分析的方法。依据系统论的观点，社会关系是由多个子系统组成的，各个系统是开放的和互相影响的。如社会保障制度的形成与发展模式不仅取决于经济发展和政治决策，还深受一国文化和核心价值观的影响，同时经济状况、劳动力市场的结构对社会保障制度的发展和运行模式也具有一定影响。因此，在研究社会保障制度时，本书注重分析各子系统之间的关系。社会保障制度的研究涉及经济、政治、社会、历史等跨学科的领域，每一个学科的研究难免有缺陷和疏漏。因此，在研究的过程中又运用了跨学科的方法，如对社会保障制度的形成、发展模式和改革原因分析时，考察了经济、政治、文化及社会环境等因素的影响。

第二章　新西兰社会保障制度的出现
（1898—1928 年）

19 世纪末期，新西兰经济陷入了长期的萧条状态，贫困成为困扰大部分新西兰人的主要问题。早期的殖民者把新西兰看作英国殖民地的"福利试验场"，强调公民自立与自愿的思想占据主导地位，殖民统治者并没有采取像英国一样的《济贫法》（Poor Law），因为他们认为新世界（新西兰）一定比旧世界（英国）好，因此，政府的济贫活动被看作不必要，各个家庭应该能自己照顾好自己，一个渴望安居乐业的社会应该选择自助，而不是对流浪者进行帮助。[①] 然而，早期殖民地经济的萧条和资源的匮乏使得很多家庭陷入生存的困境，因此，友谊会、私人慈善机构、邻居互助团体等机构应运而生，这些民间的互助团体和慈善机构对稳定社会秩序的意义是不言而喻的，但由于这些互助团体和慈善机构财力不足而无法承担起济贫的重任，最终演变成由国家来承担扶贫救助的主要责任，1898 年新西兰第一部《老龄养老金法案》的出台标志着制度化社会保障的开始。

第一节　殖民时期的经济与社会状况

新西兰是人类最晚发现的一块大陆，同时也是世界上最年轻的国家之一。新西兰 5000 万年来一直无人居住，直到公元 10 世纪，才有波利尼西亚的冒险家们乘坐独木舟来到了新西兰。到公元 12 世纪，新西兰的宜居地区都已分布了许多定居点。1642 年荷兰人塔斯曼在一次远洋航行中发现了新西兰的西部海岸，在企图登陆时遭到毛利人的猛烈反击而撤离，但其用荷兰一个地区的名字把这块土地命名为（New Zealand）。1769 年英国海军舰长詹姆斯·库克率领船员们成为第一批踏上新西兰土

---

① 菲利帕·梅因·史密斯：《新西兰史》，傅强译，商务印书馆，2009，第 99 页。

地的欧洲人，随后，大批捕捞海豹和鲸鱼的船队也来到这里，传教士们也接踵而来，更多的定居点被建立起来。

一　殖民社会的建立

在欧洲人进入新西兰之前，毛利人是新西兰的土著居民，毛利人的基本经济单位是次部落或半部落，以农业、捕鱼和狩猎为生，内部贸易是在礼物交换的基础上进行的，毛利人并没有西方的土地专有的财产权概念，土地买卖的想法对他们来说是陌生的。早期的大多数欧洲居民不是永久的定居者，他们是参与捕捞和采掘活动的男性短期访客，如捕鲸和林业，他们与毛利人交换食物和其他用品。一段时间之后，只有殖民当局可以从毛利人手中购买土地，土地可以转卖也可以租给定居者。大部分毛利人觉得他们是被迫放弃土地以换取微薄的钱财的，土地一旦卖出，就永远失去了。土地引发的冲突导致毛利人和定居者之间不断燃起战火，但是欧洲人在新西兰的整体表现比在北美、澳大利亚或南部非洲更加克制。实际上毛利人在 19 世纪需要的土地较少，因为他们的人口数量呈下降趋势，从 18 世纪晚期到 19 世纪后期，毛利人的人口大约减少了一半。在新西兰的定居人口中，人数较多的是土著毛利人，毛利人的人口当时估计有 10 万人，大约有 2000 多名欧洲定居者。毛利人称欧洲白人移民为帕克哈（Pakeha），是白人的意思。早期的白人移民主要分布在沿海地区，这些定居者主要来自英格兰和苏格兰。

19 世纪 40—80 年代，新西兰被描绘为处于一个"循序渐进的殖民化"的时代。[1] 在 1840 年，英国对合并新西兰仍然是比较犹豫的，部分原因是新西兰距离英国本土较远而且还存在各种社会问题。[2] 因此，殖民当局接受了管制新西兰殖民地的义务，殖民当局没有得到英国纳税人的帮助，而是依靠自己，自力更生。殖民当局的财政收入主要依靠土地的买卖和关税，英国控制新西兰的目的是掠夺财富为英国市场所用。当时的新西兰没有建立全国性的政府，也没有全国性的领导人，毛利人和白人团体请求英国提供某些保护以及制定法律和秩序。1840 年 2 月 6 日，

---

① 菲利帕·梅因·史密斯：《新西兰史》，傅强译，商务印书馆，2009，第 99 页。
② W. H. Oliver and B. R. Williams（eds.），*The Oxford History of New Zealand*，Wellington：Oxford University Press，1981，p.49.

毛利人和英国王室在岛屿湾的怀唐伊镇签署了《怀唐伊条约》，条约在一定程度上规范了毛利人与欧洲人之间的关系。条约签署后，有更多的英国人开始来到新西兰定居，多数人去了南部岛屿定居，因为那里的土地适合耕作，奥塔哥和西海岸地区金矿的开采，吸引了更多的移民来到新西兰。① 定居者们正在寻找比其在人口拥挤和阶级问题缠身的英格兰所能获得的更好的生活，他们希望建立一个乡村式的基本自给自足的社会。

在 1840 年之前，毛利人制度占主导地位，《怀唐伊条约》签订后，殖民地州长和他的职员们代表英国政府并以英国政治制度为基础行事，试图引进英国制度的州长在毛利族社区获得了不同程度的成功，第一首都罗素和第二首都奥克兰都感受到了这种影响力。

1852 年新西兰第一个投票权立法与 1853 年新西兰宪法法案规定的选举制度均反映了英国的做法，最初只有业主可以投票，但到 19 世纪 50 年代后期，超过 21 岁的英国移民男性中 75% 有资格投票，而当时英国本土的英格兰只有 20%，苏格兰则为 12%。大约 100 名毛利酋长在 1853 年选举中投票。② 为了平息毛利人的愤怒，避免战争，毛利人比殖民者早 12 年获得了选举权。

在 19 世纪 50 年代，省级政府的治理是常态，随着省级政府于 1876 年的终结，新西兰建立了两院制议会制度，呈现与澳大利亚殖民政治机构相似的特征。新西兰政治最初由保守和富有的"羊主"们主导，他们拥有多个羊场，主要在坎特伯雷地区。在 1858 年开始的淘金热时期，保守派受到尤里卡维多利亚州黄金矿工武装行动的影响，英国的黄金采矿工都拥有了选举权。英国众多的黄金采矿工移居到新西兰，也带来了激进的思想。矿业的扩展特许经营模仿英国维多利亚时代的制度，1863 年矿业专营权被扩大到金矿业主，在 41500 名登记选民中，有 1873 名是金矿矿主或业主。

1882 年第一艘冷藏船的肉类出口带动新西兰经济进入持续增长时期，这一时期的新社会理念和运动，如 1890 年第一个政党——新西兰自由党（New Zealand Liberal Party）的创立，对新西兰社会的影响特别值

① 菲利帕·梅因·史密斯：《新西兰史》，傅强译，商务印书馆，2009，第 58 页。
② 菲利帕·梅因·史密斯：《新西兰史》，傅强译，商务印书馆，2009，第 96 页。

得关注，他们的领导人兰开夏郡的前金矿矿主理查德·塞登（Richard Seddon）后来成为新西兰 1893 年至 1906 年的总理。自由党引入新的税收体系来打破富裕保守的"羊主"们的影响，自由党政府还从毛利人手里购买了更多土地，1896 年毛利人占全部人口的 2.9%，但拥有 15% 的土地。①

随着自由党政府的成立，政党政治出现。当时统治英国的是地主贵族，而新西兰还一直没有出现贵族阶层，但确实有富裕的地主，这些富裕的地主在 1891 年以前基本上控制了新西兰的政治。自由党开始通过一种被称为"民粹主义"的政策来试图改变这种状况，自由主义战略是建立一大批支持自由理想的拥有土地的小农。

1909 年颁布的《土著土地法》（Native Land Act）允许毛利人向私人买家出售土地。到 1920 年，毛利人仍拥有 500 万英亩土地，他们出租了 300 万英亩土地，并为自己留了 100 万英亩土地使用。该政策为北岛农村选民自由党的建立提供了支持，到 1903 年，自由主义者在议会中占据主导地位，议会中不再有有组织的反对派。

自由党政府奠定了后来的综合福利国家的基础：引入了老龄养老金；设立工作时间的上限；开创最低工资保障法律；建立解决劳资纠纷的仲裁制度；等等。这些已被雇主和工会所接受。1893 年，自由党政府扩大了妇女的投票权，使新西兰成为世界上第一个赋予女性普遍选举权的国家。②

二　殖民地的经济与社会状况

新西兰殖民早期的经济发展主要依赖于 19 世纪 60 年代开始的淘金热和国家对外借贷，也就是在那时移民开始在农业方面变得自给自足，包括黄金在内的多种矿物在中部奥塔哥的加布里埃尔古利地区被发现，引发 1861 年奥塔哥淘金热。在这些采石场建立的聚居地得到蓬勃发展，19 世纪 80 年代，达尼丁市成为新西兰最富有的城市，也主要得益于淘金热带来的投资。

---

① David Hamer, "Seddon, Richard John", *Dictionary of New Zealand Biography*, *Ministry for Culture and Heritage*, May, 1, 2017.
② 菲利帕·梅因·史密斯：《新西兰史》，傅强译，商务印书馆，2009，第 112 页。

　　在 19 世纪 70 年代，朱利叶斯·沃格尔（Julius Vogel）定期兼任殖民地的财政总管和总理。他将新西兰视为"英国的南海"，① 开始在新西兰开发基础设施，借助公共借款大量投资公路、铁路、电报和桥梁。1878 年格拉斯哥银行倒闭后，基础设施建设进展放缓，导致当时世界金融体系中心伦敦的信贷收缩，之后几年的新西兰经济活动都受到抑制，直到 1882 年引入制冷业。制冷业的发展使新西兰能够向英国出口肉类和其他冷冻产品。制冷技术改变和塑造了新西兰经济的发展，但在此过程中，也确立了新西兰经济对英国经济的依赖。

　　从 1879 年起新西兰经济泡沫破灭，陷入严重的经济萧条之中，经济萧条有来自内外部的原因，金融机构表现欠佳，大商人纷纷破产，而英国提供给新西兰的借贷资金的枯竭进一步加剧了经济的萧条。在 1880 年至 1890 年的十年间，新西兰的经济发生了重大变化，以羊毛和当地贸易为基础的经济转变为向英国出口冷冻肉类和乳制品，制冷技术的改进使得食品能够长距离运输，直到 20 世纪 70 年代，冷藏运输仍然是新西兰经济的基础。

　　时局的艰难，再加上英国人树立的榜样，促进了塔斯曼地区劳工运动中非熟练工人"新工会主义"的发展。到 1890 年，各地劳工运动中共出现了 200 多个工会，拥有成员 63000 名。新工会主义坚持要求确立社会公民的地位，在经济萧条的背景下，矛盾的不断加深引发了 1890 年 9 月的海员大罢工，参加人数达到 8000 多人。经济萧条以及引起的各种危机促使人们对整个建国计划进行思考，从而推动了各项政府职能计划的重新规划。海员罢工最终推动了对工业纠纷实施强制仲裁制度的出台，而产业仲裁成为各类产业关系的支点，也成为后来实行福利国家政策的支点，劳工部长威廉·彭伯·里夫斯（William Pember Reeves）是仲裁法案的设计师。新西兰历史学家认为，"自由党政府的自由主义思想把强制仲裁塑造成为一种观念和制度。在自由党的思维里，仲裁的运作是为'人民的自由、繁荣和满意'"。②

　　面对经济萧条及生活上的困境，1880 年基督城的一群失业工人向美

---

　　①　J. Baten, *A History of the Global Economy: From 1500 to the Present*, London: Cambridge University Press, 2016, p. 287.

　　②　菲利帕·梅因·史密斯：《新西兰史》，傅强译，商务印书馆，2009，第 117 页。

国总统提交了一份请愿书寻求帮助移民到美国。失业者开始要求"工作"而不是来自政府的"救济汤"。经济形势的严峻改变了人们对贫穷的认识，过去那种认为贫穷是以个人性格为基础的，是个人失败的观点被彻底颠覆，越来越多的新西兰人要求政府解决贫困问题。19 世纪是深受自由主义思潮影响的时代，人们将贫穷归咎于个人懒惰，接受救助的人往往被主流社会所鄙视和排斥，申请救助常常让申请者感到耻辱。在19 世纪末，关于自由市场不可或缺的古典自由主义假设和个人选择的神圣地位受到挑战。首先，新入职的工人阶级选民要求国家承担更多责任。其次，工业化社会的复杂性需要更高水平的教育和稳定的劳动力。19 世纪七八十年代长期的经济萧条使贫穷问题重新成为政治焦点，强调自由市场不能满足城市贫民的需求。最后，自由主义的思想挑战，特别是各种社会主义批评思想的挑战，在破坏自由放任主义中居于首要地位。19 世纪末期的这些变化已经改变了英国自由主义本身，在大卫·劳埃德·乔治和温斯顿·丘吉尔的影响下，英国自由党同意通过政府及社会的援助以确保个人可以在市场上进行竞争。相似的是，这些变化也影响了以理查德·塞登为首的新西兰自由党政府。

　　新西兰经济在 1914 年之前的 20 年中处于鼎盛时期，当时的新西兰是一个富裕、活跃和平等的国家。随着 19 世纪末期公民精神的发展，人们认识到贫困主要是社会结构性原因造成的，并非个人原因，殖民政府逐渐认识到老人是新西兰最早的移民者，为新世界的建设作出了贡献，应该是最值得尊敬和帮助的人。在这样的精神和原则指导下，1898 年政府出台了《老龄养老金法案》。《老龄养老金法案》的颁布标志着由同情、怜悯的人道主义关怀发展到人们应有的一项社会权利，成为新西兰社会保障制度的先导，在新西兰社会保障制度发展史上具有里程碑的意义。

第二节　早期慈善救助的不足

　　对 19 世纪新西兰的白人新移民来说，恶劣的自然条件、资源的匮乏使得很多新移民生活窘迫，贫穷成为困扰他们的首要问题。早期移民中，老年人的生活更加艰难，由于找不到工作，生活常常陷入困境，而早期的慈善救助具有不确定性因素，并且让申请者背上不好的名声。早期的移民们为了鼓动更多的英国劳动力来到这个新的国家，广泛宣传新西兰是"劳动者的伊甸园"，那里珠宝遍地。据当时英国的《每日新闻报》（*A Daily News*）报道，准备到"新世界的移民们高兴地谈论着新世界的一切，似乎最好的男人、最有冒险精神的人正要离开旧世界"。①

对很多殖民者来说，新世界给他们带来了巨大的财富，早期移民们的通信中就表述过，餐桌上有肉，居住的房子远离阴影，沐浴在阳光下。然而，更多的新移民面临的是艰苦和不幸，很多人的工作经常是不稳定的，有的只能打零工，失业是经常的事情，这是当时殖民生活面临的普遍问题。农场的工作往往是季节性的，制造企业的规模也很小，由于面临国外的竞争，一些企业不得不以较低的工资雇用女性和儿童，而不愿意雇用成年男子。尽管一些移民成功地在新国家有了自己的家园和农场，也会发现维持这种日子是不容易的。无保障和高额的贷款及可怜的收成严重影响甚至抵消了工作的收入，尤其是老年人的生活无法得到保障。以一位殖民者1890年的通信为例：

> 在最近的4—5年里，我痛苦地发现一些移民的儿子没有工作，他们都出生在新西兰，却只能到澳大利亚、美国去寻找工作机会。他们努力设法挣到足够的钱来维持自己及父母将来老年的生活，他们的父母用自己大半生的精力为自己准备房子，希望上帝会宽恕他们，让他们老年有足够的钱来生活。②

然而，新西兰的原住居民毛利人的不安全感和困境更加严重，战争及英国人的入侵抢占了他们的土地，打破了毛利人的社会进程，破坏了他们传统的耕作和贸易制度。不少毛利人失去了土地，成为流动工人。而毛利人的社会福利几乎没有被殖民当局考虑过。③

殖民地经济从1885年到1895年陷入了"长期萧条"，对人们所产生

---

① Miles Fairburn, *The Ideal Society, and Its Enemies: The Foundations of Modern New Zealand, 1850 - 1900*, Auckland: Auckland University Press, 1989, pt. 1.

② Margaret McClure, *A Civilised Community: A History of Social Security in New Zealand, 1898 - 1998*, Auckland: Auckland University Press, 1998, p. 10.

③ W. H. Oliver and B. R. Williams (eds.), *The Oxford History of New Zealand*, Wellington: Oxford University Press, 1981, p. 281.

的影响是失业、家庭不和、衣衫褴褛、经济崩溃、破产频发等问题。而早期殖民地崇尚的是"自立、互济、节俭"的精神，自立与互助观念成为 19 世纪整个社会的主流思想，与其他殖民地相比，自立与互助的思想在新西兰体现得尤为突出。[1] 政府的目的是培育独立和节俭，1890 年任第一届自由党政府总理的约翰·巴兰斯（John Balance）在其著名的政治哲学论著《论自助与政府援助》中就表达了殖民地自助与独立的主流观念。[2] 在英国，个人的福利权利已经被写进了《济贫法》中。新西兰殖民政府反对把英国的《济贫法》移植到新西兰，在这种情况下，人们只能寻求自发的民间组织或慈善机构的帮助，而当时出现的友谊会和各类慈善机构就是这种自立和互助精神的最好体现。

一　友谊会的特征

友谊会（Friendly Societies）是工薪阶层自发成立的互济互助的民间组织，最早出现在 18 世纪的英国，19 世纪得到快速发展。友谊会在英国社会通常被看作工人阶级互相援助的一种慈善组织，很少有中产阶层加入。大部分的友谊会是按照职业来分类或者具有邻居化的特征，互相帮助是其主要目的，会员交纳一定的会费，在成员遭遇失业、疾病、伤亡等风险时给予一定的经济帮助。

19 世纪的友谊会通常规模不大，规模小的只有十多个会员。殖民者把英国友谊会的传统带到了新西兰，早期的友谊会不像在英国一样受法律的保护，直到 1856 年新西兰政府才开始对这些友谊会进行规制和管理，立法鼓励成立友谊会，在政府看来，"友谊会可以更好地推进个人的幸福，同时减轻政府的负担"。[3] 1877 年《友谊会法案》（Friendly Societies Act）通过，但法律并没有规范友谊会必须做什么。

新西兰的友谊会发展较快，到 1880 年末，登记的友谊会有 250 多家，没有登记的有 100 多家。19 世纪末 20 世纪初是友谊会会员增长较快

---

① David Thomson, *A World without Welfare*: *New Zealand's Colonial Experiment*, Auckland: Auckland University Press, 1998, p. 35.

② David Thomson, *A World without Welfare*: *New Zealand's Colonial Experiment*, Auckland: Auckland University Press, 1998, p. 35.

③ David Thomson, *A World without Welfare*: *New Zealand's Colonial Experiment*, Auckland: Auckland University Press, 1998, p. 37.

的时期。表2-1是新西兰友谊会会员人数情况。从表2-1中反映的数据看出友谊会有两个明显特征：第一个特征是友谊会会员人数增长较快，主要原因是受20世纪初期经济萧条的影响，1928年人数达到了100000人。第二个特征是友谊会的覆盖面比较小，1880年每10000名20岁以上男性中仅有92名属于友谊会成员，到1930年也只有217名。

表2-1 新西兰友谊会会员人数（1880—1930年）

单位：名

年份	总人数	每10000名20岁以上男性中友谊会会员的人数
1880	13115	92
1885	22794	142
1890	26379	152
1895	30905	153
1900	40257	173
1905	51103	180
1910	68006	209
1915	73027	228
1920	74210	199
1925	91353	219
1928	100000	221
1930	107167	217

资料来源：David Thomson，*A World without Welfare*：*New Zealand's Colonial Experiment*，Auckland：Auckland University Press，1998，p. 39。

在新西兰政府建立正式的社会保障制度之前，民间的友谊会组织的确起到了互济互助的作用，但是其作用是有限的。友谊会的资助范围一般是在成员生病、工伤死亡等风险发生时提供一定的经济补偿。毕竟友谊会是自发的，缺少政府的财力支持，在抵御风险的能力上是有限的，如对失业风险就没有任何的补偿。友谊会也从没有把殖民地的老年人纳入保障范围，很多友谊会对会员的年龄限制在40岁以下，不接受老年人参加。会员年龄在35岁以下的友谊会几乎占了85%。[1] 由于殖民时期社

---

[1] David Thomson，*A World without Welfare*：*New Zealand's Colonial Experiment*，Auckland：Auckland University Press，1998，p. 50.

会的工作机会较少，工人们的流动性很强，相互帮助和支持的可能性也很小。

与英国友谊会相比，新西兰友谊会的影响和作用是有限的。新西兰友谊会的覆盖面小，其资助的标准也较低，还不能有效地抵御贫穷、疾病、伤亡等风险。表 2 - 2 反映友谊会的资助标准，从中可以看出，从1885 年到 1930 年，疾病资助标准占 GNP 的比例变动很小。

表 2 - 2　1885—1930 年新西兰友谊会的疾病和医疗服务支出情况

年份	总支出（英镑）		每年每个成员的支付标准	疾病支出占 GNP 的比例（%）
	疾病支出	医疗服务支出	平均标准（先令）	
1885	17703	21303	15.7	6
1890	24832	24690	18.8	7
1895	28943	31002	18.7	9
1900	41168	36912	20.4	10
1905	48260	46791	18.9	9
1915	76554	63509	20.7	7
1920	96027	69878	25.9	5
1930	140247	176085	26.2	9

资料来源：David Thomson，*A World without Welfare*：*New Zealand's Colonial Experiment*，Auckland：Auckland University Press，1998，p. 44。

二　慈善救助的不足

从 19 世纪 50 年代开始，新西兰也陆续出现了慈善医院、慈善学校、孤儿院等各类慈善救助机构，它们的救助资金来源各异，救助活动也很随机。19 世纪晚期，新西兰的经济陷入了长期的萧条状态，民间的慈善机构更加力不从心，显示出慈善机构在济贫方面能力的不足。

新西兰最早的慈善机构是成立于 1857 年的奥克兰夫人慈善救助协会（Auckland Ladies' Benevolent Society），由于缺乏资金和捐款而一直处于破产的边缘。当时运营状况比较好的是教堂的一些慈善活动，因为教堂有教堂会众的资金支持。但教会的慈善活动严重依赖教堂牧师和修女们低收入的劳动，没有政府的资金支持，教堂的济贫活动也同样面临资金不足问题。民间慈善机构的财力问题制约了它们的救助活动。根据麦克伦（McAloon）在1890—1914年对坎特伯雷和奥塔哥地区富人的分析，只有一小部分人，大约16%的富人愿意把自己的财产捐献给慈善机构。[1]这与英国的情况是完全不同的。因此，新西兰早期的民间慈善机构的济贫救助是间歇性的、先天不足的。医院与慈善机构管理部门的官员邓肯·麦格雷戈（Duncan Macgregor）在1898年总结道：

> 社会的认可标准太弱不能使民间的慈善机构弥补公平的不足。这个社会的认可标准在旧世界(英国) 可以，但是在新世界（新西兰）却是失败的。自立与自愿是新世界的原则。旧世界的原则没有被移植过来。[2]

在殖民者定居新西兰的头十年里，第一个公共服务项目是由英国政府为臣服于维多利亚女王的毛利人设立的，英国政府出钱建立了四所国家医院，专为毛利人提供医疗服务。从那时开始，公立医院就被中央政府和地方政府所控制。[3] 最早期的白人移民政府是不情愿对人民的需要承担责任的。1846年移民政府颁布法令要求家庭应该确保有足够的财力来养活家庭成员，中央政府在1877年颁布的《赤贫人法案》（Destitute Persons Act）中重申了这个原则，但这个法令在实践中没有起什么作用，国家通过补贴一些慈善机构和地方医院来帮助没有家庭的或者家庭贫困的人。[4] 1867年政府颁布了《被忽视和犯罪儿童法》（Neglected and Criminal Children Act），该部法案对不负责任的父母、贫苦父母的孩子提供在工业学校内的照顾。工业学校的目的是培养12岁或13岁的孩子以便将来他们能够具有从事农场、家庭工作的能力和技能，以此来养活自己。

新西兰公共社会服务部门和私人社会服务机构之间的关系历史悠久而复杂。早期的定居者总体上并不富裕，而拥有大量私人财富的慈善家

---

[1] Bronwyn Dalley and Margaret Tennant, *Past Judgement*: *Social Policy in New Zealand History*, Dunedin: University of Otago Press, 2004, p. 43.

[2] Bronwyn Dalley and Margaret Tennant, *Past Judgement*: *Social Policy in New Zealand History*, Dunedin: University of Otago Press, 2004, p. 43.

[3] John Reid, "The Development of Social Security in New Zealand", *University of Toronto Law Journal*, Vol. 6, No. 1, 1945, p. 2.

[4] Margart Tennant, *Paupers and Providers*: *Charitable Aid in New Zealand*, Wellington: Allen & Unwin, 1989, pp. 1 – 28.

们在殖民地建立之初就开始发挥社会救助的作用。玛格丽特·坦南特认为国家与慈善机构在社会救助服务方面的互动反映了"新西兰社会的小而亲密的特征"。① 慈善机构通过政府议员争取更多资金来帮助它们实现政府制定的目标。由于这种资金通常是由政府补助的，慈善机构能够利用其与政府的良好关系为自己争取资金。

1885 年政府颁布实施《医院和慈善机构法案》（Hospitals and Charitable Institutions Act），该法案与 1898 年《老龄养老金法案》和 1938 年《社会保障法》一样在新西兰社会保障历史上具有里程碑的意义。《医院和慈善机构法案》引入了济贫救助的国家保障，由政府通过对医院和慈善机构提供补助来实现济贫。玛格丽特·坦南特评价该法案就像英国《新济贫法》的复活，只不过是名称不一样而已。② 《医院和慈善机构法案》使医院和慈善机构的救助活动制度化和规范化，以此来保障穷人的健康及慈善救助活动。无助的穷人（特别是年纪大的）都可以在这些机构内得到保障，这也成为新西兰系统地为国民提供健康和福利服务保障的开始。③ 医院和慈善团体的救助属于门内救济（Indoor Relief），其他人（如遗孀、被抛弃的妻子以及她们的孩子）属于门外救济（Outdoor Relief），不住在机构内。这意味着机构外的救济是人们住在自己的家里，通常的救济不是现金，一般是供给食物，提供房屋租金补贴和煤。④ 《医院和慈善机构法案》在更多方面比英国的济贫法更加苛刻，对个人主义和资助有着根深蒂固的观念，在 19 世纪，新西兰人对失败和灾难是比较冷漠的。

新西兰医院制度的本质是沿用 1834 年英国的《新济贫法》，英国《新济贫法》把医院设计为减少旧《济贫法》的负担，济贫法设立的医院成为英国和新西兰公立医院的前身。新西兰并没有颁布济贫法案，但

① Margart Tennant, *The Fabric of Welfare*, *Voluntary Organization*, *Government and Welfare 1850 – 2005*, Wellington：Bridget Williams Books, 2006, p. 9.
② Margart Tennant, *Paupers and Providers*：*Charitable Aid in New Zealand*, Wellington：Allen & Unwin, 1989, p. 17.
③ W. H. Oliver and B. R. Williams (eds.), *The Oxford History of New Zealand*, Wellington：Oxford University Press, 1981, pp. 109 – 136.
④ Margart Tennant, *Paupers and Providers*：*Charitable Aid in New Zealand*, Wellington：Allen & Unwin, 1989, pp. 77 – 85.

是，1877 年中央政府颁布了《赤贫人法案》，① 这部法案在实践中没有发挥更多实质性的效果，但是表达了这样一个基本原则：是家庭而不是国家要对国民的贫穷负责。这个原则从惠灵顿医院委员会的报告中可以看出来：

> 医院如果以牺牲政府为代价自然会减轻个人的负担，但是也培育了公众对国家的依赖，对人口的道德发展是有害的。②

《赤贫人法案》所体现的个人保障责任的理念遭到了民众的反对。当时新西兰的经济发展状况还承担不起像英国那样的志愿医院（18—19 世纪的英国，很多志愿医院为穷人提供免费医疗救济），因此只能被迫依赖那些由省和国家提供支持的医院。英国的医院依附于济贫院，而新西兰的济贫院提供门外救济依附于医院。③

早期新西兰的慈善救助制度并不完善，用于救助的资金在各省之间是不同的，慈善救助的标准取决于本地政府官员的性格，对于慈善救助，有的救助官员是同情的，有的则持有明显反对的态度。很多老年之家（Old Peoples' Homes）的设施很简陋，有的甚至可谓脏乱差。政府对门外救济的申请资格及审查的方法表明了政府对穷人抱有极不信任的态度：申请者想要得到救助的话，首先要提交一份介绍信，介绍信必须由那些值得尊敬的人来写，而且还要回答一些相关问题，这让申请救助者常常感到颜面受损，地位下降。一些移民者感到又回到了旧世界，原本他们是寄希望在新世界获得独立与尊敬的。

慈善救济制度对穷人的不信任和不情愿的做法的典型代表人物是邓肯·麦格雷戈（Duncan Macgregor），他是医院和慈善救济部门的第一任

---

① Social Security Department, *The Growth and Development of Social Security in New Zealand：A Survey of Social Security in New Zealand from 1898 to 1949*, Wellington, 1950, p. 21.

② Alexander Davidson, *Two Models of Welfare：The Origins and Development of the Welfare State in Sweden and New Zealand, 1888 – 1988*, Uppsala：Uppsala University Press, 1989, p. 42.

③ Alexander Davidson, *Two Models of Welfare：The Origins and Development of the Welfare State in Sweden and New Zealand, 1888 – 1988*, Uppsala：Uppsala University Press, 1989, p. 42.

领导，在 19 世纪晚期，邓肯·麦格雷戈的思想风靡新西兰、美国和英国，是较有名气的"科学慈善"（Scientific Charity）理论的代表人物，他的反对态度带来了整个社会对慈善的歧视。他倡导"合理的慈善"，强调只有那些值得救助的人才能从救助中获得好处。[①] 他怀疑大部分穷人是无能的，他于 1888 年在新西兰进行了一次特殊的旅行，专门对被救助人的家庭进行了实地考察。他反对门外救助，也反对中央政府对穷人承担救助责任。在麦格雷戈看来，这些贫穷的男人和女人是不值得被相信的，救助他们，他们将不出门工作而是待在房间里吃闲饭。他对大部分穷人是持有怀疑的态度的，认为这些穷人是不负责任的，有天生的劣根性，但是他也认为要救助他们，必须让他们待在机构内照顾，这样才能使他们得到有效的监督。[②] 邓肯·麦格雷戈对救助老年穷人是持肯定态度的。

19 世纪末期新西兰经济的长期萧条暴露了新西兰社会保障的不足，"没有济贫院、没有济贫法、没有最低工资、没有工厂法、没有劳动法、没有养老金、没有失业救济"。[③] 英国的济贫院作为政府的一个救助机构，为失业者、贫穷的老年人、病人、寡妇、孤儿提供保护起到了重要的作用，而新西兰济贫院的缺乏导致由慈善机构资助或者偶尔由公共资金支持的老年之家、医院、妇女庇护所和孤儿院的规模的扩大。在经济严重萧条和贫困加剧的情况下，"那些对穷人持有传统偏见的立法者也认识到慈善救助的不足，贫穷已经超越了个人所能控制的范围，必须采用国家行动，动用公共资金来解决日益紧迫的贫困问题"。[④]

1876 年新西兰《公共健康法》通过，这源于英国著名的 1875 年《公共健康法》。这个变化标志着从家庭支持到制度化的国家保障的开始，这是一个重大的转变——自 1885 年后，新西兰社会保障制度作为国家制度开始发展。

① Margaret McClure, *A Civilised Community*: *A History of Social Security in New Zealand*, *1898 – 1998*, Auckland: Auckland University Press, 2008, p. 13.

② Alexander Davidson, *Two Models of Welfare*: *The Origins and Development of the Welfare State in Sweden and New Zealand*, Uppsala: Uppsala University Press, 1989, p. 44.

③ Alexander Davidson, *Two Models of Welfare*: *The Origins and Development of the Welfare State in Sweden and New Zealand*, Uppsala: Uppsala University Press, 1989, p. 40.

④ The Royal Commission on Social Security (RCSS), Wellington: Government Printer, 1972, p. 11.

第三节　养老金制度的确立

新西兰第一个养老金法案的设想在 1882 年就被提出来，但是直到 1898 年才正式通过。19 世纪新西兰还是一个规模小、同质化的殖民社会，受当时社会和经济状况的影响，阶级制度被推迟了，所有人被平等地纳入政治制度中，无疑，经济困境（19 世纪末期经济的长期萧条）是社会政策早熟的一个影响因素，[①] 也成为 1898 年自由党政府激进立法出台的背景。自由党政府于 1898 年颁布了养老金计划，该计划的出台也是为了避免像自由党议员威廉·彭伯·里夫斯描述的情形再出现，"英国济贫院中'最糟糕的社会弊病'——老人们住在斯巴达的体制环境中"。[②] 1898 年老龄养老金制度是非缴费型的，只适用于"值得救助的老人"，因此，1898 年老龄养老金被看作"补缺或选择性"的社会福利政策。[③]

一　《老龄养老金法案》的出台背景

在新西兰养老金法案出台之前，德国的俾斯麦政府已经于 1885 年在世界上率先建立起了社会保险制度，虽然俾斯麦政府出台社会保险计划的主要目的是协调工人与国家的矛盾，但社会保险计划的出台对新西兰产生了很大的影响。新西兰总理哈利·阿尔贝特·阿特金森（Harry Albert Atkinson）（19 世纪 80 年代经济萧条时期的总理）建议实行经济自力更生和紧缩政府开支。阿特金森设想的国家保险计划是为老年人和失业者提供慷慨的以现金为基础的社会保障津贴，他认为，是人民自己，而不是国家，应该通过缴费支付自己的社会保障。然而，缴费型的社会保障制度在新西兰当时的经济情况下是不可能建立起来的，因为工人们的失业率较高，且工

---

① Alexander Davidson, *Two Models of Welfare: The Origins and Development of the Welfare State in Sweden and New Zealand, 1888 – 1988*, Uppsala: Uppsala University Press, 1989, p. 40.

② Raymond Miller, *New Zealand Politics in Transition*, Auckland: Oxford University Press (NZ), 1997, pp. 256 – 267.

③ Alexander Davidson, *Two Models of Welfare: The Origins and Development of the Welfare State in Sweden and New Zealand, 1888 – 1988*, Uppsala: Uppsala University Press, 1989, p. 41.

资较低。萨奇（W. B. Sutch）描述了这个令人惊奇的国家保险计划：

阿特金森计划建立一个中央资金，由每个人的缴费构成，并且每个人按照年龄和婚姻状况作为获得国家津贴的条件。单身年龄在18—65 岁的每周可以得到 15 先令的疾病津贴，已婚男人得到 22 先令 6 便士，已婚妇女 7 先令。寡妇抚养一个孩子的每周得到 15 先令，津贴数量按照家庭人数的多少逐级增加，直到最高每周 30 先令，孩子满 15 岁时终止。孤儿每周得到 10 先令的津贴，直到他们 3 岁（因为这个时期需求较多），到 15 岁时为每周 6 先令。阿特金森也计划让每个年龄为 16—23 岁的年轻男女每年投入 40 英镑（从每周 2 先令 3 便士增加到每周 3 先令 3 便士），如果投资这个钱的话，政府将提供疾病支付直到 65 岁，如果每周缴纳 10 先令，可以提供疾病支付直到死亡。对于孤儿和寡妇津贴，每个男女不得不多缴费 5 年，每周 2 先令。这样的话，要得到所有津贴的话每个人每年需要支付 66 英镑。[1]

显然，阿特金森的国家保险计划实质就是社会保险，与那些已经实施社会保险制度的国家基本是相似的。众议院对阿特金森的计划报以嘲笑的态度，反对声很强烈，认为"这个计划既不会复活人们自力更生能力的精神，也不会通过人们自己缴纳的保险金而节约政府的钱"。[2] 尽管国家保险计划无须进行家庭经济情况的审查，但是工人们反对缴费，最终这个提案没有形成法律。但是，在艾斯平·安德森看来，国家保险计划比 1898 年理查德·塞登政府的养老金计划更先进。[3] 阿特金森的提议和计划遭到搁置，他以后也没有再提及，但是，他的建议唤起了工党组

[1] Alexander Davidson, *Two Models of Welfare: The Origins and Development of the Welfare State in Sweden and New Zealand, 1888 - 1988*, Uppsala: Uppsala University Press, 1989, p. 43.

[2] Alexander Davidson, *Two Models of Welfare: The Origins and Development of the Welfare State in Sweden and New Zealand, 1888 - 1988*, Uppsala: Uppsala University Press, 1989, p. 43.

[3] G. Esping-Andersen, *Power, Equality and Efficiency: The Perennial Dilemmas of Swedish Social Democracy*, Princeton: Princeton Unversity Press, 1988, p. 7. 艾斯平·安德森认为瑞典在 1884 年通过的《社会保险法案》，建立了缴费型的养老金制度，对无力缴费的人实行免费的养老金制度，瑞典的缴费型养老金制度优于新西兰的养老金制度。

织的极大热情，尤其是在 20 世纪二三十年代的经济大萧条时期，阿特金森设立国家保险计划的设想再次引起热议。

19 世纪 80 年代新西兰经济处于长期萧条状况，1890 年的海员大罢工使经济发展再一次受到重创，尽管工人们失败了，但是工人们大部分都站到了 1890 年大选时执政党的对立面，把重任委托给了第一届自由党政府，也导致了社会立法的第一次大发展。1890 年约翰·巴兰斯（John Balance）创建与领导的自由党获得了大选的胜利，约翰·巴兰斯成为第一届自由党政府的总理。理查德·塞登被第一届自由党政府任命为公共建设部长、矿山部长、国防部长及海洋部长。1892 年约翰·巴兰斯病重，理查德·塞登被任命为代总理。1893 年 4 月约翰·巴兰斯病逝后，理查德·塞登继任了总理一职，成为新西兰第十五届总理。

新西兰总理理查德·塞登是新西兰历史上最伟大的政治家之一，被称为"新西兰社会福利之父"。理查德·塞登出身于普通的工人阶级家庭，他的一生都在关注底层百姓生活的疾苦。虽然理查德·塞登本人是自由党的成员，但他心中所奉行的却是平民主义的思想，并在其整个政治生涯中都在积极地为下层普通百姓争取更多的社会福利而奔走。也正是因为这一点，理查德·塞登与他的政治同僚们之间存在巨大的分歧，同僚们时常嘲笑他是"乡巴佬"和"文盲"，而理查德·塞登丝毫不为所动，始终坚持自己的政治信念，终其一生。理查德·塞登对新西兰国家治理最大的贡献在于为新西兰社会保障的发展奠定了基础。

理查德·塞登声称，"如果没有家庭经济状况审查的话，新西兰将负担不起养老金，养老金的标准将会是较低的并且要受到一定限制的"。①无论是阿特金森的国家保险计划还是塞登的主张都表明，这是一个新的开始，是 19 世纪新西兰第一次与以慈善救助为主导思想的英国济贫法决裂了，而且这种思想一直延续到 20 世纪初。

尽管邓肯·麦格雷戈反对中央政府对穷人提供帮助，早期政府对个人的救助也是不太情愿的，但是在国家独立之初，面对中下层民众的生活困境，政府还是参与到救助的行列中：分发土地给移民，架设电话，修建道

---

① Alexander Davidson, *Two Models of Welfare*: *The Origins and Development of the Welfare State in Sweden and New Zealand*, *1888 - 1988*, Uppsala: Uppsala University Press, 1989, p. 43.

路、铁路，建立国家教育制度。威廉·彭伯·里夫斯是新西兰费边主义的改革家，他是一位自由党政治家，[①] 自由党政府中很多激进主义思想都来自威廉·彭伯·里夫斯，他声称 1890 年"国家做的救助工作越来越多"。自由党掌权后，在威廉·彭伯·里夫斯创新思想的推动下，带来了国家更深入的社会干预：工厂立法、工作场所的仲裁和土地改革。国家力量被动员起来了，女性于 1893 年获得了选举权，这在世界上是首次，女性的解放使之成为社会保障制度的有力支持者，新西兰国家妇女协会和妇女基督教节制联盟支持政府推进养老金改革。[②]

　　19 世纪末，在西方改革运动的影响下，新西兰政府解决贫穷问题的责任进一步得到了加强。英国的查尔·布斯（Charles Booth）[③] 对伦敦的穷人进行了分析，认为如果人口中有三分之一的人处于贫穷状态，那么一定不是他们自己的原因造成的，他鼓励收入较低的或者失业的工人阶级继续战斗。查尔·布斯认为工人阶级也不能把贫穷归罪于政府自由放任的个人主义。[④] 在他的推动下，贫穷问题成为英国社会讨论的热点话题。在新西兰，查尔·布斯的改革思想被广泛传播，他的很多提议被提交到议会。新西兰政府也深受英国社会改革家约翰·斯图亚特·穆勒（John Stuart Mill）以及美洲大陆改革家亨利·乔治（Henry George）的影响。[⑤]

　　尽管有很多人仍然寻求慈善机构的救助，像失去工作的男子、失去丈夫帮助的女人、被遗弃的孩子。但是在政府的救助中，老人是首先得到同情的，也是政府在改善贫穷公民中最受关注的群体。19 世纪末 20

①　威廉·彭伯·里夫斯在 1887 年被选入议会，赢得了工人阶级的支持。里夫斯的业绩是推动新西兰立法阻止血汗工厂，提供最低工资，对工业纠纷实施仲裁，推动新西兰第一部《老龄养老金法案》出台。

②　David Hamer, *The New Zealand Liberals：The Years of Power, 1891 – 1912*, Auckland：Auckland University Press, 1988, p. 2.

③　查尔·布斯是 19 世纪初英国改革家，对老年人的痛苦表示深切关怀，极力主张国家给所有的老年人发放养老金，著有《贫穷的写照和有关养老金的论据》、《贫苦老人之状况》、《关于养老金和穷苦老人问题的建议》和《工业的动荡不安和工会政策》等。

④　Gertrude Himmelfard, *Poverty and Compassion：The Moral Imagination of the Late Victorians*, New York：Alfred Knopf, 1991, Ch. 2.

⑤　约翰·斯图亚特·穆勒是英国著名哲学家、心理学家和经济学家，19 世纪影响力很大的古典自由主义思想家。亨利·乔治是美国 19 世纪末政治经济学家，因察觉土地投机买卖是造成社会贫富差距悬殊的重要原因，写下了《进步与贫穷》。

世纪初期，新西兰的人口结构悄然地发生了变化，65 岁以上老年人口所占比重开始加速上升，由 1891 年的 2.1% 增至 3.8%，而在 1881—1891 年这一比重仅从 1.3% 增至 2.1%；1892—1901 年，新西兰 65 岁以上老年人人口增长了大约 20%。[1] 1881 年 65 岁以上老年人与 25—44 岁年龄段人口比是 1：20，1891 年变为 1：11，1901 年为 1：7。[2]

在 1892—1901 年，劳工部长爱德华·特里吉尔（Edward Tregear）和他属下的官员们在努力帮助失业工人寻找工作时发现很多老年男子是劳动力市场的老大难，很难找到工作。相对来说，年轻的男子找工作容易一些，收入状况也好一些。他发现很多农业工作对老年男子来说需求量很小，给老年人提供更多合适岗位也比较难，爱德华·特里吉尔对这些老年人的处境很是同情。劳工部妇女局的领导人海伦·斯塔维利（Helen Staveley）也有同样的经历，她安排一些老年妇女从事家庭管理，不管要求的工资多低，但是雇主都不愿意雇用老年妇女，而是愿意雇用年轻女性。爱德华·特里吉尔针对老年人的处境倡导设立一种对老年人进行帮助照顾的制度，这种制度一定要是互惠的，而不是慈善救助的。因为"老年人是殖民时期的先驱，是值得被尊重的"。[3] 面对越来越多的老年人开始陷入贫困这一现象，新西兰国内掀起了如何实现老年人保障的讨论，其中包括是否建立济贫制度和强制性的养老保险制度。

德国于 19 世纪末率先出台了《老年、残疾和遗属保险法》，尽管属于社会保险模式，但是在世界上第一次为老年人提供了养老保障。丹麦于 1891 年引入了由雇主支付的老年养老计划，这些先例都表明设立养老金行为是必要和可行的。1894 年新西兰自由党政府成立了一个特别委员会，专门研究设立养老金项目的可行性问题，特别委员会建议为老年人设立养老金，并声称，"新西兰的就业情况不稳定，风险极大，这一周还有工作，可能下周就失去工作了，要为工作的新西兰人设立养老金，并

---

[1] Gertrude Himmelfard, *Poverty and Compassion：The Moral Imagination of the Late Victorians*, New York：Alfred Knopf, 1991, Ch. 12.

[2] David Thomson, *A World without Welfare：New Zealand's Colonial Experiment*, Auckland：Auckland University Press, 1998, p. 156.

[3] Margaret McClure, *A Civilised Community：A History of Social Security in New Zealand, 1898 - 1998*, Auckland：Auckland University Press, 1998, p. 15.

倡导由政府来提供养老金"。①

从1896年到1898年，是否应该为老年人提供养老金的议题在新西兰得到了广泛的讨论，从酒吧、商场到参众两院。这些讨论话题包括：个人和政府对贫穷的责任、养老金对人的性格的影响，等等。反对国家提供养老金的人认为，贫穷和依赖是卑鄙的人性，认为穷人是"懒惰的人，逃避责任的人"。② 而支持者描述了工作者的家庭困境，认为政府必须认识到殖民经历的多样性，要接受现实而不是一味地谴责，认为国家养老金与移民的自立、强大的价值要求是一致的。

随着公民权思想的发展，设立养老金制度的思想逐步形成和统一：贫穷的老年人建设了殖民地，工人们对国家的税收和财富作出了贡献，应该为老年人的晚年生活提供保障，立法者也认识到了设立养老金（Pension）而不是救助金（Relief）的必要性。③ 这样的认识将代替济贫院（Workhouse）的救济，取代冰冷的慈善世界。"即使那些对贫穷持有传统认识观念的立法者也越来越明显地感到其个人也是贫穷的受害者，贫困问题不能仅仅依靠慈善救助，必须动用公共资金来解决，除国家行动以外的任何事情都是艰难的。"④

养老金制度就在这样的背景和总理理查德·塞登的推动下出台了，新西兰政府于1898年11月颁布并实施了《老龄养老金法案》。

二　《老龄养老金法案》的内容

1898年《老龄养老金法案》的立法目的是帮助老年人摆脱贫困，过上一种有尊严有保障的生活，其成为20世纪30年代更多社会保障项目出台的一个先导。1898年《老龄年养老金法案》为年收入不到34英镑

---

① Margaret McClure, *A Civilised Community*: *A History of Social Security in New Zealand*, *1898 - 1998*, Auckland: Auckland University Press, 1998, p. 16.

② Margaret McClure, *A Civilised Community*: *A History of Social Security in New Zealand*, *1898 - 1998*, Auckland: Auckland University Press, 1998, p. 16.

③ Margaret McClure, *A Civilised Community*: *A History of Social Security in New Zealand*, *1898 - 1998*, Auckland: Auckland University Press, 1998, p. 17.

④ The Royal Commission on Social Security (RCSS), Wellington: Government Printer, 1972, p. 21.

（相当于 2014 年 6000 新西兰元），① 或者家庭财产总值不超过 50 英镑（相当于 2014 年 8800 新元），同时要求在新西兰居住年限达到 25 年以上，年龄达到 65 岁的老人提供每年 18 英镑（相当于 2014 年 3170 新元）的国家养老金。② 当然，申请人必须是英国的臣民或归化为英国臣民（包括毛利人）达 5 年以上，亚洲移民被排除在外。

为了阻止大规模的老年人受养老金的吸引而流入新西兰，养老金申请者的居住年限要达到 25 年。养老金的资格标准直接与个人道德和举止有密切关系，养老金的受益者应该是那些值得尊敬的人，因此，首先要区分哪些人是值得尊敬的、哪些人是不值得尊敬的。男性申请者必须供养配偶和家庭，抛弃配偶的一方得不到养老金，抛弃孩子的父母也不符合领取养老金的资格，在过去的 12 年里被监禁 4 个月以上的人也没有资格领取养老金。养老金的资格是适用于"那些道德良好的人"。对养老金资格的限制在当时的新西兰社会各界引起了争议。③

1898 年老龄养老金制度还需要对申请者进行家庭经济状况的调查，总理理查德·塞登认为，尽管新西兰经济飞速发展，但是设立普惠养老金制度还不现实，国家现有的财力水平不足以应对所有老年人的需要。理查德·塞登表示，"愿意成为国家养老金政策的推动者，希望能不断扩大养老金的资格条件和覆盖范围"。④

老龄养老金制度实行税收融资，资金来自各税种，不是来自工资税，这有利于保障养老金资金来源的稳定性。养老金对男女实行同样的标准，女性与男性同等享有养老金权利，这是基于女性对养育下一代的贡献。毛利人也被包含在养老金体系内，但是有一个特别的资格要求，要求毛利人出让公共土地所有权作为交换条件。

为了确保养老金计划的顺利实施，政府克服一切困难为养老资金供给提供稳定的支持。养老金使得很多家庭减轻或免去了照顾老年人的义

---

① 新西兰元，货币代码 NZD，货币符号为 NZ＄，于 1967 年起使用。通常被称纽币或者新元。在 1967 年之前，新西兰的流通货币是英镑。

② 余章宝、郭静平：《新西兰福利制度之父：蓝领总理塞登》，厦门大学新西兰研究中心工作论文，2015。

③ O'Brien and Wilkes, *The Tragedy of the Market*, Palmerston：Dunmore Press, 1993, p. 13.

④ Margaret McClure, *A Civilised Community：A History of Social Security in New Zealand, 1898 - 1998*, Auckland：Auckland University Press, 1998, p. 18.

务，很多老年人的晚年生活有了保障，尽管养老金制度设置了每年对受益人的家庭经济状况调查和举止行为调查的限定，但是对老年人的帮助不再依赖于一些慈善机构，也不再是临时性的救助，而是有国家作为强有力的稳定的保障和后盾。[1]

养老金中关于个人举止行为的限定在此后的几十年中仍然不是很明确，同时也容易让人产生疑虑，养老金能培养出好的公民吗？直到 1913 年，申请人提交养老金申请还需要通过法庭，这种做法虽然能使个人和制度本身更加公开，但养老金申请者不得不证明自己的年龄、居住年限以及自己的品行是否达到标准。这些证明有时也是困难的，需要经历一次又一次申请，有的资料不全，有的缺乏证明，有的还需要邻居证明，申请过程很是烦琐。

政府专门设立了养老金办公室，设在政府财务部内，专门负责养老金的管理，由登记官负责。全国共设立了 72 个养老金区域，有专门的执行官员负责接待申请者和审查养老金资格。1904 年，养老金办公室成为一个独立的部门——养老金部（Pension Department）。

三 养老金制度的成就与局限

1898 年《老龄养老金法案》成为新西兰福利国家的基石，理查德·塞登给予了高度的评价："是从摇篮到坟墓的社会保障制度的开始。"并夸赞它带给新西兰社会的变化，"新西兰不仅仅是一个富裕的新社会，更是一个人道主义的社会"。[2] 养老金法案开创性地确立了现代文明国家养老体系的一个基本人道主义原则：对于本国不能自食其力的老年人，政府应该承担一定的赡养责任。在养老金法案实施的最初几年里，几乎所有老年人每年领到的养老金标准为 18 英镑，大约相当于一个低收入男子年收入的三分之一。尽管养老金的给付标准还比较低，但是却成为老年人稳定的生活来源。据观察，"很少有老年人再外出找工作"。[3] 从 1898

---

[1] Robert E. Goodin, *Reasons for Welfare*: *The Political Theory of the Welfare State*, Princeton: Princeton University Press, 1988, p. 35.

[2] J. B. Condliffe, *The Welfare State in New Zealand*, London: George Allen & Unwin, 1959, p. 87.

[3] Margaret McClure, *A Civilised Community*: *A History of Social Security in New Zealand*, *1898 - 1998*, Auckland: Auckland University Press, 1998, p. 23.

年养老金制度确立开始，新西兰成为一个在社会政策上享有国际声誉的国家。

新西兰是继德国（1885 年）、冰岛（1890 年）、丹麦（1891 年）之后世界上第四个建立养老金制度的国家，是英联邦国家中第一个有养老金的国家，也是世界上第一个不需要个人缴纳养老费用的国家，1908 年英国才制定出类似的法律。新西兰养老金制度的诞生也标志着现代福利国家时代即将来临。

在赞美养老金制度的同时，新西兰还有部分老年人仍然处于贫困的状态中，大约三分之一的 65 岁以上老年人还领不到养老金，贫穷及疾病仍然威胁着他们。①1898 年老龄养老金制度成功地阻止了政府对社会贫困原因的评估，在大萧条之前，建立"从摇篮到坟墓的福利政策"并不是政府的目标，并且，在 20 世纪早期，政府也不太情愿出台养老金政策。19 世纪末期盛行的公民精神也在逐步衰退，加之政府的不作为，并没有把养老金扩大到贫穷的社会阶层，一部分人仍然依靠慈善救助。

尽管如此，老龄养老金制度对这个年轻的国家来说起到了促进其转型的作用，其进步意义是不言而喻的。新西兰的养老金制度单一，只包括非缴费型养老金，即世界银行提出的"零支柱"，这也是新西兰社会保障区别于世界上其他国家的重要标志。截至目前还没有哪个发达国家仅仅依靠财政支持的非缴费型的制度来提供老年保障，直至进入 21 世纪，新西兰政府才开始考虑建立缴费型保障制度，这主要是出于降低非缴费型养老金制度的财务压力而作出的考虑。

养老金管理部门严格限制毛利人和亚裔，认为这些人是不值得被救助的。尽管毛利人符合领取养老金的资格条件，但是政府不愿意毛利人与白人移民在养老金上享有平等的权利，认为毛利人贫穷的原因主要是他们不会从土地上获取利益。养老金部对毛利人的养老金标准也进行了限制，一般是每年 12 英镑，而白人是 18 英镑。

新西兰立法者对亚洲移民持有担忧的态度，把来自亚洲的移民看作"黄色的野蛮人"。新西兰立法者认为养老金制度排除语言和种族的多

---

① Margaret McClure, *A Civilised Community: A History of Social Security in New Zealand*, *1898 – 1998*, Auckland: Auckland University Press, 1998, p. 23.

样，目的是保持与英国社会的统一性。① 1908 年的养老金法案更加收紧了范围，该养老金法案的第 18 章明确把亚洲移民排除出去。

在 20 世纪 30 年代，领取老龄养老金的人数出现增长，符合年龄条件的人口由 1926 年的 25% 增至 1936 年的 33%，养老金的给付水平变化不大，从 1898 年到 1938 年，随着通货膨胀的发生，物价上涨了，政府适当调整了老龄养老金的给付标准，基本保持与实际工资一致的标准。老龄养老金的支出占 GDP 的比重也变化不大，从 1910 年到 1938 年基本保持在 0.6%。② 从 1898 年到 1938 年，养老金法案经过了 40 多次的修改，特别是 1936 年《养老金修正法案》出台后，养老金的覆盖范围得到了扩大，亚洲移民和被监禁的人也获得了申请养老金的权利。申请养老金被拒绝的比例也下降了，1937 年的申请者中只有 12% 被拒绝，而此前的被拒率达 30%。③

第四节　社会保障体系的扩大

20 世纪初期，随着新西兰乳制品、肉类和羊毛的出口贸易的发展，新西兰成为世界上生活水平最高的国家。然而，贫穷仍然是普遍存在的，如在奥克兰地区，很多家庭居住在拥挤不堪的贫民窟里，一些家庭还要为每天的生活而奋斗，很多家庭的子女 14 岁就要到工厂劳动以便能贴补家用。子女多的大家庭生活更加窘迫，不得不申请慈善救助，这些申请者大多是没有什么技能的男性、家庭妇女、寡妇，而慈善救助机构只是面向那些赤贫的家庭。政府也认识到在消除贫困的问题上必须要有所作为。

新西兰养老金制度的确立标志着现代社会保障体系即将形成。新西兰政府在 20 世纪初又出台了一系列保障项目：1911 年出台的遗孀津贴、1912 年出台的战争津贴、1915 年出台的矿工津贴、1924 年出台的盲人津

---

① Margaret McClure, *A Civilised Community：A History of Social Security in New Zealand*, *1898 – 1998*, Auckland：Auckland University Press, 1998, p. 20.

② Bronwyn Dalley and Margaret Tennant, *Past Judgement：Social Policy in New Zealand History*, Dunedin：University of Otago Press, 2004, p. 137.

③ Bronwyn Dalley and Margaret Tennant, *Past Judgement：Social Policy in New Zealand History*, Dunedin：University of Otago Press, 2004, p. 139.

贴、1926 年出台的子女津贴。这些保障项目的设立表明新西兰社会保障体系不断扩大和充实。

一　遗孀津贴的设立

1911 年设立的遗孀津贴（Widows' Pension）制度面向有孩子的寡妇，供养孩子的寡妇被认为是值得尊敬的人。[①] 她们的生活也是比较困苦的，而且她们也没有更多挣钱的途径，很多人为了多挣一些收入，不得不把孩子送进托管机构，这样与孩子见面的机会就减少了，对其孩子的保护应当与政府把儿童看作国家资产的政策保持一致。尽管国家需要保护儿童，寡妇的孩子也需要被保护，但是议会对此一直犹豫不决，担心这样做会使得一些不负责的丈夫抛弃妻子和孩子。

尽管存在一些疑虑和担心，但是以约瑟夫·瓦德（Joseph Ward）为首的自由党政府（1906 年 8 月至 1912 年 3 月执政）还是在 1911 年出台了《遗孀津贴法案》。根据该法案，每年政府提供给每个供养一个孩子（孩子的年龄在 14 岁以下）的寡妇 12 英镑，每增加一个孩子，其津贴也相应增加 6 英镑，直到孩子满 14 岁为止，最多支持四个孩子。这样，她们可以有更多的时间待在家中，这样合计起来，加上养老金，她们每年的收入大约有 100 英镑。而此时的养老金标准是每年 26 英镑，遗孀津贴保障水平低于养老金标准。

遗孀津贴与养老金一样是非缴费型的，新西兰仍然保持着无须缴费的原则，尽管此时其他国家已经建立了社会保险项目。首席检察官反对议会实行强制性的社会保险计划，指出强制保险的主要问题是："最需要帮助的阶层一定是没有能力缴费的。" 在新西兰无须缴费的保障制度下，寡妇可以从国家获得帮助而不用考虑其丈夫曾经的工作历史，她自己也无须缴费。

遗孀津贴与养老金一样，标志着从慈善救助转向公民的一项社会权利，使遗孀群体得到了政府的支持，获得了社会尊严。但是，遗孀津贴的给付标准较低，给予一个孩子的遗孀津贴不到养老金的二分之一，实际上是无法支持其家庭的，仍然需要其到外面寻求工作。当孩子满 14 岁

[①] Alexander Davidson, *Two Models of Welfare: The Origins and Development of the Welfare State in Sweden and New Zealand, 1888 – 1988*, Uppsala: Uppsala University Press, 1989, p. 62.

时，遗孀津贴就终止了。因此，为了获得更加优厚的资助，一些妇女宁可要慈善救助也不愿意享有这一津贴。① 那些被丈夫抛弃的妇女、未婚的母亲被排除在该项津贴之外。尽管遗孀津贴制度存在一些不足，但它的引入奠定了新西兰社会保障制度的未来结构。

二　战争津贴的设立

对政府社会保障行为有极大推动作用的是第一次世界大战的爆发，新西兰积极投入大战中，很多家庭把自己的孩子送去埃及、法国、比利时等战争前线。1920 年改革党威廉·弗格森·梅西（William Masseys）政府为那些因战争牺牲生命或健康的家庭提供了优厚的战争津贴，政府把与战争相关联的收益给予受伤的战士或者孩子去世的寡妇母亲。1917 年的战争津贴（War Pensions）由统一基金支出。

战争津贴的给付标准比养老金的给付更加优厚，主要反映了当时的社会形势。② 战争津贴的标准旨在弥补失去的收入，而不是接近正常工资。战争津贴扩大了国家社会保障制度的体系。到 1920 年，战争津贴的花费逐步攀升，与其他津贴项目相比占有绝对优势，根据养老金部的统计，每年增加的战争津贴大约是 70000 英镑，从 1917 年 3 月到 1918 年，战争津贴支出从 180389 英镑增长到 515445 英镑。到 1920 年，战争津贴的花费已经超出了养老金支出的 2 倍多，战争津贴占所有福利津贴支出的 65.5%。1920 年政府在士兵及其家属身上花了超过 187 万英镑，而 1916 年的养老金总额为 63 万英镑，5 年间支出给战士及其家属的战争津贴超过了过去 22 年间支付给老年人的养老金的总和。③ 养老金部工作人员的增加也反映了战争津贴的支出压力，工作人员从 1915 年的 29 人增加到 1917 年的 179 人。④

---

① Margart Tennant, *Paupers and Providers*: *Charitable Aid in New Zealand*, Wellington: Allen & Unwin, 1989, p. 108.

② J. T. Strang, *Welfare in Transition*: *Reform's Income Support Policy*, *1912 – 1928*, MA thesis, Victoria University of Wellington, 1992, p. 101.

③ Malcolm Mckinnon, *Post-War Economies*（*New Zealand*）, International Encycloprdia of the First World War, February 17, 2015.

④ Margaret McClure, *A Civilised Community*: *A History of Social Security in New Zealand*, *1898 – 1998*, Auckland: Auckland University Press, 1998, p. 36.

战争津贴快速增长的趋势在 20 世纪初期继续发展，提供给战士及其家属的津贴一直在增长，这是因为，处于身体恢复期，农场主提供给战士们的薪水较低，还有一些战士成为"新的受益者"，因为他们的身份是英雄，这些退伍军人的数量很多，也使得养老金部很担忧。养老金部工作人员发现，退伍军人中哪些是值得享有战争津贴，哪些人不具备资格是很难辨别的，不断增长的退伍军人可能成为长期依赖于政府的人。①战争津贴支出快速的不可预料的增长使养老金部对未来津贴的支出忧心忡忡。

三　矿工津贴的设立

在 20 世纪初期，一些特殊劳动群体的需求也被政府充分考虑到了，针对一些特殊的劳动者，政府建立起专门的劳动者津贴。

1910 年通过的《矿业修正案》（Mining Amendment），对受伤和死亡的矿工提供资助。1915 年通过的《矿工肺结核法案》（Miner's Phthisis）把对矿工的责任由工厂转向国家，国家对矿工因工作原因而患上尘肺病提供津贴帮助。

四　盲人津贴的设立

在基督教妇女节制会的游说和推动下，1924 年政府设立了盲人津贴（the Blind Pension），这也是政府第一次认识到因自身原因导致的身体残疾也是值得政府来帮助的。盲人津贴仅仅给予那些完全或者永久失明的人，因此，那些部分失明的人被排除在外。在最早申请盲人津贴的 600 多人中，仅仅有 87 人得到这份津贴，到 1929 年仅仅有 282 人获得盲人津贴。②

盲人津贴的出现成为社会保障制度发展的重要里程碑，推动了残疾津贴制度（Invalid' Pensions）的发展。1905 年理查德·塞登反对给残疾人提供资助，认为对残疾人的帮助属于家庭的责任，因此，在后来的几

---

① Margaret McClure, *A Civilised Community*: *A History of Social Security in New Zealand*, *1898 – 1998*, Auckland: Auckland University Press, 1998, p. 38.

② Ann Beaglehole, *Benefiting Women*: *Income Support for Women*, *1893 – 1993*, Wellington: Wellington University Press, 1993, p. 18.

年里，政府没有颁布残疾津贴，而澳大利亚于 1911 年就出台了《残疾津贴法案》。新西兰政府对出台盲人津贴制度的犹豫不决，主要是担心津贴花费的增长。盲人津贴的出台也是政治上的让步，当时的残疾家庭根本无法满足残疾人的生活需要，残疾人的妻子甚至比寡妇的处境更加艰难。在此后的近 20 年时间里，国家妇女委员会、基督教妇女节制会、农场主工会等纷纷要求政府对残疾人提供支持，最终推动政府出台了《盲人津贴法案》。

五 子女津贴制度的引入

20 世纪初期，随着工党成员在议会议员中数量的增多，他们倡导推进更深一步的广泛社会保障制度的发展。1912 年第一个统一的工党组织成立，这是工党的前身。工党领袖呼吁建立来自统一税收的母亲津贴、提高老年人养老金的给付标准、提高遗孀津贴和残疾人津贴标准，等等。① 20 世纪 20 年代，工党的主要成员彼得·弗雷泽（Peter Fraser）、迈克尔·约瑟夫·萨瓦奇（Michael J. Savage）、比尔·帕里（Bill Parry）不断地给政府施加压力，在工党的推动和压力之下，新西兰迎来了世界上第一个子女津贴制度的出台。

尽管妇女和孩子经常为家庭收入作出贡献，但是按照法律规定，家中负责养家糊口的人是丈夫，丈夫的责任是供养妻子和孩子，政府对家庭的保护主要是通过提高男性的薪水来实现的，这个薪水的标准基本上能够维持丈夫、妻子及两个孩子的基本生活。对那些孩子多的家庭政府并没有给予额外的资助。1914 年政府实行家庭收入减免税制度，但是，按照当时的工资收入，所得税很少，免税制度并没有改善大部分家庭的经济状况。

尽管在任的改革党政府对扩大福利津贴制度比较冷漠，但是养老金部的法希（G. C. Fache）和工党部门领导罗利（Rowley），对子女津贴计划进行了调研，法希对设立子女津贴持赞同的态度，支持对贫困家庭提供援助。罗利对澳大利亚南威尔士地区的子女津贴计划进行了实地调研，

---

① Barry Gustafson, *Labour's Path to Political Independence*: *The Origins and Establishment of the New Zealand Labour Party*, *1900 – 1919*, Auckland: Auckland University Press, 1980, p. 50.

也对新西兰建立子女津贴计划表达了同样的支持立场。在工党的压力和鼓动下，1926 年改革党政府引入了子女津贴制度，改革党政府迈出这一步得益于偶然的事件，那就是大选在即，工党承诺给予国民子女津贴，为了反击工党，改革党总理约瑟夫·戈登·考特斯（Joseph Gordon Coates）不得已出台了《子女津贴法案》。

1926 年《子女津贴法案》（Family Allowance Act）是当时世界上第一个完全由政府来出资的子女津贴项目，使新西兰在全世界获得了良好的声望。根据《子女津贴法案》，国家给予多子女父母直接财政援助，资金来源于一般纳税人的费用。《子女津贴法案》对家庭中第三个孩子及第三个孩子以上的每个孩子提供每周 2 先令的资助。家庭子女是仅指 15 岁以下的儿童，包括申请人的儿子、女儿、继子女，也包括合法领养的儿童，但不包括非婚生子女。凡由于身体或精神缺陷而导致儿童完全丧失谋生能力的，可在 15 岁以后继续享有子女津贴。[①]

《子女津贴法案》要求申请人在新西兰永久居住不少于一年，并且申请补贴的子女在新西兰居住不少于一年，或者子女在新西兰出生，否则不得支付津贴。任何外国人或亚洲移民的子女无法享有子女津贴。

子女津贴制度与早期的老龄养老金计划一样，道德因素是影响获得该项资助的重要因素。如果申请人或其妻子的品格有污点，或者曾有"在公众评估中对他或她进行鉴定的任何犯罪或不当行为"，或者为了获得津贴放弃了任何财产的都不在资助的范围内。

子女津贴需要进行家庭经济状况审查，每周收入不到 4 英镑的家庭才符合申请子女津贴的资格。在计算家庭每周平均收入时，包括申请日期前一年内收到的所有金钱或财物，利息为 5%（家具和个人财物除外）。

不同于欧洲国家的子女津贴计划，新西兰子女津贴制度是作为国家的一项计划而不是企业的计划，资金由统一基金支持。而且，子女津贴制度没有对工薪阶层、自营者进行限制，覆盖范围较广，只要每周收入低于 4 英镑的家庭就可以申请，子女津贴制度把一些店主、出租车司机、农民都纳入资助范围，这些人也都成为改革党的支持者。

---

① R. M. Campbell, "Family Allowances in New Zealand", *The Economic Journal*, No. 147, 1927, p. 371.

子女津贴每周支付给每个孩子 12 先令 6 便士，资助标准较低，在一定程度上降低了其重要性。20 世纪二三十年代，新西兰人口出生率仍然较低。[①]从 1929 年到 1930 年，接受子女津贴的家庭大约从 3763 户增加到 3868 户，增长比较缓慢。大约每年的花费是 61008 英镑。[②]子女津贴制度也不足以刺激家庭提高生育率。

按照《子女津贴法案》的规定，子女津贴一般是支付给母亲的，因为传统家庭一般由母亲来管理，但是，子女津贴必须由父亲申请并签字。而且，大部分获得子女津贴的女性仅仅属于那些有着传统家庭结构的家庭，在这种传统的家庭结构中，丈夫被视作养家糊口的人。而那些被丈夫抛弃的单身母亲不具备子女津贴申请人的资格，因此也无法获得子女津贴。这个问题一直是备受争议的，反对的观点认为直接把钱支付给妻子会导致丈夫抛弃家庭。尽管有来自女性和女性团体的抗议，总理约瑟夫·戈登·考特斯本人也是支持非婚家庭子女应该享有子女津贴的资格的，但是养老金部仍然坚持按照《子女津贴法案》的规定来执行。养老金部长法希认为：

> 《子女津贴法案》的规定仅仅是资助那些父亲养家糊口的家庭，如果我们违反这条原则，我们以后将无法关上这个门……毫无疑问，我们将鼓励整个国家男人的抛弃行为，那么婚姻的约束作用也就下降了。[③]

麦克卢尔同样认为："那些被抛弃的妻子和单身母亲以及她们的孩子一直承受着困苦生活的折磨。"[④]对这个问题的争议进入 20 世纪 90 年代后也没有什么变化，即使到了 21 世纪早期，争议仍然存在。

———————

① Margaret McClure, *A Civilised Community：A History of Social Security in New Zealand, 1898 - 1998*, Auckland：Auckland University Press, 1998, p. 41.

② Margaret McClure, *A Civilised Community：A History of Social Security in New Zealand, 1898 - 1998*, Auckland：Auckland University Press, 1998, p. 41.

③ Michael O'Brien, *Poverty, Policy and the State：The Changing Face of Social Security*, Bristol：The Policy Press, 2008, p. 67.

④ Margaret McClure, *A Civilised Community, A History of Social Security in New Zealand, 1898 - 1998*, Auckland：Auckland University Press, 1998, p. 42.

小　结

在早期殖民新世界里，新西兰老龄养老金制度在当时没有任何保障的生活中起了重要的作用，也成功地阻止了贫富的危险分化，成为新西兰社会保障制度的开端，养老金制度的确立也使国家从慈善救助向公民社会权利和长期的保障制度发展，使社会保障制度成为稳定的国家保障。

1928年至1929年，战争津贴和养老金支出分别占到了GDP的0.7%。而所有的津贴项目支出仅仅占GDP的1.7%。[①] 在新西兰的各类福利项目中，老龄养老金和战争津贴的覆盖面相对较大，支出也较多，其他福利津贴项目的覆盖人群较小，亚洲移民几乎被排除在外。从受益人数来看，1929年的老龄养老金受益人数达到25000人，战争津贴的受益人数为218000人，排在其后的是遗孀津贴和子女津贴（见图2-1）。

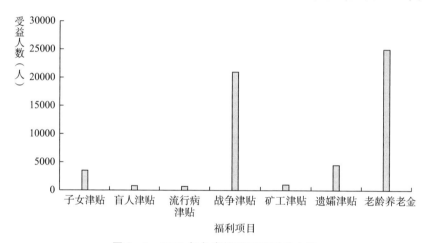

图2-1　1929年各类福利项目受益人数

资料来源：Alexander Davidson，*Two Models of Welfare*：*The Origins and Development of the Welfare State in Sweden and New Zealand*，*1888-1988*，Uppsala：Uppsala University Press，1989，pp. 108-110。

新西兰早期出台的一揽子社会保障项目可以说是对政府应对贫穷的一种反映。从一开始，新西兰社会保障的融资制度就推动了分享权利和

---

① Margaret McClure，*A Civilised Community*：*A History of Social Security in New Zealand*，*1898-1998*，Auckland：Auckland University Press，1998，p. 47。

平等的公民权的发展。养老金、遗孀津贴、战争津贴、矿工津贴、子女津贴等所需的资金都是来自统一基金，也就是各种税收收入，无须个人缴费是新西兰社会保障制度不同于其他国家的重要特征。新西兰最早出现支持建立社会保险计划的呼声是在 1898 年养老金计划出台之前，并且在 20 世纪 20 年代，养老金部又提出实行社会保险计划。从 1913 年到 1923 年，养老金加上各类津贴的支出翻倍，养老金部长法希认为建立强制性的保险制度是解决费用升高的唯一方式。战争津贴和老龄养老金支出的攀升给了他更多的理由来支持社会保险计划。

自由党政府在 1910 年建立了国家公积金制度，这是一种自愿性的社会保险计划，目的是鼓励个人对疾病、残疾和养老风险承担责任。政府对公积金制度进行了广泛的宣传，但是，这一计划在新西兰并不像在其他国家那样成功，新西兰仅仅有一部分职工参与，大部分人没有参加进来。养老金部长法希坚信计划失败的原因进一步证明了实行强制性社会保险的必要性。他向那些实行强制性社会保险制度的国家学习，认为很少有国家像澳大利亚和新西兰这样实施的是非缴费型的福利津贴，他坚信唯一解决津贴费用升高的办法是实行强制性的保险制度，并希望强制性的社会保险制度能在他的职业生涯中得以实施。

1927 年《国家社会保险法案》被提交到了内阁，但是 1928 年被搁置和延期。一些企业主认为强制性社会保险计划会加重雇主和雇员的负担，将会影响整个经济发展并导致失业人口的增多。接着，1936 年和 1938 年，英国财政部长沃尔特·纳什积极推进社会保险计划，由于新西兰的经济状况和劳动者支付能力的限制，最终社会保险计划没有通过。无须缴费的社会保障制度把福利津贴与公民权而不是支付能力联系在了一起。

在 20 世纪 30 年代之前，新西兰政府对公民的需求是以道德本位来划分的，国家主要关心的是满足公民最基本的食物、衣服和住房的需要。早期的各类福利项目往往倾向于用道德来区分哪些人是值得救助的，哪些人是不值得救助的。尽管 1898 年养老金制度也受道德检测和价值观的限制，但却是个特例，养老金的覆盖面相对较广。这种用道德本位来划分受益人的原则一直保持到自由党执政时期，也反映了政府当局对贫穷是保持警惕的。

　　当然，新西兰早期的福利津贴制度在覆盖范围上是零散的、不完整的，并且还存在明显的对毛利人和亚洲移民的种族歧视。

　　从1898年《老龄养老金法案》到1926年世界上第一部《子女津贴法案》的出台，在短短28年的时间里，新西兰确立了社会保障制度的广泛框架，它的特点是严格的资格标准和低标准的福利金，面向最贫困的新西兰家庭，通过家庭经济状况测试的手段，有居住要求和明确的资格标准，解决了新西兰特定公民的需求，这不是一种激进或革命性的社会福利办法的结果，相反，它采用一种务实的、保守的办法来解决贫困公民的需要。在那个时代，社会保障制度成为建立现代的、全面的福利国家的基础。然而，自子女津贴计划出台后的几年里，新西兰政府的改革热情似乎减弱了，在20世纪30年代之前很少再有重大的创新举措产生。

第三章　新西兰社会保障法的产生
（1929—1939 年）

　　20 世纪 30 年代初的经济大萧条（1929—1935 年）是 20 世纪最深刻的全球经济危机。它影响了包括新西兰在内的整个西方世界。正是 20 世纪 30 年代的大萧条促使新西兰社会保障制度新举措的出台。大萧条暴露了国家保障与私人救助制度的不足，导致更多的人依赖于慈善救助，民众希望政府能有所作为。自由党政府和工党政府首先做出了反应，采取了一系列的措施，对国民提供保障，最终推动了 1938 年《社会保障法》的出台。

　　从 20 世纪 30 年代开始，自由党政府主要忙于解决棘手的失业问题。经济的不景气导致薪水降低，原有的一些福利项目也遭到了政府的削减。在经济大萧条时期，自由党政府似乎对民众的艰难境况比较冷漠。[1]

　　1935 年 12 月新西兰第一届工党政府在大萧条时期上台，开始改善经济状况，实施了一系列社会改革措施。工党政府在倡导国家对公民个人的福利支持方面起到了关键的作用，其开始正视整个社会包括穷人和富人都面临的健康和养老问题，把慈善救助和养老金看成公民的一项社会权利。工党的公民权思想形成于 20 世纪初期，工党政府是 20 世纪早期新西兰对老年人群体支持力度最大的政府。

第一节　失业危机与福利的紧缩

　　第一次世界大战破坏了欧洲的农业生产，为新西兰农产品的出口创造了强劲的需求。在出口产品高额利润的刺激下，从 1914 年至 1920 年，新西兰农民以土地为抵押大量借贷并投资。不幸的是，在 20 世纪 20 年

---

　　[1]　John S. Reid, "The Development of Social Security in New Zealand", *University of Toronto Law Journal*, Vol. 6, No. 1, 1945, p. 4.

代初，国际大宗商品市场开始出现长期下滑，许多农民不得不努力偿还贷款。1929 年至 1933 年的全球经济衰退导致了伦敦市场大宗商品交易价格的暴跌，并很快波及新西兰，农民首先成为经济萧条的受害者，农场收入为负值，商品价格下跌增加了农民偿还抵押贷款的负担。肉类冷冻工厂、毛纺厂和奶制品工厂陷入衰退的旋涡中，失业率急剧攀升。经济危机影响了新西兰政府对社会保障的态度和政策。

一 失业危机

1930 年 5 月以乔治·威廉·福布斯（George William Forbes）为首的自由党政府上台，自由党政府首先面临的是失业问题。几十年来，新西兰的经济一直依赖于农业技术的先进和农产品的出口，在经济危机时期，欧洲购买新西兰农产品的数量减少，价格也下跌了，严重影响到了农民及其家庭的生活。1930 年新西兰的失业率达到了 12%。[1] 官方的数据显示，1926 年实际失业人数为 27785 人，1933 年为 179800 人，1936 年为84763 人。1933 年失业高峰期失业率大约为潜在劳动力的 30%。[2] 大量失业者成了急需政府帮助的群体，政府要为身体健康的成年人提供工作机会，失业问题成为政府面临的最大问题，它力压了其他的需求，养老金部在 20 世纪 20 年代所倡导的社会保险计划也被搁置了，政府需要尽快解决失业问题。

失业率的上升直接推动了政府实施公共工程计划，并首次于 1930 年出台了失业法，向失业人员提供小额营养补贴。[3] 总理乔治·福布斯（George Forbes）承诺为失业者的救济金买单，并宣布没有工作就没有救济金，这意味着失业者将不得不参加政府的"制定工作"计划，例如修路、从事农场工作或林业项目。直到 1938 年《社会保障法》出台后才引入正规的失业救济金，失业救济金是"支付给 16 岁及以上在新西兰居住至少12 个月且失业的人，能够并愿意从事合适的工作，并已采取合理措施确保

[1] Margaret McClure, *A Civilised Community*: *A History of Social Security in New Zealand*, *1898 – 1998*, Auckland: Auckland University Press, 1998, p.49.

[2] Keith Rankin, "New Zealand's Gross National Product: 1859 – 1939", *Review of Income and Wealth*, No.38, Vol.1, March, 1992, p.61.

[3] Michael Bassett, *The State in New Zealand 1840 – 1984*: *Socialism without Doctrines?* Auckland: Auckland University Press, 1998, p.173.

就业的"。① 这也是政府第一次试图通过最全面的手段来解决失业问题。

自由党政府设立了失业调解委员会，并且每年向每个成年男性征收 30 先令来资助失业调解委员会的活动。这 30 先令属于失业税，失业税来自每一个工作的人，再重新分配好给那些需要工作的人，失业税成为重要的社会保障税的先例。

关于自由党政府在失业救济方面的成效，新西兰历史学家巴里·古斯塔夫森（Barry Gustafson）在其作品里是这样描述的：

> 我依靠失业救助已经三年了，生活主要靠面包和奶油。我认为政府的救济工作是愚蠢的事情。生活没有什么乐趣，没有报纸、没有电影、没有书，也没有任何类型的文化。我的妻子买不起糖，找到一份工作非常困难，如果不能体面地生活不如体面地死去。②

可以看出，自由党政府的失业救济措施是不成功的，很多失业人口的年龄超过了 50 岁，有的失业者身体有病，或者不适合工作等，失业调解委员会和慈善救助机构也不愿意对这些失业者负责。一些社会福利项目，像残疾津贴、老年人津贴等都不适用于他们。政府的社会保障不仅需要扩大范围，而且要更具有弹性。

无论是自由党政府的失业救济计划还是公众的注意力都集中于失业的男性，实际上还有一些女性也处于失业状态，她们的困境没有得到更多的关注。当然，在大萧条时期女性的就业数量要少于男性。政府对失业女性的帮助也不是直接的，更多救助措施是间接的，如提供家务工作的培训，给予房屋租金的帮助或衣物的帮助，发放一笔小的救助金，等等，女性的就业权利没有得到重视。

二 福利支出的紧缩

尽管失业问题成为自由党政府关注的焦点，也是公众争议的焦点问

---

① Bronwyn Dalley and Margaret Tennant, *Past Judgement*: *Social Policy in New Zealand History*, Dunedin: Otago University Press, 2004, p. 137.

② Barry Gustafson, *From the Cradle to the Grave*: *A Biography of Michael Joseph Savage*, Auckland: Reed Methuen, 1986, p. 163.

题，但几十年来其他人的需求依然没有得到解决。1930 年自由党上台执政的第一要务是尽可能地削减福利支出，因此，养老金制度没有得到更进一步的发展。

在经济大萧条时期，养老金制度面临巨大的支付压力，领取养老金的人数逐年增长，子女津贴的支出也不断攀升，从 1930 年到 1932 年，领取子女津贴的人数翻了一番，一些媒体对于持续增长的福利领取人数持批评态度，并且鼓励政府限制福利的受益人数。[1]

约瑟夫·戈登·考特斯在 1925 年至 1928 年出任改革党政府的总理，他曾经警告过"政府没有神奇魔力的钱袋"来保护所有失去收入的人。[2]他警告福利津贴支出的不断攀升会给政府带来财政上的负担。1931 年自由党政府设立了国家支出委员会，主要目标是削减预算费用。国家支出委员会倡导一系列的经济改革措施，包括削减福利津贴，国家支出委员会计划每年节约政府开支 599925 英镑。1931 年工人的薪水也被削减了10%。在此后的几年里，自由党政府以同样的比例来削减福利支出。工党对自由党政府削减福利津贴的行为进行了公开的抨击和指责，自由党政府的做法使其戴上了不关心普通民众的帽子，也增加了民众的不满。

自由党政府对福利支出的削减实际上对福利受益人的生活影响不大，因为当时的生活费用较低，养老金受益人和遗孀的生活过得并不比以前差。在大萧条时期，最糟糕的问题是政府拒绝承担对所有面临困境的人的保障义务，由于失业问题占据主导地位，政府更加关注失业人员的保障，而拒绝满足其他人的福利津贴需求。

直到 1935 年，养老金部曾经在 20 世纪 20 年代倡导的社会保险计划一直没有被提到议事日程上来，尽管自由党政府把可能转向社会保险计划作为阻止扩大"免费养老金"的借口，但这也意味着残疾津贴在当时是不可能被认可的。因此，1930 年当工党向议会提案建议把澳大利亚的残疾津贴制度全面引入新西兰时，自由党政府以转向社会保险计划仍然是悬而未决的为借口否决了工党的提案。在自由党政府看来，出台一个

---

① Gaynor Whyte, *Old-Age Pension in New Zealand*, *1898 – 1939*, MA Thesis, Massey University, 1993, p. 198.

② Margaret McClure, *A Civilised Community*：*A History of Social Security in New Zealand*, *1898 – 1998*, Auckland：Auckland University Press, 1998, p. 52.

新的法定福利意味着对旧的福利制度进行修改，这个过程是复杂的，推迟可能是最简单的选择。

尽管大萧条时期的工党议会成员、积极的女性团体为被丈夫抛弃的女性呼吁，并希望政府能把子女津贴标准提高到每周提供 2 先令，但是自由党政府及其养老金部仍然坚持固有的看法，继续反对扩大福利。养老金部一直坚持原来的立场：子女津贴是对养家糊口的男性薪水的补充，因此，必须是家中养家糊口的人是男性才符合领取子女津贴的资格要求。① 女性团体认为被抛弃的女性是事实上养家糊口的承担者，国家应该把平等的福利权利给予这些贫穷的女性。

自由党政府不太乐于资助这些被丈夫抛弃的女性还有其他方面的原因，传统的家庭结构以及男性对家庭贫困承担责任的观点：资助女性被看作鼓励男性抛弃妻子。因此，在大萧条时期，残疾人和被抛弃女性只能依靠慈善救助。

在大萧条时期，无论是养老金部还是保守的自由党政府继续对其他种族享有的福利津贴资格设置障碍，它们认为亚洲移民不符合享有津贴的资格要求，虽然毛利人享有福利津贴的资格，但与白人相比仍处于一个较低的水平。

第二节　保障所有人：社会保障向普惠转变

在 20 世纪 30 年代新西兰经济不景气的形势下，失业和不充分就业的社会支出以及工商业的亏损都是非常高的，贫穷现象在很多社区都是普遍存在的，出生率下降，男人和女人请求政府提供生活必要品，像衣服、鞋等，人们排长队等待慈善救助，人人希望能得到稳定的工作。

经济大萧条不仅暴露了贫困的本质而且也使政府认识到了慈善救助中院内救济的不足以及被救助人缺乏尊严等问题。玛格丽特·坦南特声称"在经济大萧条的情况下，院内救济对福利制度的补充作用逐渐降低，

---

① Margaret McClure, *A Civilised Community：A History of Social Security in New Zealand，1898 - 1998*，Auckland：Auckland University Press，1998，p. 54.

尽管曾经的院内救济帮助了成千上万的新西兰人"。① 一些民间私人救助团体也力不从心，资助范围很小。人们需要更多的帮助而不仅仅是济贫，需要更加有尊严的救助。这意味着由政府和志愿者团体的合作救助形式向系统的社会保障制度转型，从慈善救助向正式的法定救助转型已势在必行。

一个重要的政策转型发生在 1933 年，当约瑟夫·戈登·考特斯成为财政部长后，他着手进行经济改革，成为后来工党政府干预经济的先导。他的改革朝着计划的国家经济法发展，他建立了新西兰联邦储蓄银行以此来对抗私人银行机构的力量，以确保给予政府和农民更加低的贷款利率。②

考特斯计划的价值并没有被社会认可，他的第一个政策是稳定国家收入和减轻农民的困境。尽管他探讨建立社会保险计划的可行性，但是自由党政府没有来得及实施这些计划就下台了，1935 年工党上台，工党政府为新西兰社会政策的推行注入了新活力，开启了新西兰福利国家的进程。

1935 年工党向社会呼吁战胜贫穷并把消除贫困作为工党的第一目标。对工党的很多政治家来说，他们对贫困的谴责源于儿时缺乏保障的经历，他们的领导人迈克尔·约瑟夫·萨瓦奇出生于维多利亚的一个小农场，儿时过着无保证的生活，生活的困苦、母亲和姐妹的死亡，坚定了他日后的人生目标和道路。其他的政治家，如约翰·A. 李，他的父亲抛弃了他的母亲，母亲靠挖煤和缝纫来养活家庭。沃尔特·纳什的父亲是一位酒精依赖者，依靠母亲的努力来支撑自己的家庭和孩子。工党成员中出身于中产家庭的很少，大多来自社会底层。工党主要政治家的早年经历对工党政府出台和实施的一系列社会政策产生了重大影响。③

工党对社会政策的发展注入了新的动力。在 1935 年竞选中，工党声称要加大政府在个人保障方面的作用。为了击败自由党，工党声称要战胜贫

---

①　Margart Tennant, *Paupers and Providers*: *Charitable Aid in New Zealand*, Wellington: Allen & Unwin, 1989, p. 188.

②　Margaret McClure, *A Civilised Community*: *A History of Social Security in New Zealand*, *1898 - 1998*, Auckland: Auckland University Press, 1998, p. 58.

③　Barry Gustafson, *From the Cradle to the Grave*: *A Biography of Michael Joseph Savage*, Auckland: Reed Methuen, 1986, p. 58.

穷，要建立一个体面的家、幸福的家庭生活和体面的社会。① 工党的社会政策思想源于 19 世纪末 20 世纪初，工党成员们已经阅读并研究了 19 世纪末著名改革家爱德华·贝拉米（Edward Bellamy）、威廉·莫里斯（William Morris）② 的作品，并深受他们思想的影响。20 世纪初期英国自由主义思想主张消除饥饿、恐惧和赤贫的理念也对工党领袖们未来的社会政策产生了极大的影响。沃尔特·纳什在谈到社会保障的作用时认为：

> 只要人口中的大多数人还面临经济恐惧和无保障感，那自由就无从谈起。失业者能谈自由吗？上届政府给家庭带来了幸福和健康吗？残疾人难道只能依靠慈善救助生活吗？每周只有 17 先令 6 便士的养老金有幸福和自由可言吗？寡妇及孤儿们能感激自由党政府带给他们的自由吗？"自由"对工党来说就是让全社会所有人过上一个体面的、文明的生活。③

凯恩斯是 20 世纪 30 年代风靡欧洲和美国的经济理论家，他主张国家干预经济的思想对工党的政策走向产生了很大的影响。凯恩斯主义的思想深深吸引了沃尔特·纳什和迈克尔·约瑟夫·萨瓦奇，他们坚信国家干预会使大萧条的灰烬上诞生文明。④

工党在竞选宣言中声称福利津贴是给予这些人的："①所有因健康问题不能工作的人；②所有的寡妇及她们的未成年孩子；③所有因战争受伤、战争残疾、意外事件或其他残疾而不能工作的人；④所有年龄超过

---

① Margart Tennant，*Paupers and Providers*：*Charitable Aid in New Zealand*，Wellington：Allen & Unwin，1989，p. 59.

② 爱德华·贝拉米（Edward Bellamy）是 19 世纪末美国记者和作家。贝拉米在很多作品中揭露资本主义社会制度的各种矛盾和弊病，提出了空想改良主义的经济、政治主张。威廉·莫里斯（William Morris）是 19 世纪末英国的小说家和诗人，也是英国社会主义运动的早起发起者之一。

③ 转引自 Alexander Davidson，*Two Models of Welfare*：*The Origins and Development of the Welfare State in Sweden and New Zealand*，*1888 - 1988*，Uppsala：Uppsala University Press，1989，p. 121。

④ Margaret McClure，*A Civilised Community*：*A History of Social Security in New Zealand*，*1898 - 1998*，Auckland：Auckland University Press，1998，p. 61.

60 岁的人"。① 1935 年 12 月新西兰工党组阁，开启了新西兰社会保障制度的新时代。

工党的健康、失业及社会保障政策源于每个人面对困难都是脆弱的哲学。不幸与需求被看作普遍的经历，集体措施是战胜困难的途径。像沃尔特·纳什所声称的：

> 既不是男主人的智慧也不是邻居的施舍能使一个家庭获得经济和社会的保障，普遍的不确定和依赖对国家和家庭都是一种灾难。②

经济大萧条时期，来自投资者、农民以及那些最贫穷的人等都普遍地感到没有安全感，因此，这给政府扩大其在整个社会中的影响带来了机会。而且，普惠社会保障原则上被看作真正的民主，没有普惠的福利制度，中产阶级将会被排除在受保护的其他公民之外。国家的福利责任是建立在为所有人的普遍的保障基础上，工党倡议建造政府公房，使之看起来不像"工人们的住所"。工党的一系列计划涉及教育、健康、福利、就业方面，目的是提供"普惠的福利"。

工党社会政策最大的成就不是仅仅阐明人们的个人需要，更重要的是把人们的需要变成一种权利。③ 需求与权利的结合成为工党早期出台疾病津贴、失业津贴、养老金计划不可缺少的部分。在 20 世纪 30 年代，通过把穷人和富人都纳入统一的社会保障制度中使公民的社会权利得到确认和加强。公众对工党寄予的希望是非常虔诚的，简斯·弗雷姆（Janet Frame）记录了她的家庭对工党获胜的欣慰之情："工党竞选的成功几乎是青出于蓝的，巨大的喜悦充斥整个家庭。"④ 工党也收到了来自成千上万的民众的祝贺信件。整个社会对工党上台的巨大热情足以体现

---

① Barry Gustafson, *From the Cradle to the Grave*: *A Biography of Michael Joseph Savage*, Auckland: Reed Methuen, 1986, pp. 153 – 157.

② 转引自 Michael O'Brien, *Poverty*, *Policy*, *and the State*: *The Changing Face of Social Security*, Bristol: The Policy Press, 2008, p. 14。

③ Lida Gordon, *Pitied but Not Entitled*: *Single Mothers and the History of Welfare*, *1890 – 1935*, New York: Free Press, 1994, pp. 287 – 288.

④ Margaret McClure, *A Civilised Community*: *A History of Social Security in New Zealand*, *1898 – 1998*, Auckland: Auckland University Press, 1998, p. 62.

每个国民对工党许诺的社会保障的期望。

第三节　社会保障发动：1936 年《养老金修正法案》

1935 年新西兰工党政府组阁，第一次实现了英语国家的工党赢得大选的成功。此时，英国经济大萧条的结束带来了对新西兰产品进口需求的提高，这非常有利于新西兰的经济和社会改革。工党政府发展并扩大了改革党总理约瑟夫·戈登·考特斯时期的经济举措，并加快了对养老金及福利制度的改革。工党政府扩大了约瑟夫·戈登·考特斯在财政、公共工程、住房等方面的政策，更多的失业者被安排到公共工程中。工党政府第一次对农业工人实行最低工资，对工人实行法定的每周 40 小时工作日制度，重新对 5 岁儿童打开学校大门，并为所有中等教育学校学生提供免费教育。[①]

尽管新上台的工党政府发起了经济、劳工和教育方面的改革，但工党政府的最大目标是为整个社会提供更加优厚的社会保障，建立一个全新的健康计划和超级养老金计划。然而，社会保障制度的资金问题成为工党上台后面临的第一个关键问题。

1936 年比尔·帕里（Bill Parry）就任养老金部长，他建议立即对社会保障制度采取行动，倡导设立新的保障项目，并且提高养老金的支付标准，从每周每人的 17 先令 6 便士提高到 30 先令。财政部不同意这些建议，认为无法为增加的保障项目提供资金支持，提高养老金标准将会导致每年养老金账单增加两倍半，高达 1000 万英镑的花费。[②] 因此，政府于 1936 年重新颁布《养老金修正法案》（Pension Amendment Act）作为一个权宜之计。该法案成为政府推进大规模保障计划的开始，也成为工党政府实施慷慨的社会保障行动的标志。

内阁及议会党团成员会议对每周每人 30 先令的养老金标准持不赞同的态度，财政部长沃尔特·纳什也比较犹豫，新任总理迈克尔·约瑟夫·

---

① Keinth Sinclair, *A History of New Zealand*, Auckland：Auckland University Press, 1991, p. 132.

② Margaret McClure, *A Civilised Community：A History of Social Security in New Zealand*, *1898 – 1998*, Auckland：Auckland University Press, 1998, p. 64.

萨瓦奇对老年人的处境深表同情，但也对养老金的高标准表示担忧，声称"每周 30 先令的养老金足以让新西兰震惊全世界"。① 最终，决策层成功地达成了一个折中的办法，把养老金的标准从每周每人 17 先令 6 便士提高到 22 先令 6 便士。

《养老金修正法案》于 1936 年 9 月通过，它结合了传统和现代保障制度的重要因素，是一种制度上的创新。1936 年的养老金制度仍然是无需缴费的，资金来自统一的税收。20 世纪 20 年代的社会保险计划被彻底抛在了脑后。《养老金修正法案》使得社会保障制度变得更加自由，它提高了养老金的给付水平，放宽了享受养老金的资格条件。

1936 年《养老金修正法案》摆脱了过去养老金资格条件中对种族和性别的限制，《养老金修正法案》第 4 部分第 1 款对毛利人享有保障资格的条件放宽了，不再把毛利人拥有土地的利益作为减少其享有社会保障权利的理由。② 该法案也废除了对亚洲移民的福利歧视，早期的养老金制度是把亚洲移民排除在外的，《养老金修正法案》把亚洲移民和黎巴嫩移民都纳入养老金制度中，成为其拥有公民权的象征。

《养老金修正法案》也向两个群体敞开了大门，他们是残疾人和被丈夫抛弃的女性。这两个群体在过去几十年里是否应该享受福利津贴一直是备受争议的议题，残疾人在传统上被认为是值得救助的群体。对被丈夫抛弃的女性的救助表明政府意识到了她们的困境，被丈夫抛弃的女性这一群体为了获得保障一直在努力争取，一位女性在给总理萨瓦奇的信中写道：

> 有很多像我这样情况的人，优雅、敏感和高傲的不愿意接受任何类型的救济，因此，你能明白，养老金制度对我们意味着什么，我投票了工党，希望能获得报答。③

① Hanson Elizabeth, *The Politics of Social Security*：*The 1938 Act and Some Later Developments*, Auckland：Auckland University Press, 1980, pp. 11 – 13.

② Hanson Elizabeth, *The Politics of Social Security*：*The 1938 Act and Some Later Developments*, Auckland：Auckland University Press, 1980, pp. 162 – 164.

③ Margaret McClure, *A Civilised Community*：*A History of Social Security in New Zealand*, *1898 – 1998*, Auckland：Auckland University Press, 1998, p. 66.

尽管残疾人的权利得到了法律的明确，立法赋予被抛弃的女性的养老金权利却经过了一个艰难的过程。政府对因丈夫的不负责而处于不利境地的女性的保护一直是比较谨慎的，因此，要求被抛弃的女性通过诉讼的方式来获得养老金。如果其丈夫能被找到，他必须每周支付 1 英镑维持家庭的开支。一般情况下，这些男性的收入较低，难以支持家庭。如果一个丈夫消失后又被找到，妻子将不得不支付他回家的机票。妻子也知道丈夫的抚养费是不确定的，但如果丈夫因为抛弃家庭被判监禁的话，那么他的妻子什么也得不到，这些丈夫往往又能够成功地逃避家庭责任。

《养老金修正法案》对被丈夫抛弃的女性的保障引起了公众强烈的批评，媒体认为，女性为了获得政府的养老金，可能会纵容丈夫"抛弃"自己。《奥克兰星报》（*Auckland Star*）根据调研的资料证明"一个可依靠的养老金会带来无法依赖的丈夫"。[①] 一些批评者认为纳税人不乐意支持这个制度，丈夫对家庭的责任不应该由纳税人来负责。

1936 年《养老金修正法案》成为更大规模推行社会保障计划的一场预演，其中暴露的一些问题仍然需要后续的处理。

第四节　普惠养老金抑或社会保险

1936 年《养老金修正法案》开启了工党政府养老金制度的改革，但是早期养老金制度的发展是较为零碎的，不系统的。工党政府社会保障制度改革的最大成就是超级养老金制度和健康制度的创新。通向 1938 年《社会保障法》的道路是曲折的，工党政府社会保障的主要计划是：建立普惠的超级养老金计划和普惠的健康计划。的确，这两个计划在当时被称作健康和养老金计划，并没有称作社会保障，直到 1938 年《社会保障法》的出台。

工党政府全面社会保障计划的主要顾虑是费用问题，特别是普惠的超级养老金计划是无须进行家庭经济状况审查的。让公众感受强烈的是每周 30 先令的老龄津贴或超级养老金的支出问题。同时，政府也不得不

---

① Michael O'Brien, *Poverty, Policy, and the State: The Changing Face of Social Security*, Bristol: The Policy Press, 2008, p.114.

说服医疗界与政府的普惠健康卫生计划合作。庞大的社会保障计划是复杂的，内阁及领导层的意见都不统一，政府中形成了左翼和右翼对立的局面。

就在 1936 年《养老金修正法案》通过后不久，工党政府财政部长沃尔特·纳什在寻求海外贷款前设立了一个跨部门委员会，成员来自不同部门，包括财政部、社会政策部门和保险部门。沃尔特·纳什指令跨部门委员会根据工党竞选的诺言制订一个实施计划，这意味着超级养老金标准会大幅提高：普惠养老金的年龄要求女性是 55 岁、男性为 60 岁，由政府出资每周的标准为每人 30 先令。纳什认为不管女性是否有收入都应该被包括在其中。跨部门委员会对于建立缴费型还是非缴费型的超级养老金计划仍然处于考虑中。

跨部门委员会首先要考虑的是超级养老金计划的资金问题，提交的报告在一个星期后被打了回来，因为所需要的资金没有被批准。按照内阁的保障计划建议，超级养老金计划支出将达到每年 3000 万英镑，这么高的花费，政府只有提高税收才能解决，而工人们会反对提高税收，超级养老金计划超越了目前政府所能承受的压力。

内阁官员们并没有灰心，并且希望目标能如期执行，沃尔特·纳什希望能找到其他的资金来源。如何负担得起工党政府的普惠养老金计划仍然是一个棘手的问题。跨部门委员会倡导全方位的保障计划，但是，在这个保障制度发展的初期阶段，就需要公民明白自身的权利与义务，需要缴高的税，计划开始的第一步是非常艰难的。

1936 年底，英国顾问的到来至少帮助新西兰政治家们坚定了工党政府实行全社会的无阶级差别的社会保障计划的决心。英国顾问是来自英国健康部的掌舵者沃尔特·金尼尔（Walter Kinnear）和劳工部的领袖戈弗雷·伊内思（Godfrey Ince），这两位顾问特别支持新西兰建立缴费型的保险制度，确信英国保险制度的正确性，英国的保险制度是专门为工薪阶层量身定做的，排除了特别富裕和特别穷的阶层。两位顾问对新西兰建立普惠的保障原则持不信任的态度，英国专家对新西兰工党政府的普惠健康计划持有藐视的态度。但是，工党政治家们认为英国的保险制度不适合新西兰，时任养老金部长的比尔·帕里（Bill Parry）坚信保障计划资金应该来自国库，而不是来自成员个人，每个人都将被包括在其中。英国顾问沃尔特·金尼尔也意识到新西兰的保障计划不同于英国的地方，"这不是真正的保险计划，它实际是一项社会计划"。①

　　跨部门委员会的第三次尝试是被指令集中制订可行的保障计划并付诸实施。跨部门委员会仍然是非常小心的，设法劝说政府普惠养老金制度是不现实的。跨部门委员会对英国顾问沃尔特·金尼尔的预测印象很深，沃尔特·金尼尔曾经预测过澳大利亚的养老金计划，认为随着澳大利亚人口出生率的下降，老年人口的增多，养老金的负担会降低整个社会的生活水平。如果按照每个新西兰老年人每周 30 先令的养老金标准的话，那么每年每个老年人的支出就会增加 500—600 英镑。跨部门委员会认为即使支付每人每周 30 先令的话，他们依靠 30 先令生活仍然是不足够的。②

　　跨部门委员会认为提供给每个老年人每周 30 先令的收入保障资金不仅要来自政府还需要个人的出资，包括个人的非全日制工作收入或者储蓄。而且，跨部门委员会认为女性 55 岁、男性 60 岁作为领取养老金的年龄条件定得太低，建议把退休年龄提高到女性 60 岁、男性 65 岁（残疾人条件可放宽）。跨部门委员会不太赞同建立非缴费型的超级养老金计划，倡议对那些 20 岁以下的年轻人建立半保险型的超级养老金计划。

　　财政部长沃尔特·纳什从英国访问回来后，认为普惠型养老金的资金问题是不可能得到解决的。1938 年 2 月，纳什带来了三个财经顾问，这几个顾问一直在对缴费型的社会保险计划进行测算。纳什出生于英国而且比较保守，美国罗斯福新政对他的影响较大，美国于 1935 年通过的《社会保障法》也是社会保险型的。因此，纳什建议对老年人提供两个层次的制度：国家养老金给那些能够缴纳保险费用的工薪阶层，而老龄津贴给那些缴不起保险费用的人，这些人一般是失业的、残疾的或打零工的。③ 纳什新的政策方向是把养老金按穷人和富人分为两个层级，建立基金积累的保障制度。工党成员约翰·A. 李认为纳什的观点是"古怪的和不可思议的"。工党成员彼得·弗雷泽（Peter Fraser）支持建立普惠

①　Hanson Elizabeth，*The Politics of Social Security：The 1938 Act and Some Later Developments*，Auckland：Auckland University Press，1980，pp. 47 – 48.

②　Hanson Elizabeth，*The Politics of Social Security：The 1938 Act and Some Later Developments*，Auckland：Auckland University Press，1980，pp. 51 – 52.

③　Margaret McClure，*A Civilised Community：A History of Social Security in New Zealand，1898 – 1998*，Auckland：Auckland University Press，1998，p. 72.

型的健康保健制度，建议设立专门针对穷人的医疗救助。

尽管内阁和政党立法会议对建立普惠型养老金还是建立保险型的养老金制度意见不一致，最终，工党政府还是选择了普惠型的养老金制度。1938 年 4 月，总理萨瓦奇通过广播向新西兰民众宣称对 60 岁以上的老年人实行高标准的超级养老金，每人每周 30 先令的标准的确让公众出乎意料。

随着大选的逼近，工党政府一方面要面对公众对养老金的不满，另一方面财政部又反对建立普惠养老金。阿彻（J. K. Archer），一位激进的立法委员会成员，给财政部长纳什写信，反映了克赖斯特彻奇市民众的情绪，民众到处询问的话题是关于养老金计划，人们希望老龄津贴与国家超级养老金合并，希望每个受益人的养老金标准是每周 30 先令。阿彻建议，"如果我们能提出一个计划来满足实现人们的想象，我确信，那一定能让我们在竞选中取胜，横扫这个国家"。[1] 但是如果计划得以实施将加大国家的支出，每年社会保障支出预计大约为 1800 万英镑，将是之前支出的三倍。[2]

对于普惠超级养老金计划，财政部的官员们担心将来人口出生率下降，老年人口增多，预算将失去控制，作为财政部和社会保障部门双重官员身份的纳什更是反对这个计划。

就在社会保障法案提交议会的前两天，一个折中的解决方案出来了，解决的办法是降低养老金的支出标准，按照政府精算师斯坦利·贝金塞尔（Stanley Beckingsale）的建议，以较低标准的养老金支出，提供给 65 岁以上男女每人每年 10 英镑的标准，不考虑其收入水平。第一年的总花费仅仅为 60 万英镑，以后每年养老金的支付标准以每人 2 英镑 10 先令的速度增加，直到超级养老金标准与老龄津贴标准一样。这是一种技巧性的妥协，是为所有人提供养老金的开始，也为将来超级养老金与家计调查的老龄津贴的合并统一做好了准备。

毛利人的养老金标准仍然比白人的养老金低五分之一，根据 1937 年

---

① Margaret McClure, *A Civilised Community: A History of Social Security in New Zealand, 1898 – 1998*, Auckland: Auckland University Press, 1998, p. 76.

② Margaret McClure, *A Civilised Community: A History of Social Security in New Zealand, 1898 – 1998*, Auckland: Auckland University Press, 1998, p. 76.

的统计数据，2380 名毛利人中有 2213 人拿到的是较低标准的养老金，474 名寡妇中有 429 名被排除在全额养老金之外。① 毛利人子女津贴的标准更低，而且养老金部的官员不情愿受理毛利人家庭津贴资格的申请。在整个 20 世纪 30 年代，每年的调查数据显示，毛利人申请子女津贴被拒绝的比率远远高于白人。②

第五节　社会保障法的出台

1929 年世界性的经济危机爆发，新西兰国内经济及国民生活均遭到重创，而免费的养老金制度未能发挥其应有的作用。20 世纪 30 年代经济大萧条对政府施加的巨大压力是大量的新西兰人失业，随着新西兰出口产品国外市场的消失，有更多的人失去赖以生存的工作，民众越来越不满，强烈要求政府做出反应。1938 年第一届工党政府颁布了《社会保障法》，该法案将社会保障的覆盖范围扩大到新的需求类别。根据《社会保障法》设立了疾病、失业、孤儿和紧急情况的保障范围。《社会保障法》成为新西兰人社会保障的重要一步，保留了之前的需求分类、家庭经济情况测试的方法及通过税收筹集保障资金的办法。健康部这样评价政府颁布的 1938 年《社会保障法》的意图：

> 我们已经开始实施一项全面的社会保障计划，它满足了社会中所有有需要的人的需求，这一计划将为最需要的人提供充分的福利。③

随着 1938 年《社会保障法》的通过，新西兰将建设一个全面的社会保障体系，在新西兰人看来，国家的愿景是建立和保障每一位公民从摇篮到坟墓的教育和社会保障制度。

---

① Margaret McClure, *A Civilised Community*: *A History of Social Security in New Zealand*, *1898 - 1998*, Auckland: Auckland University Press, 1998, p. 79.

② Margaret McClure, *A Civilised Community*: *A History of Social Security in New Zealand*, *1898 - 1998*, Auckland: Auckland University Press, 1998, p. 79.

③ Almon F. Rockwell, "The New Zealand Social Security", *Bulletin*, May, 1939, p. 9.

一　社会保障法出台

1935 年上台后的工党政府积极探索和构建社会保障制度，于 1938 年颁布了《社会保障法》（Social Security Act）。1938 年 4 月在惠灵顿市政厅，总理萨维奇向一群欢呼的人群宣布："我可以向这个国家的人民承诺，在很长一段时间内，我们将达到世界上任何其他国家无法超越的社会保障水平。"[①] 随着 1938 年 9 月 14 日《社会保障法》的通过，国家承担起确保每个新西兰家庭至少达到最低生活标准的责任。

财政部长沃尔特·纳什公开谈到 1938 年《社会保障法》，他声称，"任何有思想的人在心里都能感受到，我们想尽可能地给予每个人在新西兰应有的生活水平"。[②] 在沃尔特·纳什看来，社会保障计划是工党政府经济构想的一部分，并且与政府的货币政策和信贷政策的大发展有密切联系。他认为，"超级养老金制度是社会保障计划中最重要的部分，这是工党合理化建议的折中和妥协，虽然本身规模小，但是它给予每个人应该享有的平等的权利"。[③] 总理萨瓦奇强调社会保障在新西兰基督教传统上的地位。麦克卢尔认为："1938 年法案最重要的影响是社会保障是以公民权为基础的，公民权与社会保障紧密相连。"[④] 二者的结盟一直延续到 20 世纪 90 年代，到 21 世纪后公民权与社会保障的联系逐步减弱。

社会保障法的基本原则是个人保障，"保障每个人根据他们的需要，保障每个人根据他们的财产状况"。1938 年《社会保障法》把普惠型的超级养老金制度和医疗保障制度作为核心内容，社会保障法案共分为三部分：现金资助、健康补助和融资条款。社会保障和健康福利的资金是通过特殊的社会保障基金来筹集的，按照工资收入、其他收入的 5% 来

---

① M. Belgrave, "Needs and the State: Evolving Social Policy in New Zealand History," in B. Dalley and M. Tennant, *Past Judgement: Social policy in New Zealand History*, Dunedin: University of Otago Press, 2004, pp. 23 – 38.

② Alexander Davidson, *Two Models of Welfare: The Origins and Development of the Welfare State in Sweden and New Zealand, 1888 – 1988*, Uppsala: Uppsala University Press, 1989, p. 144.

③ Margaret McClure, *A Civilised Community: A History of Social Security in New Zealand, 1898 – 1998*, Auckland: Auckland University Press, 1998, p. 114.

④ Michael O'Brien, *Poverty, Policy, and the State: The Changing Face of Social Security*, Bristol: The Policy Press, 2008, p. 17.

征税的，男子年龄在 16—20 岁的和所有女性年龄在 16 岁以上的每年征收 5 先令的登记费，超过 20 岁的男子每年征收 20 先令的登记费，专用款项来自税收。

与 1898 年《老龄养老金法案》相同的是，1938 年《社会保障法》仍然把受益人的道德标准作为资格审查的一部分，对申请人来说，如果没有良好的道德品格和生活习惯是无法申请到子女津贴的，同样也是不能申请到遗孀津贴的。

二　1938 年《社会保障法》的基本内容

1939 年 4 月 1 日，《社会保障法》正式实施，这在社会福利史上至关重要，因为它标志着世界上第一个福利国家的建立。[①] 1938 年《社会保障法》是一部单行法，囊括了所有的社会保障项目。

1938 年《社会保障法》对原有的养老金、遗孀津贴、残疾人津贴、失业津贴、战争津贴和子女津贴的资助标准调整得更加充分。而且，该法也融入了新的规定，如建立普惠的超级养老金、普惠的医疗和医院服务、产妇津贴以及疾病津贴项目。《社会保障法》第一次努力统一了所有的社会保障项目，仅有意外伤害补偿仍然独立于《社会保障法》之外。

（一）医疗、医院及相关津贴

专家服务、医院的治疗、产妇津贴、药物津贴，由健康部负责。每个年龄达到 16 岁的新西兰居民以及家庭中不满 16 周岁的孩子都有权利申请，而不考虑其收入状况。这些条款在国民健康和养老金委员会的听证会上遭到了英国医疗协会新西兰分会的反对，认为普惠的医疗服务不必要，因为很多人支付不起医生的费用。协会声称，这样做会导致医疗服务标准在穷人和富人之间产生差异，认为医生会区别对待他们。

1. 医疗和药物津贴（Medical and Pharmaceutical Benefits）

每个人都可以申请医疗津贴，有权从登记的医生中选择自己的医生，但是也要医生同意接受，这个过程是相互的，如果申请人没有选择自己的医生，或者医生不同意提供服务的话，这种情况就会被报告给健康部。所有人有权享有医疗服务。

---

① Keith Sinclair, *A History of New Zealand*, Wellington：Penguin Press, 1988, p. 270.

2. 医院服务（Hospital Treatment）

根据 1926 年《医院和慈善机构法案》，医院由医院董事会管理。立法提供给所有人在任何医疗机构接受治疗的权利，费用来自社会保障基金。

3. 产妇津贴（Maternity Benefits）

女性在分娩期间有权享有医院的护理、照顾、生活费用以及婴儿出生后 14 天的照顾。如果女性在家中分娩的，法律规定也提供免费的医生服务，并提供助产士的服务。女性有权选自己的医生，病人可以要求护士和助产士到家中服务。分娩时的免费医疗护理是一项显著的成就，得以实现的主要原因是政府、医生和女性的目标是一致的，工党政治家们认为传统上由富人们享有的医疗服务应成为所有女性的权利。

（二）超级养老金和社会保障津贴

1. 普惠超级养老金和老龄津贴

1898 年出台的老龄养老金是非缴费型的，并且扩大到了 1911 年出台的遗孀津贴、1910 年出台矿工津贴和 1912 年出台的战争津贴。1936 年《养老金修正法案》扩大了津贴的范围，引入了普遍的残疾津贴（Invalids Pension），面向每位 16 周岁以上的盲人或者因事故、疾病或者缺陷而致残的人。老龄养老金是以家庭财产审查为基础的，男子 65 岁以上、女子 60 岁以上是享受养老金的条件要求，早期最大的支付标准是每年每人 58 英镑 10 先令。家庭收入超过 52 英镑的，每超过 1 英镑养老金减少 1 英镑。家庭收入限制是单身的每年家庭收入不能超过 110 英镑 10 先令，已婚夫妻的家庭收入每年不能超过 169 英镑。

在 1938 年《社会保障法案》下，超级养老金（Superannuation）的年龄要求是达到 65 岁，不需要进行家庭经济情况审查，也就是不用考虑家庭财产和收入状况，唯一的资格要求是居住年限，1938 年《社会保障法》规定的居住年限是 10 年，后来改为 20 年。超级养老金的支付从 1940 年 4 月 1 日开始。超级养老金第一年的支付标准是每人 10 英镑，以每年 2 英镑 10 先令的标准增长直到 1968 年达到 78 英镑。这样，当参保人达到 65 岁时，在 1941 年 4 月领取的养老金标准是每年 12 英镑 10 先令。[①]

---

① Alimon F. Rockwell, "The New Zealand Socil Security Act", *Social Security Bulletin*, No. 5, 1939, p. 6.

然而，超级养老金并没有代替现存的老龄养老金，老龄养老金不仅继续存在，而且更加自由灵活，对所有达到 60 岁以上的男女都适用。1898 年老龄养老金（Old-Age Pensions）在 1938 年《社会保障法》中被称作老龄津贴（Age Benefit），老龄养老金成为一种"年龄"津贴，每周的给付标准增加为每人 30 先令，男子得到老龄津贴的最低年龄是 60 岁，而不是 65 岁，与女性一样。老龄津贴仍然以财产审查为基础，单身者每周收入（包括津贴）超过 2 英镑 10 先令的取消资格，并且，已婚夫妇每周收入达到 4 英镑的也没有资格申请。老龄津贴的标准是每周每人 1 英镑 10 先令，也就是每年 78 英镑。

除此以外，老龄津贴的受益人如果有 16 岁以下的孩子要抚养的话，其老龄津贴相应增加。每个孩子每年不超过 13 英镑。而且，那些得到老龄津贴的人，在 1940 年达到 65 周岁时，有资格在老龄津贴和超级养老金之间进行选择，哪个标准高就可以选择哪个。例如，单身男子在 1939 年 4 月达到 63 周岁，并且没有收入的，按照老龄津贴标准每年可以领到 78 英镑，到 1941 年，当他达到 65 岁时，超级养老金的给付标准仅仅是 12 英镑 10 先令，他可以选择继续领取老龄津贴。到 1968 年，他的超级养老金标准达到了 78 英镑，那老龄津贴将被取代，因为超级养老金的标准也是 78 英镑。[①] 也就是说，尽管普惠的超级养老金是不需要以财产调查为前提的，但是给付水平较低，仅仅是老龄津贴的七分之一。

超级养老金的资金来自社会保障税收和一般的税收收入。当然，政府不断提高超级养老金的给付标准，使其在 1960 年达到与老龄津贴相同的标准。1968 年废除了社会保障税，改为一般的税收筹集资金，并一直沿用至今。

2. 残疾津贴（Invalids Benefit）和疾病津贴（Sickness Benefit）

1938 年社会保障立法引入了两种健康福利，即残疾津贴和疾病津贴。残疾津贴支付给永久丧失工作能力或完全失明的人（不包括那些已经领取年龄福利的人）。法案规定每个年龄达到 16 岁以上的并且没有得到老龄津贴的有权申请残疾津贴，申请人必须满足居住资格的要

---

① Alimon F. Rockwell, "The New Zealand Socil Security Act", *Social Security Bulletin*, No. 5, 1939, p. 6.

求。申请人在新西兰失去工作能力或在 1936 年 9 月 4 日居住在新西兰，并且在申请福利前已经在新西兰居住至少 10 年。[①] 如果他是完全的盲人或者因为疾病、意外事故或生理缺陷丧失了工作的能力都符合申请的条件。外来居民必须是定居在新西兰时出现残疾的，并排除自我诱因引发的残疾。

在 1936 年《养老金修正法案》下，残疾津贴项目第一次被引入，每周的津贴标准是 1 英镑，有妻子的再增加 10 先令，有未成年孩子的再增加 10 先令。在 1938 年《社会保障法》下，对超过 21 岁以上的人，残疾津贴的标准是 1 英镑 10 先令，21 岁以下的为 1 英镑，最大的每周支付标准是 4 英镑，这是对家庭有 4 个以上孩子的补贴标准。对单身的来说，每周 1 英镑。有孩子的已婚或单身男子每周 1 英镑 10 先令。对已婚妇女的标准是每周 2 英镑。如果盲人被雇主雇佣了，将得到额外的每月收入的 25% 的津贴，前提是每周的收入不超过 4 英镑 5 先令。[②]

1938 年《社会保障法》把残疾津贴受益人定义为"永久无法工作的，值得可怜和救助的、在竞争激烈的就业市场中需要支持的"。疾病津贴是指那些因疾病或者事故而影响工作的人，一般是工作量减少或者离开工作岗位的人。

3. 遗孀津贴和孤儿津贴（Widows' Benefits and Orphans' Benefits）

1911 年遗孀津贴立法，1926 年、1936 年两次修订，并且 1936 年提供的津贴标准最高每周为 1 英镑 10 先令。对供养 15 岁以下孩子的寡妇，最大的津贴不超过 4 英镑 10 先令。在 1938 年《社会保障法》下，最高的支付标准没有改变，但是对孩子的年龄要求从 15 岁变为 16 岁。每周支付给有 1 个孩子的寡妇增加到 1 英镑 15 先令。立法也提供给两类特殊阶层的女性津贴，一是已婚妇女被丈夫抛弃的；二是已婚妇女的丈夫在精神病医院住院的。在旧法下，寡妇的孩子达到 15 岁时津贴就停止了，而新法规定，即使孩子的年龄资格停止了，仍提供给每周 1 英镑的津贴。立法也引入了新的规定，对没有孩子的寡妇保持尊重，给予每周 1 英镑津贴。后来养老金部决定把孩子的年龄延长至 18 岁。需要抚养孩子的被

---

① https://en.wikipedia.org/wiki/Welfare_in_New_Zealand.

② Alimon F. Rockwell，"The New Zealand Socil Security Act"，*Social Security Bulletin*，No. 5，1939，p. 6.

抛弃的妻子与有孩子的寡妇享有一样的待遇。至此，没有孩子的寡妇、孤儿及生病的人也第一次获得了补助。原来的子女津贴制度仍然有效，子女补助资格的最高收入限制从每周 4 英镑提高到 5 英镑，包括工薪收入家庭。两个孩子的家庭仍然被排除在外，因为两个孩子的家庭薪水足以支持他们。每周对每个孩子的补贴也翻番了，从原来的每周 2 先令增长到 4 先令。根据 1936 年《养老金修正法案》，母亲或者父亲都有权申请此津贴。[①] 16 岁以下的孩子如果父母死亡并且出生在新西兰的，将有权申请每周 15 先令的补助直到 16 岁。如果继续接受教育可再延长 2 年。

4. 子女津贴（Family Benefits）

1926 年子女津贴的标准是每个 15 岁以下的孩子（家庭中前 2 个孩子）每周 2 先令，只要家庭的总收入不超过每周 4 英镑。1938 年《社会保障法》加大了对子女津贴的支付标准，每周的津贴标准增加为 4 先令，年龄直到 16 岁，家庭总收入不超过 5 英镑。子女津贴主要用于生活费用或教育。

5. 失业津贴（Unemployment Benefits）

1930 年《失业法》（Unemployment Act）被 1936 年《就业促进法》（Employment Promotion Act）所取代。每周的失业津贴为单身男子 20 岁 1 英镑，超过 20 岁以上为 1 英镑 15 先令。已婚男子没有孩子的最高津贴是 3 英镑 3 先令，已婚男子有子女的每个孩子增加 4 先令。

根据 1938 年《社会保障法》，失业津贴标准也提高了，失业津贴的领取条件是：16 岁以上有能力工作和愿意工作而失去工作的人，而且必须是在新西兰连续居住不少于 12 个月。已婚妇女领取资格的前提是必须证明其丈夫不供养她。失业者在 16 岁以下的，津贴标准每周是 10 先令，其他标准是每周 1 英镑。已婚供养孩子的男子为每周 1 英镑 15 先令。每个孩子加起来的最高标准是每周 4 英镑。失业津贴的等待期是 7 天。

6. 矿工津贴（Miner's Benefits）

与其他欧洲国家一样，矿工被视为最危险的工作，高危的职业。因此，法律有专门的保障。1926 年制定的矿工津贴每周的津贴标准是 1 英

---

① Margaret McClure, *A Civilised Community：A History of Social Security in New Zealand, 1898 – 1998*, Auckland：Auckland University Press, 1998, p. 81.

镑 5 先令，有妻子的再加 5 先令，每个 15 岁以下孩子最高是 4 英镑 10 先令，不考虑家庭的收入与财产状况。在 1938 年《社会保障法》下，矿工津贴标准为每周 1 英镑 10 先令，每周加上 10 先令给妻子，每个 16 岁以下孩子的最高补贴为 4 英镑 10 先令。而且，矿工死后，妻子作为受益人有权利每周领到 17 先令 6 便士直到再婚。

7. 临时疾病津贴（Temporary Sickness Benefit）

每个 16 岁以上连续在新西兰居住 12 个月以上的人都有权申请临时疾病津贴，临时疾病津贴的标准与失业津贴一样，20 岁以下的每周为 10 先令，超过 20 岁的每周 1 英镑，已婚男子增加 15 先令，主要是考虑到还要供养妻子。每个孩子的资助标准为 5 先令，每周最高 4 英镑，也是 7 天的等待期。

8. 紧急补贴（Emergency Benefit）

紧急补贴面向所有人。主要是保障成员在遭受自然风险和经济生活风险时能获得帮助，这个津贴不存在外国人、毛利人与本地人的差异。

（三）管理和融资

根据 1938 年《社会保障法》设立了新的部门——社会保障部（The Social Security Department），由社会保障部委员会领导。医疗卫生保健福利专门由健康部负责。公众对社会保障法的通过欣欣鼓舞，就像回到了第一届工党竞选成功时那样的情绪高涨。工党积极分子玛格丽特·索恩（Margaret Thorn）写道：

> 社会保障法对我就像基督教的信条一样，社会保障就像一把大伞给处于困境的每个人提供紧急的救助，是我们真正的救星。[1]

新西兰没有开征社会保障税，各类社会保障项目的融资来源包括三个部分：①所有超过 20 岁的男子缴纳的 20 先令社会保障登记费，女性和孩子年龄在 16—20 岁的缴纳的 5 先令登记费；②来自工资收入、其他收入的 5% 的征税；③政府的补贴资金，政府第一年的补贴支出是 1785 万英镑。社会保障基金作为独立的会计账目在国库账户中设立。

---

[1]　Margaret Thorn, *Strick Out*, *Keep Left*, Auckland：Auckland University Press, 1997, p. 91.

第六节　社会保障法的成就与局限

如果说 1898 年《老龄养老金法案》是新西兰社会保障制度迈出的重要一步，那么 1938 年《社会保障法》则是一次重大的飞跃，它的颁布和实施标志着新西兰福利国家的形成，新西兰成为世界上第一个福利国家。但《社会保障法》也存在明显的局限性，它确立了家计调查的社会保障制度，也决定了新西兰社会保障水平没有北欧国家的保障水平高。

一　社会保障法的成就

新西兰福利国家的建成比瑞典福利国家的形成足足提前了十年，其中一个重要的原因是新西兰第一届工党政府在 1935 年竞选的成功，而同时期的瑞典的社会民主党一直没能赢得议会的大多数选票直到 1940 年。另一个重要的原因是瑞典受第一次世界大战的影响较大，而新西兰在战争期间的经济和社会发展比较平稳，自由党政府时期积累的资金成为工党政府社会保障法实施的基础：

> 自由党政府时期保证了工资和物价的稳定，工人们的工作有安全保障，政府实行固定工资制度。同时，商人和制造商们有一个稳定的市场，也没有来自劳工们的工资压力，获得了可观的利润，促进了资本的增长，推进了更大的投资。[①]

1938 年《社会保障法》为全面建设现代福利国家和保护所有新西兰人提供了政策框架。到 20 世纪 50 年代，新西兰成为世界上社会保障支出占 GDP 比重最大的国家，在 20 世纪 60 年代之前，新西兰社会保障支出占 GDP 的比重一直是高于斯堪的纳维亚地区的国家。尽管 1939 年以来第二次世界大战减慢了社会保障的发展速度，但是英国以慷慨的价格购买了新西兰大量的初级产品，为新西兰社会保障制度发展提供了大量

---

① Alexander Davidson, *Two Models of Welfare: The Origins and Development of the Welfare State in Sweden and New Zealand, 1888 – 1988*, Uppsala: Uppsala University Press, 1989, p. 147.

的资金支持。

工党政府的社会保障政策极大地改善了 20 世纪初期的社会保障制度，创新并扩大了社会保障制度。工党首次确立了普惠原则并付诸实施，这在很大程度上是因为大萧条时代已经结束，政府想迅速从二战的困顿局面中摆脱出来。工党政府的国家重建政策与美国罗斯福的改革几乎是同步的。[①]

1938 年《社会保障法》的最大成就是使社会保障制度建立在公民权基础上，"社会保障与公民权紧紧地联系在了一起"，"社会保障与公民权的联系巩固了福利受益人的身份，通过赋予受益人的权利而消除了贫穷的污名"。[②] 社会保障与公民权的联系在 20 世纪 90 年代以后逐步减弱，20 世纪 90 年代以后工作优先成为社会保障制度发展的主题。

1938 年《社会保障法》中统一用 "Benefit" 一词取代原来的 "Pension"，津贴制度（Benefit）赢得了好的名声，让受益人感到获得国家的帮助是有尊严的。而原来用的 "Pension" 一词有点损人格的意思，"Pension" 一词在 19 世纪指的是政府给不再工作的人发放的救济金，可能是给年纪大的人发的养老金，也可能是残疾补贴或军人补贴，有施舍的污名。1938 年《社会保障法》用 "Benefit" 替代 "Pension"，"Benefit" 在当时是指政府给需要经济帮助的人的现金补贴，可以是出于各种原因需要帮助的，如失业、疾病等。"Benefit" 的含义更多体现的是一种权利。"社会保障"（Social Security）一词是美国化的、现代的、包罗万象的。从 1938 年《社会保障法》开始，社会保障一词被广泛地使用了。

新西兰社会保障项目中增长最快的是养老金，沃尔特·纳什声称年老是不能被忽视的，老年人不必是弱的、依赖的和贫穷的。普惠型超级养老金于 1940 年开始实施，尽管早期的支付标准很低，但却是由政府提供给老年人的保障和资金。普惠型超级养老金制度实质上是一种现金补助，不考虑申请人是否工作、家庭的财富是多少。财政部长沃尔特·纳

---

① Goodin E. Robert and Julian Le Grand (eds.), *Not Only the Poor: The Middle Classes and the Welfare State*, London: Allen & Unwin, 1987, p.44.

② Margaret McClure, *A Civilised Community: A History of Social Security in New Zealand, 1898 – 1998*, Auckland: Auckland University Press, 1998, p.83.

什解释了超级养老金对老年群体的好处：年老是每个人都要遇到的风险，因此必须是长期性的，而其他福利项目多是临时性的。[①] 然而，普惠原则支撑了工党构想建设一个无阶级国家的理念，工党希望通过社会保障制度把富裕阶层、中产阶层和穷人紧密地联系和融合在一起。超级养老金制度虽然保障标准不是很高，但是适用于每个老年人，成为公民权的重要象征。随着社会保障与公民权的紧密结合，社会保障制度从慈善的污名中摆脱出来，成为国家的自豪。工党政府声称，希望社会保障"体现在每个家庭中"。[②] 帮助穷人而不是非议他们，体现了这一制度的包容性。

新西兰社会保障法按名称明确了每种保障类型的需要（如遗孀津贴、孤儿津贴、病人津贴等），也进一步加固了公民的权利：因为每种类型的群体都有其造成困苦的原因，提供给申请者的帮助与"个人无关"，申请者有尊严地得到了国家的帮助。福利受益人的权利感成为社会保障制度的关键。[③]

老龄津贴和超级养老金改变了性别的区分模式，最大数量的受益者是女性。老年女性在老年津贴和超级养老金上享有与男性平等的权利，不考虑其是否工作、其丈夫是否工作。这也是新西兰与其他国家相比非常独特的一点。

在一国的社会保障制度中，社会保障的支付结构是非常重要的。1938 年《社会保障法》继承了 1898 年老龄养老金制度的原则，社会保障津贴的资格条件不考虑个人的缴费情况，并且与个人缴费多少和工作时间长短都没有关系。也就是说，享有社会保障津贴与个人的贡献是无关的，这是新西兰社会保障制度不同于欧美国家之处，也与社会保险制度有明显差异。社会保险的支付是按照个人缴费的多少，这种融资制度的选择是非常重要的，特别是在面对改革党试图推行社会保险计划的时候，在 20 世纪 30 年代，面对英国专家的建议，财政部长沃尔特·纳什也赞同社会保险的思想，而新西兰最终选择了不同于澳大利亚，也不同于其

① Margaret McClure, *A Civilised Community : A History of Social Security in New Zealand*, *1898 - 1998*, Auckland: Auckland University Press, 1998, p. 80.

② Margaret McClure, *A Civilised Community : A History of Social Security in New Zealand*, *1898 - 1998*, Auckland: Auckland University Press, 1998, p. 82.

③ Gordon Linda, *Pitied but Not Entitled : Single Mothers and the History of Welfare*, *1890 - 1938*, New York: Free Press, 1994, p. 288.

他国家的独特道路，它的选择使社会保障制度与公民权的观念紧密联系起来。

新西兰社会保障的融资结构部分来自统一基金，即一般的税收筹资，也有部分来自社会保障税。一般的税收筹资来源基础比较广泛：所有的个人收入和公司收入。以失业津贴的筹资为例，政府第一次向所有低收入的新西兰人征缴长期的收入税，这是一种社会保障税，但人们是急需保障的，也是乐见政府这样组织的。

社会保障的融资来自一般的税收收入充分保证了社会保障资金的稳定性。社会保障融资由统一基金作为补充，统一基金来自累进所得税，这是在富人和穷人之间进行收入再分配的调节。表 3-1 是 1938—1944 年新西兰社会保障津贴支出结构，从中可以看到新西兰社会保障的结构及资金来源。

表 3-1　社会保障法的津贴支出情况变动（1938—1944 年）

单位：百万英镑

	1938—1939 年社会保障支出	1939—1940 年社会保障支出	1943—1944 年社会保障预算支出
老龄养老金	3.733	6.517	8.100
遗孀津贴	0.487	0.785	0.965
矿工津贴	0.087	0.092	0.080
残疾津贴	0.750	0.942	1.030
子女津贴	0.084	0.252	0.920
孤儿津贴		0.014	0.022
失业津贴		0.434	0.060
疾病津贴		0.208	0.420
紧急津贴		0.086	0.130
医疗			1.030
医院		0.606	2.067
精神医院		0.166	
产妇津贴		0.283	0.539
补充津贴			0.160

续表

	1938—1939 年 社会保障支出	1939—1940 年 社会保障支出	1943—1944 年 社会保障预算支出
超级养老金			0.820
共计	5.141	10.385	16.363
社会保障税收益		9.475	12.175
统一基金（一般税收筹资）		1.809	4.1

资料来源：Lent Term，"The Development of Social Security in New Zealand"，*University of Toronto Law Journal*，Vol. 4，No. 1，1945，p. 13。

二 社会保障法的局限性

当然，社会保障法也隐藏着一些危险和局限性。新西兰社会保障制度除了超级养老金实行普惠原则外，其他的社会保障项目并不是按照普惠原则设立的，几乎所有的津贴项目的资格条件都有家庭收入的限制，这意味着申请这些津贴还需要对申请人的家庭经济情况进行家计调查，表 3 - 2 是社会保障各类津贴项目的支付标准以及对受益人家庭收入的限制。家计调查是新西兰的社会保障制度区别于瑞典的明显特征，尽管瑞典的社会保障制度建立的比新西兰晚，但是瑞典的社会保障制度却是按普惠原则建立的，而且给付标准较高。

表 3 - 2 1941 年社会保障各类津贴项目的支付标准

津贴项目	津贴标准（1 年）	家庭收入限制（含津贴）（1 年）
超级养老金		
	84 英镑 10 先令	没有家庭收入的限制
老龄津贴		
未婚者	84 英镑 10 先令	收入不超过 136 英镑 10 先令
都有资格领老龄津贴的夫妇	169 英镑	不超过 221 英镑
供养不满 16 岁子女每个子女	26 英镑	
残疾津贴		
有妻儿的残疾丈夫	139 英镑 2 先令	不超过 217 英镑 2 先令
家庭每增加一个孩子	27 英镑 6 先令	
已婚残疾女性	84 英镑 10 先令	不超过 188 英镑 10 先令

续表

津贴项目	津贴标准（1 年）	家庭收入限制（含津贴）（1 年）
21 岁以下未婚残疾	58 英镑 10 先令	不超过 110 英镑 10 先令
21 岁以上残疾无负担	84 英镑 10 先令	不超过 136 英镑 10 先令
遗孀津贴		
供养一个子女	105 英镑 6 先令	不超过 183 英镑 6 先令
供养两个子女或以上	132 英镑 12 先令	不超过 210 英镑 12 先令
无 16 岁以下子女供养	65 英镑	不超过 117 英镑
孤儿津贴		
	40 英镑 19 先令	无规定
子女津贴		
每个 16 岁以下子女	19 英镑 10 先令	不超过 273 英镑
矿工津贴		
供养妻儿	139 英镑 2 先令	不超过 243 英镑 2 先令
每增加一个子女	27 英镑 6 先令	
矿工遗孀	52 英镑	无规定
疾病津贴		
16 ~ 20 岁无自立能力者	27 英镑 6 先令	无规定
超过 16 岁	52 英镑	无规定
供养的妻子	39 英镑	无规定
供养的每个子女	27 英镑 6 先令	

资料来源：L. Term，"The Development of Social Security in New Zealand"，*University of Toronto Law Journal*，Vol. 4，No. 1，1945，p. 12。

在执政的最初几年里，工党政府许诺毛利人的和白人养老金标准的平等并没有什么变化，毛利人仍然被看作二等公民。尽管毛利人领导人认为毛利人在社会保障方面获得了平等，但是，立法上仍然有很多漏洞，这反映在官员们对毛利人权利的矛盾情绪上，允许歧视继续存在。尽管 1938 年《社会保障法》形式上不存在任何的种族歧视，但该法案第 72 款第 2 条规定"津贴的支付标准可随意调整，也就是说，如果社会保障部认为不必要全额支付给申请者的话，那也是合法的，这个条款通常被用来证明给毛利人较低津贴标准的合法性。实践中这个问题一直存在，直到 1945 年《毛利人社会和经济提升法》（The Maori Social and Economic Advencement Act）才把"可随意调整津贴标准"这一条删掉了，尽管工党倡导共同分享国家财富，但实际上不允许毛利人参与，毛利人的社区一般都在偏远的地方。一位 62 岁的毛利人在《社会保障法》实施 1 个月后给总理萨瓦奇写信，"总理先生，我通过广播听你谈论说得很好，说毛利人与白人是同样平等的"。① 社会保障的差别对待成为 20 世纪 40 年代社会保障管理的主要冲突之一。由于处于不同的保障水平，毛利人社区的贫穷状况要比白人社区严重。

普惠型超级养老金也让公众很迷糊，主要原因是：社会保障经常被指是超级养老金，这个超级养老金字眼本身也是让人困惑的，暗示个人的贡献与计划没有关系。社会保障税的资金广泛用于各类津贴和健康计划，它的广泛的目的往往使得纳税人忘记自己曾经缴过税。在公众的心里，缴税就等于享有超级养老金的权利，而且制度也使人容易歪曲超级养老金。

需要家庭经济情况审查的老龄津贴（Age Benefit）的给付标准比其他津贴项目都高，主要基于老年不是一个短期的风险、老年人不可能再继续工作的原因。然而，慷慨的保障制度也是一把双刃剑，沃尔特·纳什和工党联盟主席罗伯特（Jim Robert）都表现出极大的热情，让年龄较大且失去工作的男人领取老龄津贴，认为这样可以减少失业率，给年轻人腾出更多的工作岗位。罗伯特甚至还设想可以让老人们在 50 岁就结束工作生涯。② 一些年纪较大的工人在 60 岁就转向老龄津贴也直接导致了他们收入的大大下降。当然，有一些工人是欢迎早退休的，但是政府通过操纵养老金来配合劳动力市场的做法实际上是危险的，政府的同情也可能变成强制行为。

尽管其他津贴项目的给付标准得到了轻微的提升，但是工党政府并没有承诺薪水与津贴水平的关系，津贴水平与食物价格是密切联系的，每周 1 英镑的标准远远低于一个没有技术的男子每周 4 英镑 10 先令的工资。穷人仍然是穷人，尽管他们不是没有任何收入，贫穷仍然存在，特别是 40 岁以上负责养家的男子发现失业津贴根本不够用。1938 年《社会保障法》强调社会权利，但是并没有一种机制来测量生活费以便确保

①　Margaret McClure, *A Civilised Community*: *A History of Social Security in New Zealand*, *1898 – 1998*, Auckland: Auckland University Press, 1998, p. 84.

②　Margaret McClure, *A Civilised Community*: *A History of Social Security in New Zealand*, *1898 – 1998*, Auckland: Auckland University Press, 1998, p. 84.

能及时调整津贴标准，使津贴标准与物价水平和收入水平相一致，也没有从立法上来规范生活花费或者调整津贴来确保国民的体面生活。这个后果使得此后的 20 年里津贴标准并没有得到及时适当的调整，导致领取养老金和子女津贴的家庭仍然处于贫困状态，以至于到 20 世纪五六十年代，国家党上台后为了应对贫穷问题决定增加补充津贴（Supplementary Assistance）。

工党政府对国家社会保障的构想是从摇篮到坟墓的，目的是缩小贫富差距而不是缩小男女差距。社会保障提高了很多就业女性、无子女的寡妇的经济地位，这些女性得到了与男人同样标准的疾病津贴、残疾津贴和失业津贴。但是，对那些已婚女性，其保护仍然来自丈夫，国家仍然支持传统的家庭结构，把男性看作养家糊口的人。女性在传统家庭中的较低经济地位被社会保障制度进一步加固了，所有党派的立法者都倾向把已婚女性看作丈夫的附属品。① 尽管立法者没有排除已婚女性，但是已婚女性要想获得津贴，需要社会保障委员会审查是否其丈夫不能供养她。一个单身女性如果放弃工作照顾家中长者也是不能领取失业津贴的，尽管这些女性为照顾家庭做出了牺牲。

1938 年《社会保障法》包含很多的随意性和道德因素，如允许对毛利人申请者随意降低津贴的标准。道德因素仍然是 1938 年《社会保障法》的一部分，值得救助的穷人（Deserving Poor）字眼出现在《社会保障法》中，申请人如果不具备一定的道德和习惯，申请就不会通过，属于不值得救助的人，同样的原因，如果一个女性的道德存在问题也不会申请到遗孀津贴。那些抛弃丈夫、妻子或孩子的被看作不值得救助的人。②

小　结

1938 年《社会保障法》的迅速颁布与工党竞选有着密切的关系，为

---

① Amy Gutmann (ed.), *Democracy and the Welfare State*, Princeton: Princeton University Press, 1988, pp. 231 - 260.

② M. O'Brien and C. Wilkes, *The Tragedy of the Market: A Social Experiment in New Zealand*, Palmerston North: The Dunmore Pess, 1993, p. 54.

工党竞选成功起了非常关键的作用。社会保障立法把国家的责任定义为满足个人的需要，社会保障是对个人可能遭遇到的风险的防范和保护，社会保障制度比私人救济更有尊严性、规则性和责任性。自 1938 年《社会保障法》出台以来，成千上万的新西兰人赢得了呼吸的空间和生活的保障。

财政部长沃尔特·纳什宣称社会保障计划是新西兰经济的一部分，但一个不可忽视的事实是新西兰的经济严重依赖英国的贷款，1939 年因为承诺社会保障计划需要借款 1700 万英镑，纳什动身去伦敦，与英国的银行家谈判筹款。社会保障的花费，还有原材料的进口和对企业的补贴，军事防御的支出等等，都让财政部官员们忧心忡忡。纳什打消了英国银行家对新西兰社会保障制度改革的怀疑，赢得了贷款，保证了社会保障计划第一年的支出费用。

1938 年《社会保障法》建立了一种权利的精神和思想，工党把改革和自由的理念带进了立法中。在社会保障制度发展的早期，还没有太多的社会改革时，新西兰的立法创新导致了人道主义的神话。工党通过自身的努力成功地推行了社会保障计划与理念，新西兰社会保障制度的广泛覆盖面和普惠原则受到了广泛的认可。然而，工党政府也面临不可调和的两难境地：社会保障理想与支出增长之间的矛盾，普惠原则与家计调查之间的紧张，社会保障的可持续发展与国家财富增长的不确定性之间的矛盾。当然，社会保障制度本身也面临无法预测的挑战。

第四章 战时与战后新西兰社会保障制度的发展（1940—1969年）

1938年《社会保障法》颁布实施后的几十年里，新西兰社会保障制度发生了明显的变化，战争危机及二战结束后经济的快速发展都对社会保障制度产生了不可预测的挑战。

第二次世界大战是政策变化的催化剂，公民个人的需求和担忧相比国家的安全来说已经不那么重要了。领导人关注的是国家的创伤：战争的威胁、不断增加的战时生产需求、战争危机与战后重建、如何鼓励提高生育率等问题。国家的利益导致对家庭角色的重视及家庭地位的重新理解，普惠子女津贴制度（Universal Family Benefit）的发展较快，其主要特征是：更重要、花费多、创新性。

进入20世纪五六十年代，新西兰经济发展迅速，新西兰比以前任何时候都富有，反贫困的战争已经完成，公众的关注点转向了青少年犯罪及家庭功能的失灵方面。在这个富裕的年代，政府财政救助的目标从如何消除贫穷向如何使人民过上一个更满意的生活转移。

经济繁荣的年代使人们更加信任私有企业及其做事的方法，也使工党政府积极推进对社会经济生活的责任发生了转型。[1] 在战后的大部分时间里，新西兰社会保障支出增长较慢，从1962年到1970年，社会保障开支（包括健康支出）相对于国内生产总值的比重有所下降，从1962年的11.6%降为1970年的10.2%。[2] 与其他国家相比，这是非常不寻常的，因为当时西方国家的社会保障支出增长很快，西方国家此时正利用富裕的时代建立和革新社会保障制度。然而，新西兰社会保障制度却有些停滞，这似乎也反映出在20世纪五六十年代政府缺乏新举措。尽管新

---

[1] Alexander Davidson, *Two Models of Welfare: The Origins and Development of the Welfare State in Sweden and New Zealand, 1888 – 1988*, Uppsala: Uppsala University Press, 1989, p. 214.

[2] New Zealand Planning Council (NZPC), *The Welfare State? Social Policy in the 1980s*, Wellington: New Zealand Planning Council, 1979, p. 78.

西兰是福利国家的先驱，但到了 20 世纪 70 年代，新西兰显然成为一个
"落后的福利国家"，不仅体现在国家党政府缺乏政治远见或者以自我为
中心，而且新西兰社会保障制度也存在的固有矛盾：普惠主义抑或家计
调查的福利；关注年轻人还是关注年老人的需求。

在 20 世纪五六十年代，社会保障制度表现出的矛盾问题一直比较突
出，是服务于整个大众还是给最需要的人？社会保障制度如何能公平地
保障所有的富人与穷人？20 世纪 50 年代是国家党执政时期，国家党政
府把社会保障制度分为两个方向：一是不断增加中产阶层的超级养老金
标准；二是为最穷的人提供特殊的帮助，为中低收入家庭兴建政府住房。
政府社会保障计划的实施推动了 20 世纪 70 年代社会保障制度的剧烈扩
张，以至于到 20 世纪八九十年代又不得不削减社会保障支出。战后新西
兰社会的变化及 20 世纪 60 年代婚姻自由化，增加了单亲父母津贴支付
的压力。到 1969 年，改革者需要用一种更加正式的科学的方法重新评估
社会保障制度。

第一节　战时社会保障制度的变化

第二次世界大战的爆发对新西兰社会保障制度带来了直接的挑战。
新西兰对盟军的贡献是巨大的。新西兰军队加入盟军作战，到土耳其、
希腊参战。工人们在中东修建飞机场，军队到太平洋作战。战争也给新
西兰国内的企业带来了更多的订单，增加了企业的生产量。新西兰不仅
把乳制品、牛肉、羊毛等商品运往英国，把蔬菜运往美国在太平洋的军
队，而且还建造了很多的扫雷艇、巡逻船，以及轻机枪、坦克等武器，
还提供了数以百万计的军用夹克、大衣和鞋等。①

新西兰总理迈克尔·约瑟夫·萨瓦奇去世后，工党领袖彼得·弗雷
泽（Peter Fraser）于 1940 年成为新总理，他在工党大会上呼吁大家对战
争要忍耐和牺牲，并对战后的重建工作做了展望，工党希望战后能减少
贫富差距。

---

① W. B. Sutch, *The Quest for Security in New Zealand*, *1840 to 1966*, Wellington: Oxford University Press, 1966, pp. 284 – 285.

战争的爆发使财政部对建立普惠的健康计划和超级养老金计划尤为担心。从 1939 年 10 月到 1940 年 1 月，财政部建议财政部长沃尔特·纳什战后延迟推行这些计划的实施，但是，纳什并没有因为战争而阻止超级养老金计划和普惠的健康计划的实施，他坚持，"战争不一定成为把时钟往回拨的借口"。①

在财政部长沃尔特·纳什的支持下，普惠超级养老金计划提前得以实施，普惠超级养老金计划是给予那些年龄达到 65 岁但因为经济的富有而无法享有家计调查的老龄养老津贴的人，至此，这些富裕的老年人也被纳入老年保障的范围。尽管财政部也意识到将来超级养老金的支出将是充满危险和压力的，但是最初的计划是建立包括所有人在内的超级养老金计划。超级养老金计划中的最低标准是每人每个星期 4 先令（每月16 先令 8 便士），保障标准较低，这么低的标准的确让超级养老金的受益人很失望。因此，当时的一份基督教的报纸称超级养老金计划为"假冒的超级养老金"。社会保障部官员被迫通过广播向民众解释说"这只是超级养老金的开始"。② 而一部分民众认为把养老金给那些富有的人，特别是在面临战争危机的时刻是不明智的。

财政部长沃尔特·纳什认为维持社会保障制度和支持新西兰参战努力是不冲突的，要用社会保障制度保障战争期间最穷的人也能生存下去。为了避免通货膨胀，他制定了稳定物价和工资的政策，并赢得了工会和工人们的支持。1941 年政府对煤、铁、糖、面包实行补贴，严格限制基本生活用品的价格，对生活花费的控制比当时的英国和澳大利亚都要严格。

建立在家计调查制度上的子女津贴制度也与工资和防止通胀的政策紧密结合起来，因为对工资标准的控制，纳什提高了子女津贴的标准，其目的是为了平衡战争期间对每个家庭征收的战争税的补偿，特别对那些需要供养较多家庭成员的工人们，要使他们过上相对体面的生活。同时，他希望说服那些没有抚养孩子负担的家庭放弃提高工资的要求，因为战争在继续。新西兰的工人们对工党是很信任的，因此，纳什的政策

① Margaret McClure, *A Civilised Community*：*A History of Social Security in New Zealand*，*1898 - 1998*，Auckland：Auckland University Press, 1998，p. 95.

② Margaret McClure, *A Civilised Community*：*A History of Social Security in New Zealand*，*1898 - 1998*，Auckland：Auckland University Press, p. 95.

推行得非常顺利。而同时期的英国和澳大利亚都是保守党执政，如英国的工会对政府扩大子女津贴的做法就持怀疑的态度，强烈反对通过提高子女津贴来代替工资的增长。[①]

然而，对子女津贴实行家计调查的做法却阻碍了纳什经济政策的第二次大发展。为了鼓励战争期间生产量的提高，妇女也被鼓励到劳动大军中来，新西兰人不乐意用过长时间的工作来牺牲自己的子女津贴，如果男子在农场或工厂工作时间长，或者母亲也参加劳动，那么父母的收入加起来可能就超过了每周 5 英镑的家庭收入限制，子女津贴可能就要面临被减少或中止。因此，工人们尽量减少工作时间避免子女津贴的损失。店员或办公室职员要过得很好也并不需要工作过长时间。雇主抱怨他们的工人不能坚持每天工作 10—12 小时，因此，一些乳品公司和工厂在增加产量方面是失败的，实行家计调查的子女津贴制度在一定程度上影响了企业生产量的提高。

由于生活费用的提高，橘子等水果成了奢侈品，遭到了民众抗议，纳什决定调整原有的子女津贴制度：提高子女津贴的给付标准，由 1939 年的每周 4 先令提高到 5 先令，1944 年又提高到了每个孩子每周 10 先令。享有子女津贴的家庭收入限制也由 5 英镑提高到了 6 英镑。政府这样做的目的仅仅是提高生产量，而暂时搁置了对子女津贴制度的改革。

第二节　普惠子女津贴制度的确立

当战争接近尾声时，战后的重建计划也提到了议事日程，这其中也包括社会保障制度的建设。大西洋宪章及 1944 年国际劳工组织的费城大会决定了战后的重建计划，重建计划其中一项就包括普惠子女津贴计划，一些欧洲国家已经考虑在战后建立普惠子女津贴计划。这些因素推动了新西兰也朝着普惠型的家庭政策发展，工党政府认为新西兰已经走在了英国的前面。[②]

[①] Margaret McClure, *A Civilised Community*: *A History of Social Security in New Zealand*, *1898 - 1998*, Auckland: Auckland University Press, 1998, p. 97.

[②] Michael O'Brien, *Poverty*, *Policy*, *and the State*: *The Changing Face of Social Security*, Bristol: The Policy Press, 2008, p. 86.

一 普惠子女津贴制度的建立

沃尔特·纳什在战争期间曾经在华盛顿做过几年的大使，他的外交生涯进一步强化了他的政治思想：新西兰有财富，有潜力，需要年轻人来创造它，开发它。联合国第一次大会表明世界上还有一半的人吃不上饭，这为新西兰的农业发展提供了机会。但战后纳什试图增加新西兰工农业产量的计划受到了限制，其主要原因是缺乏刺激工人增加工作时间的动力，如果一个男子工作时间长，就意味着他的子女津贴可能要削减，因为子女津贴有家庭收入限制的要求，因此，要推动工人增加工作时间，改革子女津贴制度成为关键。

为了达到全力生产的目的，不仅需要消除限制工作时间的问题，还要解决人口出生率下降的问题。在经济大萧条期间，新西兰的人口明显下降了，这就意味着未来的劳动力减少了。尽管从 1935 年至 1943 年，出生人口数增长了，但是政府还是忧虑新西兰会不会像其他西方国家那样人口不断下降。人口增长问题成为战后制约经济发展的关键因素。

制造商们需要更多的劳动力，也希望政府能鼓励人们早婚和多子，他们赞同实行普惠子女津贴制度，这些制造商提醒政府如果再不采取措施，估计到 1985 年，新西兰人口可能降至 80 万人。新闻媒体也加入制造商的鼓动行列中，新西兰《格雷河报》（*The Grey River*）声称"家庭是最重要的单位，家庭发展得好，整个社会和国家才能好"。①

战争也使民众对出生率格外关注，由于面向太平洋和远东地区，新西兰感到自己国家太小，担心将来的安全问题。总理彼得·弗雷泽观察到发生在朝鲜半岛的战争，也感到深深的不安：

> 那些人口众多、有力量的民族一定不会忍受居住在太平洋的一个岛上，从防御的角度看，新西兰必须有大量的人口，而目前新西兰人口不足 200 万人。人力因素决定了一个国家在太平洋中的地位，

① Margaret McClure, *A Civilised Community: A History of Social Security in New Zealand, 1898 – 1998*, Auckland: Auckland University Press, 1998, p. 100.

新西兰必须采取措施填充人口，建立有效的保护。[①]

制造商们希望政府能通过移民解决人口问题，但更希望能增加本国人口。同时，新西兰的中产家庭感到每增加一个孩子生活会变得更加困难，也要求政府增加子女津贴。那些教授、教师及技术工人感到微薄的薪水无法满足家庭的需要，他们渴望能得到国家的帮助。这些中产阶层认为，中产家庭构成了新西兰社会的核心，如果子女津贴也能扩大到中产家庭的话，那么子女津贴就不会被看作一种"慈善资助"。[②] 财政部长沃尔特·纳什对扩大子女津贴的想法是实用主义的，此时英国于 1945 年6 月出台了《子女津贴法案》，推动了英国人口出生率的增长，战后英国出现了婴儿潮，给国家带来了幸福和重建的希望。英国的例子更加鼓励纳什采取行动。

对战后的新西兰来说，增加社会保障的支出是不成问题的，虽然战争威胁到了社会保障制度，但是也给新西兰带来了意想不到的财富，出口的成功使新西兰迅速偿还了伦敦的贷款，使工党政府有可能推行普惠的子女津贴制度。1945 年 10 月《社会保障修正法案》（The Social Security Amendment Act）通过，其中包括了普惠子女津贴计划（Universal Family Benefit）（原名是 Family Allowance，1938 年更名 Family Benefit）。什么是普惠子女津贴？就是不需要对申请者进行家庭经济状况的审查，1926 年的子女津贴是需要对申请人的家庭经济状况进行审查的。普惠子女津贴的目的是保证每个孩子的生活和教育，每个家庭的每个孩子从出生到 16 岁都享有子女津贴。

二　普惠子女津贴制度的评价

普惠子女津贴制度实施的第一年就使 485000 名孩子受惠，而当时新西兰的人口不到 200 万人。普惠子女津贴几乎把所有家庭，特别是中产家庭带入社会保障制度中，享受国家的福利津贴成为富人们和穷人们的

---

① James Thorn, *Peter Fraser: New Zealand's Wartime Prime Minister*, London: Odhams, 1982, pp. 238 – 239.

② Michael O'Brien, *Poverty, Policy, and the State: The Changing Face of Social Security*, Bristol: The Policy Press, 2008, p. 19.

共同经历。

新西兰在二战结束后的财富足以使子女津贴的给付处于一个慷慨的水平上，根据该法案每个孩子每周能得到 10 先令的补贴，而同一时期英国的子女津贴标准是每个孩子每周享有 5 先令的补贴。按照当时的收入水平，新西兰每个孩子的补贴标准是当时一个成年男子最低收入的十分之一，接近一个女性每周最低收入 3 英镑 3 先令的六分之一，也就是，抚养三个孩子就可以挣到一个女性最低工资的近一半。①

申请子女津贴的家庭数量是巨大的，《子女津贴法案》实施的前几个月，申请者就有大约 182247 人。每年有大约 3 万名孩子达到 16 岁后就失去申领资格，同时又有大约 3 万名新生儿符合资格条件。

新西兰女性对子女津贴制度的评价是很高的，认为"是一种制度的创新，女性获得了从来没有的安全感和独立。无论是中产阶层的女性还是贫穷的女性都赢得了属于自己的一份收入，即使不工作，普惠子女津贴使很多家庭有了一份稳定的收入"。②

普惠子女津贴使得女性的收入提高了，女性惊人的花费能力也让公众吃惊，女性通常用子女津贴买的不仅有生活必需品还有奢侈品，一些人通常用子女津贴购买冰箱和洗衣机，也用它购买精美食物和水果，或者为了孩子的未来，把子女津贴花在孩子的音乐课、舞蹈课上，更多的家庭用子女津贴给孩子买衣服。当然，一些观察者也发现一些不好的现象，有的母亲拿着这个津贴到赌场去，不管孩子，社会保障部也不愿意用惩罚的方式来处理，只是偶尔会对这些家庭进行警告。

普惠子女津贴为家庭提供了稳定的收入来源，加之政府提供的便宜的住房和免费的教育措施，以及几乎免费的医疗保障，使得新西兰家庭的生活水平大大提高。③ 更重要的是，每个家庭享有的子女津贴资格的权利意味着不断增加的人口成为社会保障制度的一部分，社会保障成为普遍的权利，囊括了不仅包括穷人还包括富人在内的大部分社会成员，

---

① Margaret McClure, *A Civilised Community: A History of Social Security in New Zealand, 1898 – 1998*, Auckland: Auckland University Press, 1998, p. 106.

② Margaret Tennant (eds.), *Women in History*, Wellington: Oxford University Press (NZ), 1992, pp. 219 – 220.

③ W. B. Sutch, *The Quest for Security in New Zealand, 1840 to 1966*, Wellington: Oxford University Press, 1976, p. 364.

这进一步表明社会保障制度是为了每一个新西兰人的。

任何一项政策都不可能是尽善尽美的，普惠子女津贴制度也存在一些缺陷。

普惠子女津贴中的"普惠"一词的用法并不完全准确，因为还有一小部分家庭没有被纳入其中：如寡妇的孩子，这些孩子大都是由单身母亲抚养，在法律上这些孩子不被看作家庭的一部分。非婚子女也被排除在子女津贴保障之外。社会保障委员会主席迪比·史密斯（Digby Smith）希望保持传统家庭的美德，按照他的这个观点，非婚子女、离异父母的孩子应该由他们的父亲负责而不应该推给国家："如果父亲能够支付足够多的钱给孩子，那么国家就没有理由负责，因为他们父亲的收入里包括子女津贴项目。如果母亲有资格申请子女津贴的话，法庭不可能要父亲供养孩子。"[1] 立法的目的是设法束缚父亲，但事实上惩罚了母亲。没有资格享有子女津贴的母亲更加贫穷。除了寡妇的子女、非婚子女、离异家庭的子女无法享有子女津贴外，战争遗孀也被排除在外，理由是她们已经领取了战争津贴，已经享有国家资助了，因为从 1939 年起，新西兰的社会保障制度不允许同一个人享有两种津贴，把战争遗孀排除在子女津贴范围之外的确让公众有一种良心上犯罪的感觉。当战士回家时政府给予了他们在住房和教育方面最优厚的待遇，而战争遗孀远没有这么幸运。

妇女战争服务机构（The Women's War Service Auxiliary）描述了那些没有得到子女津贴的年轻女性的困境。阿博特（Abbott）从事管家的工作，每周工资为 1 英镑 10 先令；伊夫林兰德（Evelyn Land）作为佣人每周收入为 1 英镑 5 先令；琼·温特（Joan Winters）是个店员，每周收入是 2 英镑 12 先令；马林·罗彻斯特（Marin Rochester）是水果店的小时工，每周收入是 1 英镑 5 先令。[2] 这些女性只能设法自己养活自己，由于收入较低，她们供养得起自己和孩子的可能性很小。尽管立法规定全日制就业女性的最低工资是每周 3 英镑 3 先令。妇女委员会、新西兰工匠

---

① Margaret McClure，*A Civilised Community*：*A History of Social Security in New Zealand*，*1898 – 1998*，Auckland：Auckland University Press，1998，p. 107.

② Margaret McClure，*A Civilised Community*：*A History of Social Security in New Zealand*，*1898 – 1998*，Auckland：Auckland University Press，1998，p. 107.

协会、计划生育协会和新西兰妇女儿童保护协会呼吁所有的孩子在法律上都是平等的，都有享有子女津贴的权利。

第三节　普惠主义抑或家计调查

——老年人保障问题

战后的 20 世纪五六十年代是新西兰经济发展的黄金时期，新西兰政府用于社会保障的支出也是世界上最高的。在富裕的年代，养老金的双轨制问题引起了政府和社会的关注。

一　战后新西兰的经济状况

20 世纪 50 年代的朝鲜战争极大地刺激了新西兰羊毛业的发展，在随后的几年里，初级产品获得了较高的出口价格。在二战后的 20 年间，新西兰通过大量出口初级产品，获得了巨大的财富，根据国际劳工组织的数据，1950 年新西兰已经成为世界第二经济大国，超越了当时的澳大利亚。新西兰成为当时世界上生活水平最高的国家。"富有"的确是二战以来新西兰生活的真实状况，它影响了社会态度和政治。[1]

1960 年政府直接的现金津贴支出占到了政府支出的 26.68%。[2] 20 世纪五六十年代常常被回忆作"黄金时代"。新西兰人过上了较富足的生活，生活的富裕影响了社会政策的发展，贫穷似乎已经远离了新西兰，工人阶级的高工资使得他们过上了其他国家中产阶层才能享有的生活。[3] 洗衣机、电冰箱等现代生活消费品几乎出现在每个家庭中，这一时期是家庭农场的甜蜜时期，农产品的出口使得新西兰变得更加富裕，农民和商人给保守的国家党政府的统治提供了稳定的支持基础。

到 1957 年沃尔特·纳什第二届工党政府就职时，新西兰的经济发展速度正在放缓。由于海外产品价格下跌和进口量增加，外债迅速增长。

---

[1]　Keith Sinclair, *A History of New Zealand*, Auckland：Auckland University Press, 1991, p. 288.

[2]　W. B. Sutch, *The Quest for Security in New Zealand*, *1840 - 1966*, Wellington：Oxford University Press, 1976, p. 79.

[3]　Margaret McClure, *A Civilised Community：A History of Social Security in New Zealand*, *1898 - 1998*, Auckland：Auckland University Press, 1998, p. 132.

为了维持近乎充分的男性就业和社会保障的现状，政府重新实行了一揽子的进口管制，增加了税收，向英国、澳大利亚和美国增加了贷款，并试图在新西兰实现更大规模的工业化。①

战后新西兰经济奇迹的出现得益于实现了"充分的就业"，充分就业的衡量指标是指劳动力大军中就业人口占到了 97%，由于政府的充分就业政策，制造业仍然受到关税的保护。在 20 世纪 40 年代，新西兰的失业率下降了，到 20 世纪 50 年代时，失业率几乎可以忽略不计。根据 1949 年 3 月 31 日的统计数据，全国仅仅有 30 人领取失业津贴。1950 年只有 12 人领取失业津贴，1951 年只有 10 人，1952 年只有 2 人。在一些地区，甚至几年之内都没有失业者。② 即使在 1956 年劳动力市场稍微收紧的情况下，相比 815000 人的劳动力大军，失业平均数量只有大约 260 人，这个数字微乎其微。与此相反，每月还有工作岗位空缺，招不到人，从 1947 年到 1951 年超过 20000 个，1953 年平均为 11400 个，1956 年约为 13000 个岗位。③ 失业率如此低，以至于有的国家认为新西兰的统计数据被政府操控了。

在新西兰富裕的年代里，社会保障受益者处于相对贫困的状态，这些受益人大都是老年人，工薪阶层的工资远远地把这些仅仅依赖社会保障的群体甩在后面，他们的困境也不再成为有影响力的政治问题。社会保障跨部门委员会在 1958 年声称："社会保障制度提供的基本收入保障任务基本完成了。"④

二　普惠主义抑或家计调查——老年人的保障问题

在 20 世纪 40 年代末，政府建立一个"为所有人"的福利制度的思

① Alexander Davidson, *Two Models of Welfare*: *The Origins and Development of the Welfare State in Sweden and New Zealand*, *1888 – 1988*, Uppsala: Uppsala University Press, 1989, pp. 209 – 210.

② Margaret McClure, *A Civilised Community*: *A History of Social Security in New Zealand*, *1898 – 1998*, Auckland: Auckland University Press, 1998, p. 130.

③ Rank Holmes, "The Quest for Security Welfare in New Zealand 1938 – 1956", *Policy Studies*, No. 19, 2004, p. 5.

④ Alexander Davidson, *Two Models of Welfare-The Origins and Development of the Welfare State in Sweden and New Zealand*, *1888 – 1988*, Uppsala: Uppsala University Press, 1989, pp. 211 – 212.

想非常明确，"为所有人"包括穷人和富人实行同一个制度。对老年人来说，政府建立了双重的养老金制度：一方面，对一小部分富裕的中产阶层的老年人实行超级养老金制度；另一方面，对大部分贫穷的老年人设立家计调查的老龄津贴制度。但是，双轨制养老金制度实施的结果表明，两方都不满意，都认为不公平，贫穷的一方认为国家的钱都用在发放富人的超级养老金了，但是富裕的老年人认为超级养老金的标准给付太低。一些贫穷的老年人开始存钱或为养老投资，但是投资的结果有可能使他们不符合领取老龄津贴的资格条件，因为老龄津贴是要进行家计调查的。社会保障在给付富人多少和给付穷人多少之间存在矛盾和紧张的问题，这也是社会保障面临的紧急问题，也是 1949 年国家党上台后面临的棘手问题。

　　1949 年国家党又赢得了大选的成功，国家党政府仍然保留和继承了工党政府的社会保障制度，如果国家党废除工党建立起来的社会保障制度的话无疑是政治上的自杀。自 1943 年以来，国家党就对社会保障制度保持支持的态度。但是在执政的最初几年，其社会保障政策使一些老年人的不满增加，老龄津贴领取者受到严重的打击，在西德尼·乔治·霍兰（Sidney Holland）执政时期，政府削减了日常的生活必需品，如面包和奶油的津贴，使得老龄津贴受益人的利益受到了损失，一些贫穷老年人的生活状况引起了社会的关注。

　　国家党政府的政策一开始就是支持中产阶层的，随着新西兰产品出口的飞速发展，政府对国家未来的财富是比较自信的，打算适当时期提高超级养老金的给付标准，这些超级养老金的受益人因为收入太高而没有资格领取家计调查的老龄津贴。国家党政府的目标是对超级养老金的给付标准翻番，使其加速成为一种收入支持计划。在 20 世纪 40 年代，超级养老金每年以 2 英镑 10 先令的速度增加，进入 20 世纪 50 年代后，超级养老金的增长标准是每年增加 5 英镑。国家党政府争辩说提高超级养老金给付标准使其逐步与老龄津贴的标准接近是完成工党的意愿。国家党政府重点强调的是贡献者的权利和给予贡献者的回报。一份内阁文件声称，那些为社会保障资金贡献最大的人应该成为社会保障制度中获益最大的群体。①

---

① B. Dalley and M. Tennant, *Past Judgement*：*Social Policy in New Zealand History*, Dunedin：Otago University Press, 2004, p. 119.

国家党政府声称不必对福利津贴的总体水平进行评估，要满足对福利津贴受益人的保护可以用"特殊资助"（Special Assistance）。1951 年政府引入了"特殊资助"项目，专门提供给那些福利津贴不足的人，以满足其对基本的食物、衣服、燃油和住房的需求。那些依靠社会保障津贴仍然不能维持基本生活的人都可以申请特殊资助。申请者的资格条件由社会保障部门的官员面试后决定。

在 20 世纪 50 年代，政府关注的问题仍然是养老金的普惠主义原则或家计调查原则。1951 年财政部官员伯纳德·阿什温（Bernard Ashwin）倡导取消家计调查的老龄津贴制度，建议尽快并入以纳税为前提的普惠制的超级养老金制度。他认为普惠制养老计划将鼓励民众进行储蓄，并且能刺激就业，因为超级养老金是面向 65 岁以上的所有老年人，对申请者的收入情况没有任何限制，也无须进行家庭经济状况审查，而且，统一的普惠超级养老金制度将废除家计调查的老龄津贴带来的屈辱和气愤。他还建议对普惠子女津贴进行征税，以便为普惠的超级养老金提供资金。[①]

社会保障部也指出了实行普惠超级养老金制度的弊端，认为普惠的超级养老金的花费想要维持在一个合理的标准是比较困难的，因为普惠津贴的增加需要与工资和物价的上涨保持一致，这就要求国家在未来必须一直保持富裕的状态，一旦国家的财富减少了，必然会影响到养老金计划的推行，政府也将面临竞选时反对派的攻击。从更深的角度来看，普惠超级养老金制度也并不能完全地帮助大家摆脱所有的苦难，用单一的福利津贴制度服务整个社会也必然会遇到困难，一些领取超级养老金的老年人不仅没有其他收入，还面临高额的花费，当入不敷出时，这部分老年人一定会向政府申请紧急帮助，那么他们将面临比老龄津贴的家计调查标准更加严格的资格调查。英国就是一个很好的例子，英国领取养老金的老人中有大约 25% 仍然无法维持基本的生活需求，英国政府还要对这 25% 的老人再提供国家特别的援助。[②]

在战后劳动力短缺的年代，政治家们想废除老龄津贴把所有老年人

---

① Margaret McClure, *A Civilised Community: A History of Social Security in New Zealand, 1898 – 1998*, Auckland: Auckland University Press, 1998, p. 135.

② Margaret McClure, *A Civilised Community: A History of Social Security in New Zealand, 1898 – 1998*, Auckland: Auckland University Press, 1998, p. 136.

纳入超级养老金体系内的想法更加强烈了。国家党政府总理西德尼·乔治·霍兰（Sidney Holland）承诺废除家计调查的老龄津贴，给大家继续工作的机会，这是针对部分达到养老资格年龄后还希望继续工作的人的，政策制定者在调研时发现一些老年人是孤独的，希望通过工作融入社会中。正在新西兰访问的澳大利亚社会保障官员罗纳德·门德尔松（Ronald Mendelsonhn）认为60岁退休有些早，推迟到65岁的做法应该尽早实行，他预测老年人的负担在未来将会继续增加，认为对老年人的保护实际上是一种残忍："那些人有胳膊有腿的，在60岁就等着死吗！"① 社会保障委员会执行主席威廉斯（A. E. T Williams）依据调研的数据认为，年龄在60—64岁的男人中有84%仍然在继续工作，而年龄超过65岁以上还在工作岗位上的仅仅占1/10，因此，老龄津贴的年龄要求实际上更适合女性和残疾人。②

无疑，政府的目的是吸引更多领取老龄津贴的老年人能继续工作。劳动力市场的主要差距是在家庭工作方面，家庭工作一般是一些商店或办公室工作。社会给予老年女性的机会限制较多，原因是老年女性缺乏经验。社会对老年男性的需要是更加广泛的，很多工作机会对老年女性是关闭的。

政府不仅鼓励男性老年人继续工作，而且还鼓励老年女性进入家庭领域的工作，为了刺激女性从事家庭工作或护理工作，一种收入豁免制度（免税）成为刺激女性从事家庭工作或者在私人护理之家工作的手段。社会保障总部要求那些领取老龄津贴的女性从事此类工作，但是收入较低的家庭工作对于女性没有什么吸引力，工资较低，工作环境也不好。在吉斯伯恩地区，150名中女性老龄津贴受益人中仅有5名从事此类工作；而在惠灵顿地区，大部分老年女性明确表示"讨厌家庭工作，也不会从事这个工作"。③ 1955年政府出台了针对寡妇、单身女人、离异女人的特殊年龄津贴（年龄在55—60岁），对这些女性来说也很难找到

---

① Mendelsohn Ronald, *Social Security in British Commonwealth：Great Britain，Canada，Australia，New Zealand*，London：Athlone Mendelsohn，1974，p. 208.

② Margaret McClure，*A Civilised Community：A History of Social Security in New Zealand，1898 – 1998*，Auckland：Auckland University Press，1998，p. 136.

③ Margaret McClure，*A Civilised Community：A History of Social Security in New Zealand，1898 – 1998*，Auckland：Auckland University Press，1998，p. 137.

就业机会。政府试图鼓励老年女性从事低收入的家庭工作的计划失败了。

1958 年新上台的工党政府在社会保障修正法案中扳平了超级养老金与老龄津贴支付标准的差距，这意味着，从 1960 年 3 月起，一名 65 岁的超级养老金受益者领取的养老金与另一位 60 岁以上老龄津贴受益人的养老金标准一样了。

尽管超级养老金与老龄津贴在给付标准上达成了一致，但是养老金的双轨制度仍然被保留下来，因为老龄津贴有明显的优势：老龄津贴从 60 岁就开始享受，而且这份津贴是不纳税的，如果老人单独生活的话，每周还有 10 先令的额外补贴，老龄津贴受益人也有资格申请补充资助（Supplementary Assistance），后来的名字叫特殊资助。在政府没有想出一个更好的解决养老金双轨制问题之前，废除老龄津贴一定会遭到民众的抗议。

政府把老龄津贴和超级养老金这两种制度的选择权交给了公众：很多老年人也是迷茫的，哪一个是最佳的？如何选择？超级养老金没有额外的津贴补助，但超级养老金不需要证明自己的收入状况，如果选择老龄津贴的话就要面对家计调查的困境。对老年人来说，个人收入的波动使得其难以抉择。因此，公平对待所有老年人的问题没有得到解决。把超级养老金和老龄津贴的给付标准统一的做法始于工党，是与工党最初设计的超级养老金构想一致的，但是，政府把选择权给了公众。

政府公务人员也对社会保障制度的可持续性发展及将来维持老年人的经济花费进行了分析，总的来说，对将来的支出花费持悲观的态度，认为老年人将加大国家的经济风险，这样的事例已经出现在 20 世纪 50 年代的英国，新西兰可能就要重复这个过程。而统计学家贝克（J. V. T. Bake）持相反的观点，他认为社会保障制度有助于经济的发展，而经济的发展反过来又能推动社会保障制度。[1] 很显然，1954 年前新西兰的经济发展一直是很平稳的，人口及国家收入都增长了，社会保障资金没有问题。

在贝克的研究论文中，根据他的具体测算，直到 20 世纪 70 年代，新西兰都能容易地供给社会保障资金。他认为老年人口的增长是临时性

---

① K. J. Scott（ed.），*Welfare in New Zealand*，Wellington：Allen & Unwin，1975，p. 82.

的，主要与 19 世纪末出生率的飞速增长有关。二战后婴儿潮时期的年轻人很快会加入劳动大军中，因此维持老年人的保障费用将是不成问题的。新西兰与英国的发展模式是不同的，不能简单地拿来比较。贝克的研究观点的确振奋人心。这意味着，从 1954 年到 1970 年，新西兰的社会保障资金可以维持对老年人的保障服务，老年人在将来会带来更大的支付压力的论断在新西兰是不可能发生的。他甚至还预测社会保障的支付压力将会减轻。①

贝克还对社会保障制度促进经济发展的积极作用进行了分析，认为社会保障制度有利于商品经济的发展，收入再分配给贫穷的家庭后直接会花费在商品上，这进一步鼓励了制造业，为商品提供了稳定的市场。他认为国家对提高津贴标准的担忧是不必要的。在贝克看来，社会保障制度支出对国民收入的再分配是有利的，有利于缩小收入差距，1946 年到 1947 年，社会保障支出占国民收入的比重为 10.0%；1948 年到 1949 年，社会保障支出占国民收入的比重为 10.2%；而 1953 年到 1954 年，社会保障支出占国民收入比重下降为 8.6%。社会保障支出占国民收入的比例变化不大。因此，社会保障制度没有拖经济发展的后腿。② 贝克研究的目的是想说明政府不必过多地担心提高养老金的给付水平会带来将来的支付问题，提高养老金标准也不会影响到经济的发展。

第四节 特殊资助项目的引入

1951 年政府出台了特殊资助项目，特殊资助是国家对享有社会保障的受益人再给予一种特殊帮助的制度。特殊资助是政府对受益人贫穷现象做出的一种反应。在国家经济繁荣时期，政府设立特殊资助项目来提高受益人津贴的水平是非常重要的，特殊资助的目标是满足最穷的受益人的需要。在 20 世纪 40 年代，个人需求的多样化使政府认识到穷人中有更加贫穷的，特殊资助项目的目的是设法满足那些有特别需要的社会保障受益人：在领取老龄津贴的受益人中，已婚夫妇（因为拿到两份相

---

① K. J. Scott（ed.）, *Welfare in New Zealand*, Wellington：Allen & Unwin, 1975, p. 82.

② K. J. Scott（ed.）, *Welfare in New Zealand*, Wellington：Allen & Unwin, 1975, p. 82.

等的养老金）住在自己的房子里，还可以种菜和水果；而另一个老人是单身独居的，只能享有夫妻双方养老金的一半，有的老年人甚至没有自己的住房，还要额外支付房租。特殊资助就是要把国家的资金分配给那些最需要帮助的人。特殊资助项目的设立也成为政府准确分析个人需求的一个先例，尤其在 20 世纪七八十年代受到了政府的极大关注。

但是，对于生活在 20 世纪 50 年代的人来说，申请特殊资助会让人感到回到了令人讨厌的慈善救助时代，因为特殊资助有家庭经济状况审查要求，老龄津贴的受益人如果想要得到特殊资助的话，就不得不描述他们贫穷的具体情况。按照每个人的具体情况来评估需求是社会保障制度最明显的特征，特殊资助项目设计者的目的是为了改变慈善救助随意评估申请人需求的做法。

由于申请特殊资助需要家计调查，对个人财产状况的调查和访问是一种对个人隐私的侵犯，对申请人的权利影响较大，申请人往往为了保全面子和尊严不是很愿意提出申请。对经过家计调查领取老龄津贴的人来说，如果再申请特殊资助就意味着要面临第二次家计调查，这是有损人格的，也不是社会保障制度的本意。大部分人不乐意把自己的贫穷暴露给官员，讨厌失去自己的尊严，申请的过程是不愉快的。因此，申请特殊资助的比例是很低的。一个老年人抗议道：

> 西德尼·乔治·霍兰总理的方法是拿出一笔钱，希望老年人和病人毕恭毕敬地讲述他们贫穷的故事，这是没有尊严的……我们感到再次回到了济贫院。①

申请特殊资助的人并不多，人们不乐意合作。社会保障部门依靠个人和社区委员会来选出穷人，要求他们申请，但让那些需要救助的人暴露他们的经济情况是非常困难的。同时，社会保障部也希望普通人能够帮助老人，试图建立一个社区福利委员会，但没有成功。政府对特殊资助的宣传也很少，很多个人和机构对特殊资助的存在比较忽视，一位教

---

① B. Dalley and M. Tennant, *Past Judgement*：*Social Policy in New Zealand History*，Dunedin：Otago University Press，2004，p. 211.

堂牧师奥克兰德（Auckland）说："很多老年人孤独地住在房子里，没有报纸，也没有收音机，根本无法了解到这个计划。"①

特殊资助计划首先是满足老年人的需要，特殊资助的资金也可以用于遗孀家庭、残疾和疾病的受益人以及被丈夫抛弃的女性，在他们无法平衡收支时也可申请。为了避免影响儿童福利部门的工作（儿童福利部原来归属于教育部），从20世纪40年代早期开始，特殊资助开始帮助父母和孩子，当父母买不起子女的校服、衣服，支付不起房租时，特殊资助也提供援助。

国家对特殊资助资金的管理非常严格，因为提供的是特别需要，资金精确计算到先令和便士，特殊资助缓解了家庭的紧急需要。如果家中拥有洗衣机、电话、缝纫机的话，是不得提出申请的，因为这些现代家庭的便利设施在20世纪50年代被看作奢侈品。

那些父亲缺席的家庭想要申请特殊资助的话难度也较大，社会保障部门对这些家庭的评估比对老龄津贴的家计调查更加谨慎小心，因为社会保障部门不想代替父亲在家中的经济地位，尽管社会保障部门认识到这些家庭的确需要帮助。之所以这样做，官员们还是想阻止父亲摆脱对家庭的责任。这些工作人员有时是比较固执的，认为父亲回到家中是解决这些家庭贫困的好办法。例如，一个女性离开她的丈夫9年了，因为他的残忍和酗酒，她害怕看到丈夫回来，让这样的丈夫回到家中有何意义呢？有时社会保障部门把这些案例推给儿童福利部。儿童福利部官员对如此的政策规定也持批评的态度，"这似乎，不支付妻子津贴的目的是刺激丈夫回家"。②

当社会保障部把这些不符合申请条件的案例转到儿童福利部门时，使申请程序更加复杂化了。但是，对这些女人的情况的评估往往赢得了儿童福利部门的同情，儿童福利部门的官员相比社会保障部门没有那么严格，对那些不承担养家糊口责任的父亲，儿童福利部门是痛恨的，对女性持同情的态度。人们也意识到评估女性供养家庭的困难，罗兰

---

① Margaret McClure, *A Civilised Community：A History of Social Security in New Zealand，1898 - 1998*，Auckland：Auckland University Press，1998，p.141.

② Maureen Molloy，"Science，Myth and the Adolescent Female"，*Women's Studies Journal*，Vol.9，No.1，1993，pp.1 - 25.

（Rowland）家庭的例子就很好地说明了不同部门对被抛弃女性态度的差异：罗兰的丈夫离家 5 个星期了，她独自负担 5 个孩子，还要支付房租，罗兰的丈夫回家后因为没有履行供养家庭的责任被捕了，而罗兰撤销了对他的指控，因为丈夫被捕后就不能工作了，罗兰也丧失了申请津贴的条件。社会保障部门拒绝给予其特殊资助，因为她的丈夫已经回家。而儿童福利部官员支持这个家庭："罗兰是一个勤劳的母亲，遭遇丈夫的不负责任，她和她的孩子应该过上好的生活。"在儿童福利部贫困家庭计划（The Needy Family Scheme）支持下，罗兰一家获得了房屋租金补贴、电费以及 5 个孩子的衣服。[1]

第五节　政府公房制度的发展

富裕时代，政府除了专门建立面向低收入群体的特殊资助外，还特别关注低收入群体的住房问题，政府公房得到了快速发展。在新西兰，住房保障是这样被定义的：政府保障每个新西兰人以不超过其全部收入 30% 的租金获得一套政府公房（State Housing）。[2] 政府公房是由政府或政府指定的部门建造的，以低于市场租金的价格租给那些低收入群体的具有保障性质的住宅。

进入 20 世纪 50 年代，战后的财富使得新西兰人不再为日常的吃穿等基本生存问题操心了，家庭住房问题引起了公众和政府的关注。为低收入家庭提供住房保障也是各国社会保障制度中重要的一部分，政府为低收入家庭提供的住房具有保障性住房的性质。从国际上看，建设公共租赁住房成为很多发达国家和地区政府解决和改善低收入家庭生活水平的重要措施之一。一个多世纪以来，新西兰政府通过构建政府公房体系，解决了那些无法负担起租赁市场中私人房屋租金的低收入家庭的基本居住问题。

---

[1] Margaret McClure, *A Civilised Community*: *A History of Social Security in New Zealand*, *1898 – 1998*, Auckland: Auckland University Press, 1998, p. 143.

[2] CHRAZH, *Affordable Housing in New Zealand*, Wellington: Centre for Housing Research, Aotearna New Zealand, 2006, p. 2.

一 早期政府公房的状况

在 19 世纪前，新西兰工人阶级的居住条件非常恶劣，环境拥挤，设施差，而政府对改善工人住房的兴趣不大。随着新西兰城市化进程的发展，越来越多的农民和商人移居城市，城市人口飞速增长，住房问题日益凸显。1890 年自由党上台，自由党政府认为必须消除贫民窟，也尝试解决住房问题，但是以失败而告终。

1905 年自由党政府总理理查德·塞登（Richard Seddon）上台后着手改善日益严重的城市工人聚居区内房屋租金高涨和生活条件恶劣等问题，并于 1905 年颁布了《工人寓所法》（The Workers Dellings Act），为每年收入不到 156 英镑的家庭提供住房。该法案的颁布打破了由私人垄断住房市场的局面。[①] 根据《工人寓所法》，低收入工人家庭租住政府公房的租金一般是每年以房屋的成本（包括土地和建筑费用）的 5% 的价格支付，直至承租人去世。随即政府在四个大城市的远郊修建了一系列的工人寓所，计划为年收入 200 英镑以下的家庭提供 5000 套住房。建材价格的上涨导致房屋成本提高，造成工人寓所房租的提高，而政府公房地处偏远，再加上往返的交通等费用，使工人寓所的实际生活成本大大超过了大多数工人的经济能力。这个方案很快陷于困境。截至 1919 年仅有 648 套公寓建成，政府公房建设未能大规模进行下去，住房恶劣的情况仍然没有改善。在 1921 年 3 月的人口普查中，14.9% 的人口仍生活在拥挤的环境中。

1935 年第一届工党政府上台后，起初并没有修建政府公房的计划。受到英国住房计划、贫民窟拆除和重建的启发，新西兰真理报首先发起了反对贫民窟的运动。在媒体的推动下，工党政府立即专注于在内城贫民窟地区建造新房，发展起来的建筑类型被称为工党国家住房，这是当时政府资助的最大规模住房计划的核心，是新西兰建筑史和社会史的重要组成部分。财政部长沃尔特·纳什在 1936 年的政府预算中宣称将建造 5000 套政府公房，这些房子将由私人公司承建。这样，政府不仅仅提供

---

① Fill Barbara, *Seddon's State Houses: The Workers'Dellings Act 1905*, New Zealand Historic Places Trust, 1999, pp. 6 – 8.

了住房，而且通过大规模修建政府公房刺激当地制造业的发展，并且为失业者提供就业机会。新西兰的公房建设进入迅猛发展时期。

1937 年 9 月，新西兰工党政府总理迈克尔·约瑟夫·萨瓦奇为位于惠灵顿地区的法夫巷（Fife Lane）15 号新落成的政府公房举行了剪彩仪式。萨瓦奇亲自举着一张大餐桌穿过沿途欢呼的人群走到公房门口，并且亲手将公房的钥匙交给了第一个租户。这是镌刻在新西兰民众集体记忆中关于政府公房的印象最深的一幅画面。尽管新西兰政府公房的历史可以追溯到更早的时候，但许多新西兰人都认为 1937 年惠灵顿法夫巷15 号的政府公房是真正意义上的新西兰第一套政府公房。第一套政府公房的第一个租客是惠灵顿市政议会的有轨电车司机。当时政府公房的租金是每周 1 磅 10 便士 3 先令，恰恰是有轨电车司机收入的 1/3。①

1939 年等待申请政府公房的家庭大约有 10000 多户，但是只有 3000套公房。二战结束后，等待公房的家庭增至 30000 户，1950 年等待公房的家庭增至 45000 多户，但仅仅有 3000 套公房建造出来，政府公房供不应求。② 国家党政府不得已提高了政府公房的租金，把公房租给那些最需要的家庭。

第二次世界大战结束后，前线返回的士兵涌入市场，由于无法获得自己的住房，成千上万的人被迫在肮脏的寄宿房屋内共同租用房间，或者选择与亲友一起合住，给个人关系带来了严重的压力，许多绝望的人转向他们的议员寻求帮助。

二 政府公房的建设

自 20 世纪 50 年代以来，建设和销售政府公房的情况有很大波动，主要取决于是哪一个政党执政。总体而言，历届国家党政府鼓励租户购买政府公房，而工党政府为了保护政府公房的存量不鼓励或禁止销售。这些趋势在 20 世纪 90 年代特别明显，当时政府公房的销售一直高涨，

---

① Laurence Murphy, "Reasserting the 'Social' in Social Rented Housing: Politics, Housing Policyand Housing Reforms in New Zealand", *International Journal of Urban and Regional Research*, March, 2003, p. 92.

② Fill Barbara, *Seddon's State Houses: The Workers'Dellings Act 1905*, New Zealand Historic Places Trust, 1999, pp. 9 – 10.

直到 1999 年由工党领导的新政府暂停进一步销售。

战后新西兰充分就业的发展以及工人们超时的工作，使得工人阶级家庭的收入大增，过上了相对富裕的生活。尽管如此，住房问题仍然是公众和政府关注的主要问题。民众希望不再是租一套公房，而是有了更高的要求，希望能拥有一套属于自己的住房，并且，民众对住房的舒适度要求也提高了，希望有客厅、盥洗室，每个家庭成员都有自己的独立房间。尽管工党政府在 20 世纪初就确立了公房政策，但是在经济大萧条时期和二战后，新建公房数量很少，远远无法满足民众的需求。

1950 年政府在昆士兰地区开展消灭贫民窟的工程表明了当时居民的住房条件比较差。1951 年健康部在昆士兰地区开展了"调查脏孩子"的活动，描述了当时的"危房"情况：腐烂、漏雨、拥挤。孩子们连洗澡的房间都没有，没有专用的厨房、卧室，一间卧室很多床，通常一间房间居住了五六个人。① 改善居民住房条件势在必行。

1950 年 8 月，政府允许把政府公房出售给租户，政府提供 40 年的 3%—4% 的低息贷款，到 1957 年，大约有 3% 的政府公房被出售。1957年政府又停止了政府公房的出售。②

1955 年新西兰通过《房屋租赁法案》，法案规定公房的租金被定位为"公平租金"（Fair Rent），公平租金一般占家庭收入的 1/6，租金应当根据租户家庭规模和总收入进行相应调整。1974 年前后，政府公房的租户支付的租金基本维持在家庭总收入的 1/6，到 20 世纪 80 年代，公平租金大致相当于市场同类私人房屋租金的 1/2。③

截至 1974 年，由新西兰住房署（Housing New Zealand）管理运营的政府公房超过了 66000 套，其中绝大部分政府公房的产权属于新西兰政府，政府公房的租金成为政府重要的收入来源。

为了进一步解决民众对政府公房的需求，解决政府投资公房资金短

---

① David C. Thorns, "The Remaking of Housing Policy: The New Zealand Housing Strategy for the 21ˢᵗ Century", *Housing Finance International*, June, 2006, p. 18.

② Andrew Alston, "State Housing in New Zealand", *Alternational Law Journal*, Dec., 1998, p. 238.

③ Laurence Murphy, "To the Market and Back: Housing Policy and State Housing in New Zealand", *GeJournal*, No. 59, 2003, pp. 119 – 126.

缺的矛盾，新西兰住房署鼓励那些经济状况得到改善的部分租户及时迁出政府公房，以便重新分配给那些急需住房的家庭使用。新西兰住房署基本上每年增加政府公房大约 900 多套，其中约 400 多套出售，所有卖房的收入都用来追加建设新的公房。[①]

政府公房的建设非常注重质量和设计，政府公房大都是木质结构的，也有少量砖结构的，在 20 世纪 50 年代建造的 3000 套公房中，仅仅有 1.5% 是公寓式样，其他都是独栋房屋。[②] 最初政府公房设计方案的目标群体是已婚并育有一个以上孩子的工人家庭。绝大部分房屋设计有 6 个房间，一个客厅、一个餐厅、三间卧室、一个盥洗室，男孩和女孩都有各自的房间，可以很好地满足多至 5 人的家庭居住需要。三居室的房屋对大多数毛利土著居民和太平洋岛人家庭来说略显拥挤，因此，从 1942 年起，新西兰政府一方面开始在大城市建造有 5—6 间卧室的房屋，另一方面直接从市场上购买位于郊区的大屋以弥补房源紧缺。由于对大屋的需求远超供给，从 2000 年起，新西兰住房署开始对部分传统的 3 卧室房屋进行改建，力争满足部分高生育低收入的大家庭的需要。

1940 年新西兰政府公房最初的规划设计深受美国和英国"乡村花园"构想的启发，比如兴建于 1938 年至 1945 年的塞维奇湾（Savage Crescent）附近的一系列政府公房，在外观设计上就是环绕着当地的一个大型主题公园来规划、设计和建造的。由于政府公房的建造速度要比周边社区的建设要快，如果周边缺乏相应的配套设施就会严重影响公房租户们的利益，这也是政府事先都考虑好的问题。完善而配套的社区设施便于租户们出行和生活。新西兰包括公房在内的建设小区，通常都被规划安排在远离商业文化中心但配套较为完善的郊区，这一点值得我们借鉴。

三　政府角色的定位

从政府公房计划一开始，新西兰公众关于公房政策的争辩首先聚焦

---

① David C. Thorns，"The Remaking of Housing Policy：The New Zealand Housing Strategy for the 21st Century"，*Housing Finance International*，June，2006，p. 20.

② Https：//en. wikipedia. org/wiki/State_housing.

于政府在房屋市场中应该扮演怎样的角色。社会上出现了两种不同的意见：一种意见认为，由于私人企业和建筑商对利润的追求不会主动为低收入人群提供高质量的房屋，政府必须介入政府公房的市场中，正确引导和监督房屋的正常需求或者直接承担市场的责任；另一种意见认为，如果政府介入住房市场的话，将会妨碍私人企业投资的积极性，更严重的是可能会滋长低收入人群对政府的依赖。

从 20 世纪 50 年代起，新西兰公众关于政府角色的两种观点的争论终于达成了统一，一致同意国家应该为最贫困的人群和市场上受歧视的低收入阶层提供住房，政府通过提供各种住房以及住房补贴，提高急需帮助的新西兰中低收入家庭的住房水平。至此，确立了新西兰中央政府在政府公房制度中主要责任者的地位。

第六节　社会保障制度的发展分析

进入 20 世纪 60 年代后，新西兰社会保障制度发生了一些变化。国家对中产阶级的支持在社会保障中占据主导地位，但许多贫穷的接受家计调查的受益者的情况恶化了。中产阶级已经被工党政府通过普惠的超级养老金和普惠子女津贴纳入社会保障制度中，中产阶层的融入使社会保障制度更有尊严并用相互帮助的方式统一了整个社会。中产阶层的社会贡献有助于服务所有公民，社会也希望中产阶层不要远离贫穷的公民。事实上，相反的结果发生了，中产阶级不仅不再轻视社会保障制度，而且紧紧"抓住"这个制度，并为自己所用。在国家富裕的年代，中产阶层贡献的少，得到的多。

在 20 世纪五六十年代，社会保障基金占普通税收的比例下降了：1947 年统一基金里社会保障的支出占 44%，1964 年这个比例是 26.5%。最贫穷的人缴纳的社会保障税要比他们自己领取的福利津贴高得多，穷人的负担变重了，而富人的负担相对下降了。[①]

在 20 世纪 60 年代早期，社会保障受益人发现自己越来越沦为被忘

① Royal Commission of Inquiry into Socisl Security, *Social Security in New Zealand*: *Report of the Royal Commission of Inquiry*, Willington: Government Printer, 1972, p. 243.

记的群体：因为他们领取的福利津贴与最低工资相关联，按照最低工资
的变动经常调整津贴给付标准，当他们获得加班工资时，他们领取的津
贴就降低了，他们实际上相对贫穷了。因为自 1939 年起，福利津贴标准
的提高是不固定的，参照的是消费品价格或者工资单。但从 1962 年起，
津贴的增长和工资的增长速度不一致，在 1966 年以前，工人得到的实际
平均工资是名义工资的大约 30%。已婚夫妇的老龄津贴大约相当于 1947
年普通工资的 72%，但是在整个 20 世纪 60 年代，这个比例变化基本维
持在普通工资的 56%—60%。[1]

　　社会保障部关于提高津贴给付标准的建议遭到了国家党政府的反对。
很明显，政府不乐意提高津贴标准。尽管 1964 年的津贴标准提高了，但
是提高的幅度也很小，"可能是社会保障历史上提高幅度最小的一次"。[2]
1967 年社会保障委员会执行主席在他的退休演讲上采取了一种非正常的
方式公开批评了政府的政策，他表达了对政策的失望，因为新西兰在社
会保障和医疗津贴的供给上远远落后于英国和瑞典，他声称，"新西兰的
老龄津贴几乎是低于生存标准的"。[3] 同时，国家党政府相信私人企业的
成功，1963 年国家党允许对私人学校的学费实行税收减免，对私人保险
费和超级养老金实行税收减免，这样做就增加了富裕职业群体的收入。

　　在整个 20 世纪 60 年代，政策的变化更加决然地偏离了维护老龄
津贴价值的出发点，国家党的政治家们强烈认为增加津贴标准太昂贵
了，老年人可以从事非全日制工作，也可以申请特殊资助，而越来越
多的老年人感到申请特殊资助丧失尊严，一位超级养老金的受益人抱
怨道：

　　　　我们将公开宣称，对老年人来说提交收入和支出调查为了得到

[1]　Brian Easton, *Pragmatismand Progress*: *Social Security in the Seventies*, Christchurch: University of Canterbury, 1981, p. 29.

[2]　Margaret McClure, *A Civilised Community*: *A History of Social Security in New Zealand*, *1898 – 1998*, Auckland: Auckland University Press, 1998, p. 159.

[3]　Margaret McClure, *A Civilised Community*: *A History of Social Security in New Zealand*, *1898 – 1998*, Auckland: Auckland University Press, 1998, p. 159.

每周额外的几个先令的做法是屈辱的。我们有权来维持基本生活标准。[1]

　　多年来新西兰的经济建立在一系列农产品上，如羊毛、肉类和奶制品。这些产品成为新西兰最主要和最有价值的出口产品，从19世纪50年代到20世纪70年代，农副产品的出口成为新西兰经济成功的支柱。例如，从1920年到20世纪30年代末期，乳制品出口配额通常占新西兰出口总额的35%左右，而在某些年份则几乎达到45%。[2] 由于国外市场对这些初级产品的高需求，推动了新西兰经济的繁荣，也带来了社会保障制度的高水平发展，1960年新西兰社会保障支出占政府支出的36%，是当时世界上最高的。[3] 然而，从20世纪60年代中期开始，新西兰社会保障水平呈现不断下降的趋势，世界其他国家没有出现这种异常情况。1961年新西兰社会保障支出占国民生产总值（GDP）的比重是7.21%。1966年是5.77%，1971年是5.51%（见图4-1）。

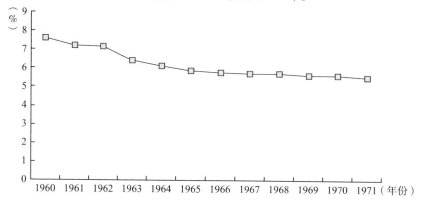

图4-1　新西兰社会保障支出占国民生产总值（GDP）的比重（1960—1971年）

资料来源：Royal Commission of Inquiry into Social Security, *Social Security in New Zealand: Report of Royal Commission of Inquiry*, Wellington: Government Printer, 1972, p. 27。

---

[1] W. B. Stutch, *The Quest for Security in New Zealand, 1840 – 1966*, Wellington: Oxford University Press, 1966, p. 470.

[2] B. Porter, *The Lion's Share: A Short History of British Imperialism, 1850 – 1970*, London: Longman, 1975, p. 112.

[3] Mike O'Brien, *New Zealand, New Welfare*, South Melbourne: Cengage Learning Australia PTY Limited, 2008, p. 211.

　　新西兰社会保障制度在富裕年代没有得到扩张反而下降是基于以下原因：第一，基思·霍利约克（Keith Holyoake）于 1960 年接任国家党政府总理后，继续从国外借款来维持新西兰人习惯的国家政策和生活方式。因此，在 20 世纪 60 年代初期，大多数新西兰人能够保持相对统一的生活水平，并且与世界其他国家相比国民的生活水平很高，但这样的高水平生活越来越多是通过债务来实现的。第二，从 20 世纪 60 年代中期开始，新西兰传统的出口产品价格下降了，主要原因是英国加入欧洲经济共同体，新西兰失去了与英国的优惠贸易地位，而英国过去一直是新西兰经济的中流砥柱。新西兰福利国家的庇护经济似乎正在走下坡路，新西兰从 20 世纪 60 年代后期陷入经济衰退，1967 年新西兰羊毛出口价格突然下降，导致很多人失去工作，失业率突然上升，很多建设工程也放慢了速度，6000 多名建筑工人离开新西兰到澳大利亚寻找工作。[1]

　　国家党政府对出现的经济危机持消极的态度，1968 年政府对失业者持有失望的态度，这些失业者大都是年轻人，他们没有学校的资格证书，没有技能，不受雇主喜欢。政府的失业津贴标准定得较低，其目的是推动失业者就业。到 1969 年失业率又回落了，仅仅占 1%，这在当时西方国家中是最低的。尽管如此，这一时期的特殊津贴的需求增加了，申请人数从 1964 年的 7660 人增加到 1969 年的 12856 人，这个数据意味着社会保障标准太低无法满足不断增长的人口的需要。[2] 这些情况推动了霍利约克政府于 1969 年成立皇家社会保障调查委员会来调查社会保障制度的运行状况。

小　结

　　第二次世界大战带来了重建和改革的希望，战后新西兰出现了婴儿潮，人口的增长导致住房、教育、医疗的严重短缺，工党政府社会保障

[1]　Alexander Davidson, *Two Models of Welfare：The Origins and Development of the Welfare State in Sweden and New Zealand, 1888 – 1988*, Uppsala：Uppsala University Press, 1989, p. 305.

[2]　Royal Commission of Inquiry into Social Security, *Social Security in New Zealand：Report of Royal Commission of Inquiry*, Wellington：Government Printer, 1972, p. 546.

政策改革的重点是家庭福利保障。

战后普惠制超级养老金的确立把劳动者的需要转化为公民的一项社会权利。国家经济的重建需要劳动者投入更长的工作时间，而实行家计调查的子女津贴制度导致工人们不愿意额外地工作。实行普惠子女津贴成为解决劳动力短缺的一种务实的办法。普惠子女津贴不仅解决了劳动力短缺问题，它最重要的意义是使女性赢得了经济上的独立。普惠超级养老金和子女津贴把整个社会中不论穷人还是富人都融入社会保障制度中，结成了生命的共同体，增进了社会的融合。

新西兰社会保障制度建立了一种权利的精神和思想，但权利也是一把双刃剑，随着社会保障支出的快速增长，对社会保障资源的争夺导致了老年人与年轻人、白人与毛利人、单亲家庭和双亲家庭之间的紧张。社会保障制度是新西兰人道主义的构想，但也遮盖了这个制度的有限性。

战后新西兰实现了充分的就业，充分就业支持了资本主义的发展也支持了工人家庭，大部分新西兰人过上了相对富裕的生活，充分就业也是一把双刃剑，对经济的稳定也有消极的作用，导致社会保障支出的增多。政府政策的失败是没有把劳动力市场与收入政策结合起来，特别是没有把充分就业当成新西兰福利国家模式的重要部分。战后新西兰国民生活水平的提高主要依赖于出口产品的高价格和国外的借贷，也就是说，充分就业的实现更多是借助于外部因素。正如亚历克斯·戴维森所说的：

> 新西兰的工资结构、税收制度、社会保障津贴及家庭农场的共同作用带来了相对较高水平的家庭收入，使得大部分的新西兰人享受到了其他国家没有的商品和服务。[1]

充分就业使工薪阶层过上了富足的生活，但是那些主要依靠福利津贴生活的人慢慢落在了工薪阶层后面。1951 年引入的"特殊资助"项目在很大程度上又走回了济贫法逻辑的老路。"特殊资助"成了由纳税人支持的具有慈善救助成分的津贴项目。

---

[1]　Alexander Davidson, *Two Models of Welfare: The Origins and Development of the Welfare State in Sweden and New Zealand, 1888 - 1988*, Uppsala: Uppsala University Press, 1989, p. 210.

进入 20 世纪 60 年代中期后，新西兰传统出口商品价格和数量下降，加之新西兰最大的贸易伙伴英国加入欧共体，导致新西兰经济出现衰退，进而影响了社会保障制度的扩展，社会保障支出的下降也充分说明了一国的经济状况对社会保障制度的制约作用。

第五章　新西兰社会保障制度的慷慨发展阶段（1970—1983 年）

　　进入 20 世纪 70 年代，《社会保障法》颁布实施已经 30 多年了，新西兰遵循西方世界的做法对社会保障制度的发展进行了重新的评估。1972 年成立的皇家社会保障调查委员会重申了社会保障制度在资本主义世界的位置，并且声称没有人会因为贫穷而被排除在外。在 20 世纪 70 年代自信满满的情绪影响下，工党政府开始了自 1938 年《社会保障法》以来社会保障制度的最大扩张。

　　在 20 世纪 70 年代初期，新西兰政府推出了三项新计划。第一，1973 年修改普惠子女津贴，将子女津贴的范围扩大到所有家庭。第二，1973 年引入单亲父母津贴（Domestic Purpose Benefit），主要为单亲父母提供法定福利，它取代了以前为单亲父母提供的酌情紧急援助案例。第三项创新是 1974 年引入广泛的事故赔偿计划，不仅涵盖了工伤事故，也包括道路交通事故和其他突发事件，该计划是强制性的，并以"无过失补偿"原则为基础。这一时期政府最大的创新是扩大了国民超级养老金的范围。单亲父母津贴和超级养老金两个项目的支出是高昂的，也是引起争议最大的。

　　从 1974 年开始，新西兰经济几乎停滞，1977 年、1978 年陷入衰退，在 20 世纪 70 年代末 80 年代初，新西兰的生产和经济保护体系受到沉重打击，主要是由于世界经济的变化和各种社会变化如女性劳动参与率和家庭结构变化。新西兰的主要问题是早些时候经济的成功在很大程度上取决于农业部门的国际竞争力，简而言之，这个部门的出口收入已经习惯了为制造业提供资金，类似于"进口替代工业化"的拉美和东亚战略。但对于一个小国新西兰来说，这种补贴政策导致了对农产品出口的高度依赖。在 1970 年至 1973 年的最后一次繁荣之后，新西兰遭受了两起重大事件的进一步打击：1973 年作为新西兰最重要的牧区产品出口国英国加入欧洲经济共同体及新西兰突然不得不应对来自高额补贴的欧洲国家的竞争。与此同时，第一次石油危机导致进口产品价格上涨，石油危机对经济造成了更大的压力。

从 1977 年开始，新西兰的失业率开始上升，这对一个在战后年代拥有充分就业优秀纪录的国家来说是一个不小的震撼。1975 年国家党执政，总理罗伯特·马尔登（Robert Muldoon）很快就开始解决经济问题并进行传统的国家干预政策，特别是在 20 世纪 80 年代初，马尔登政府拒绝引入英国撒切尔的重大改革，相反，新西兰政府在 1982 年实行了工资和价格冻结，并建立了"大思维"（Big Thinking）一揽子大型公共投资项目。

在 20 世纪 80 年代早期，马尔登政府混合干预政策和谨慎的经济自由化已变得越来越不受欢迎，即使在国家党内部的支持也不高，摇摇欲坠。皇家社会保障调查委员会确立的"参与感和归属感"的社会保障原则已经不足够强大到抵御新西兰经济的衰退。石油危机及英国进入欧共体，使新西兰的经济受到极大的影响，失业率上升，慷慨的社会保障氛围消失。到 20 世纪 80 年代初，单亲父母福利津贴人数、国民超级养老金受益人数、失业津贴受益人数的不断攀升带来社会保障支出的大幅上涨，引起了政府和公众的恐慌，社会保障制度面临重新评估。

第一节　社会保障制度的重新定位

20 世纪 60 年代末，西方世界重新关注贫穷问题，新西兰国家发展委员会和社会保障部建议对社会保障制度的进展情况进行重新评估，新成立的皇家社会保障调查委员会重新定位了社会保障制度的发展原则。

一　皇家社会保障调查委员会的成立

老年人和单亲家庭的日益贫困导致 1968 年社会发展大会的召开，社会发展大会讨论的主要问题是社会保障的津贴标准问题，社会发展大会于 1969 年设立了皇家社会保障调查委员会（Royal Commission of Inquiry into Social Security）。1969 年皇家社会保障调查委员会正式开始评估社会保障制度，皇家社会保障调查委员会的主要任务是：重新确认社会保障制度的原则；调查经济和社会情况变化对社会保障制度的影响；建议津贴结构和津贴管理方面的变化；评估津贴的标准；判断社会保障制度财力是否达到最优配置。①

实际上，几十年来，社会保障部已经发现了社会保障制度的一些异常并且对普惠制津贴或家计调查的津贴的优缺点进行了辩论，但并没有怀疑社会保障制度的合理性。社会保障部支持新西兰的社会保障制度，反对海外其他国家实施的社会保险计划，并再次重申了社会保障制度的原则：权利不是花钱买来的，而是被免费给予的。

很多人向皇家社会保障调查委员会提交意见书，这些意见书反映了一部分人的艰苦处境。一个女性在意见书中写道②：

> 我是一个寡妇，独居，我的年龄是 79 岁，领取超级养老金，每月得到的特殊津贴是 12 新元（新西兰元）。每个月的养老金是 53 新元。下面是我的本月账单：
>
> 面包、牛奶　　　　　16 新元
>
> 蔬菜、水果　　　　　6 新元
>
> 肉、鱼　　　　　　　8 新元
>
> 每个月电话费　　　　4.25 新元
>
> 每个月电费　　　　　5.15 新元
>
> 租金　　　　　　　　14 新元
>
> 修鞋　　　　　　　　1.5 新元
>
> 共计支出 54.9 新元

这份账单反映了单亲母亲的生活困境。皇家社会保障调查委员会收到了类似很多的意见书，这些意见也刺激了皇家社会保障调查委员会，委员会认为社会保障制度应该采用更加慷慨的方式。皇家社会保障调查委员会也收到了倡议设立法定的单亲父母福利津贴的建议，倡议保护生活在单亲家庭中的孩子。在皇家社会保障调查委员会的努力下，1969 年《儿童身份法》（The Status of Children）通过，这部法规不考虑孩子的出

---

① Royal Commission of Inquiry into Social Security, *Social Security in New Zealand*: *Report of Royal Commission of Inquiry*, Wellington: Government Printer, 1972, pp. XI – XII.

② Margaret McClure, *A Civilised Community*: *A History of Social Security in New Zealand*, *1898 – 1998*, Auckland: Auckland University Press, 1998, p. 169.

生状况，法律为所有孩子提供了平等的身份保障。

皇家社会保障调查委员会在 1972 年的报告中声称新西兰政府应该重建和扩大对社会保障制度的承诺。民众个人提交的意见书和西方改革者倡导的建设道德和理性的社会保障制度都给了皇家社会保障调查委员会一个清晰的改革方向，皇家社会保障调查委员会拒绝了社会发展大会关于"福利津贴的目标是维持国民基本生活需要"的构想，[①] 对社会保障制度进行了重新定位。

二　社会保障制度的定位原则

相对保守的皇家社会保障调查委员会最重要的贡献之一是设定了社会保障制度的目标原则。皇家社会保障调查委员会的目的是让每个人通过社会保障制度在社会中获得"参与感和归属感"，把社会保障的原则定位为公民"归属和参与社会的权利"。从皇家社会保障调查委员会的报告中我们可以看出其对社会保障制度的定位：

> 新西兰没有人是如此的贫穷以至于吃不上新西兰人的普通食物，穿同样的衣服。社会保障的目的是让所有的公民与其他新西兰人融合在一起，成为社会的一个成员，简单说是归属。[②]

在"参与感和归属感"原则的指导下，皇家社会保障调查委员会倡导社会保障受益人更多地分享国家的财富，皇家社会保障调查委员会对那些认为福利津贴能鼓励"懒散游手好闲"的观点持反对的态度，并且指出，美国的研究表明了在某些情况下，福利津贴能鼓励受益人产生文化和经济激情，并且能够刺激受益人就业。[③] 根据皇家社会保障调查委员会的倡议，已婚家庭的津贴标准大致相当于一个劳动力标准工资的 80%。[④]

---

① Royal Commission of Inquiry into Social Security, *Social Security in New Zealand*：*Report of Royal Commission of Inquiry*, Wellington：Government Printer, 1972, pp. 161 – 162.

② Royal Commission of Inquiry into Social Security, *Social Security in New Zealand*：*Report of Royal Commission of Inquiry*, Wellington：Government Printer, 1972, pp. 62 – 65.

③ Royal Commission of Inquiry into Social Security, *Social Security in New Zealand*：*Report of Royal Commission of Inquiry*, Wellington：Government Printer, 1972, pp. 96 – 100.

④ Royal Commission of Inquiry into Social Security, *Social Security in New Zealand*：*Report of Royal Commission of Inquiry*, Wellington：Government Printer, 1972, p. 17.

　　皇家社会保障调查委员会定义的社会保障制度指导原则是所有的公民都有权归属于社会和参与社会，也就是强调通过社会保障制度推进公民的"参与感和归属感"。这意味着皇家社会保障调查委员会赞同对女性和孩子提供国家支持和保障，这预示了国家对女性和儿童的保护支持会发生激进的变化。皇家社会保障调查委员会认为把那些以非传统方式出生的孩子排除在国家支持的范围外是不可能的。皇家社会保障调查委员会支持对非婚母亲的津贴，认为离异或者婚姻破裂的家庭属于危险类型，也应该纳入法定的津贴范围。在皇家社会保障调查委员会看来，对单亲家庭的紧急资助应该是法定的而不是随意设置的，应该提高到与其他津贴项目一样的水平。[1]

　　皇家社会保障调查委员会以英国改革者和政策制定者为榜样，但是对普惠津贴持有怀疑的态度，认为普惠津贴更多的是资助了富人而不是穷人。尽管每个人参与社会的权利是重要的，但是皇家社会保障调查委员会参与社会权利的思想不同于工党的团结理念——也就是说工党是支持建立统一的普惠的社会保障制度。

　　皇家社会保障调查委员会关注的重点是贫困群体的需要，旨在通过社会保障制度缩小和消除贫富差距。反过来说意味着，皇家社会保障调查委员会倾向于建立有选择性的社会保障，也就是支持家计调查的津贴，反对建立普惠的社会保障制度。皇家社会保障调查委员会认为养老金的双轨制应该继续保留：老龄津贴是面向那些 60 岁以上的不能自食其力、贫穷的老年人，必须维持家计调查的老年津贴充足的水平；超级养老金是面向那些年龄达到 65 岁的，对社会经济有贡献的，收入较高的老年人。[2]

　　皇家社会保障调查委员会反对建立普惠的社会保障制度，但是对子女津贴却是一个例外，赞同普惠子女津贴。海外的研究显示经济压力对年轻人的家庭影响很大，这也表明工薪家庭与受益人一样的贫穷。皇家社会保障调查委员会认为区分有孩或无孩家庭来缩小家庭之间的不同是

---

[1]　Royal Commission of Inquiry into Social Security, *Social Security in New Zealand：Report of Royal Commission of Inquiry*, Wellington：Government Printer, 1972, p. 241.

[2]　Royal Commission of Inquiry into Social Security, *Social Security in New Zealand：Report of Royal Commission of Inquiry*, Wellington：Government Printer, 1972, p. 241.

公平的，并且明确下一代花费的责任，并表明子女津贴将是双倍的。①

皇家社会保障调查委员会的这些观念和建议并没有带来社会保障制度的重建，社会保障制度的变化不大，明显的变化是意外伤害补偿有了新的方向，对工作地点和其他意外的补偿有一个新的框架。

尽管意外伤害补偿与社会保障是紧密联系的问题，但对这两种制度的融合没有做出首要的努力。皇家社会保障调查委员会对社会保障制度的优先地位仍然是保持传统的保障资金来自税收，这意味着与意外伤害补偿是不同的路线，意外伤害补偿是与收入相关联的，不需要家计调查的，比其他保障津贴更加优厚，不同于疾病与残疾津贴。

正是因为皇家社会保障调查委员会的强硬，其才有机会用合理的方式分析经济和社会进步而不受政治的压力。皇家社会保障调查委员会为社会保障制度的发展建立一种理念并提出了一些建议，其中一些已经付诸实施。但是政治上的热度不久被冰冷的现实浇灭了，政治家们没有过多关注皇家社会保障调查委员会的这些建议。在皇家社会保障调查委员会工作的 10 年中，工党政府反对社会保险计划，而是发动了超级养老金计划，罗伯特·马尔登和他的国家党推进了普惠的超级养老金制度。

在临近大选时，皇家社会保障调查委员会的调查报告出版了，行动迟缓的国家党也开始随着潮流的变化而转变，接受皇家社会保障调查委员会的建议，国家党政府对子女津贴的支付标准翻倍了，从每人每周 1.5 新元增加到 3 新元。虽然单亲父母福利津贴标准的提高推迟到竞选后，但是津贴水平提高的不多，以至于已婚受益人得到的津贴是最低工资的 80%（相当于建筑工人税后工资）。单身的受益人得到这个标准的 60%。社会保障津贴标准的提高反映了政府更加慷慨的立场：从 1972 年 3 月的 3.27 亿新元增加到 1973 年 3 月的 4.44 亿新元。② 但是仍然没有建立起津贴标准与工资水平和物价关联起来的机制，经常出现的情况是，津贴涨了，物价也提高了，从而削弱了津贴的实际效果。

1972 年上台的诺曼·柯克（Norman Kirk）第三届工党政府的改革集

① Margaret McClure, *A Civilised Community*: *A History of Social Security in New Zealand*, *1898 – 1998*, Auckland: Auckland University Press, 1998, p. 18.

② Margaret McClure, *A Civilised Community*: *A History of Social Security in New Zealand*, *1898 – 1998*, Auckland: Auckland University Press, 1998, p. 175.

中于制定单亲家庭津贴制度，这是皇家社会保障调查委员会倡议和支持的。工党政府还集中建立一个新的超级养老金计划，这个计划得到了工党政治家的支持。普惠子女津贴和超级养老金制度说明新西兰的社会保障制度仍然是一个混合的制度，家计调查的津贴和普惠的津贴之间的紧张继续存在。

当20世纪80年代以后超级养老金的激增威胁了政府的支付能力，公众对单亲父母津贴的支付不满时，皇家社会保障调查委员会试图通过社会保障的"参与感和归属感"原则来建立一个融合的公平的社会的理念很快就遭到了质疑。

第二节　单亲父母津贴制度的确立

1973年工党政府接受皇家社会保障调查委员会的建议，使单亲家庭紧急津贴成为一项法定的津贴，称为单亲父母津贴（The Domestic Purposes Benefit）。这个新的津贴项目把未婚母亲、寡妇、离婚男女、单亲父母、精神病人妻子、独立生活的老女人、照顾亲戚的女性都纳入保护的框架内。在这一制度确立之前，一个女性如果解除了婚姻可以通过法庭要求丈夫供养她，但是通过法庭将是比较费时和费力的，而单亲父母津贴制度确立后，失去婚姻保护的女性就可以申请单亲父母津贴。

社会福利部[①]强烈支持单亲父母津贴法案，社会福利部的工作人员见到了很多类似的贫穷妇女，还有因父亲离家的贫穷孩子，这也是社会福利部立场的重要转变：几十年来社会福利部一直不愿意放松男性对家庭养家糊口的责任。单亲父母津贴制度也得到了司法部门的赞同，认为男人离婚后又建立新家的应该供养第二个家庭，要求他对两个家庭都负责几乎不可能。[②]

单亲父母津贴制度的出台成为广受欢迎的福利项目。尽管单亲父母津贴包括独身的女性和没有收入的中年女性。但是到目前为止，申请人

---

① 1972年4月，新西兰社会保障部和儿童福利部合二为一，统称为社会福利部，两部门的合并有效地提高了社会服务的行政效率。

② Margaret McClure, *A Civilised Community*: *A History of Social Security in New Zealand*, *1898 - 1998*, Auckland: Auckland University Press, 1998, p. 179.

中最多的还是单独照顾孩子的女性，单亲父亲的比例很小。

单亲父母津贴对女性的重要性是使女性有了离开婚姻的自由和勇气，它使女性离开男人后有了稳定的生活保障，这也是国家层面的正式支持，给了女性某种独立和尊严，单亲父母津贴使女性更容易摆脱男性的传统垄断。

尽管单亲父母津贴能使女性摆脱丈夫的暴力、酗酒等，赢得了一定程度上的自由，但是她们不总是能逃离贫穷，婚姻的破裂有时是因为丈夫的酗酒、相互的不满意。单亲父母津贴比男性的工资低不少，因为男性要养家，拿到这个津贴的女性实际上也是贫穷的。

单亲父母津贴允许申请人从事非全日制的工作，增加部分收入。但是孩子的照顾问题往往会使单亲父母无法外出工作。社会福利部希望女性全天与孩子们在一起，如果外出工作的话最好从事非全日制的工作，这样既能照顾孩子也能与社会接触。但是大部分的非全日制工作是令人厌烦、不受欢迎的，工资低、环境差，女性如果从事非全日制工作还要请人照顾孩子，这点可怜的工资很快会被孩子的照顾费用耗尽。

几乎所有的女性在劳动力市场都处于弱势地位，而很多单亲母亲是年轻的，没有受过训练的，也没有工作经验，这使她们很难摆脱生活的困境，一旦孩子进入学校，她们从事全日制工作就更加容易了。但是，这些单亲母亲很快就会发现，孩子上学后的照顾费用也很贵，并且这个花费抵消了工资的优势。那些从事低技能的全日制工作的女性得到的工资比从事非全日制工作的女性拿到的补充津贴都低。社会福利部吃惊地发现促使女性成为独立的养家糊口的人有多难，独立养家糊口的女性很难找到。[①]

一些申请单亲父母津贴的女性憎恨她们自己依赖国家的支持，认为这个制度就像她们的配偶一样是不可靠的、吝啬的。尽管法律给予这些女性尊严，但是在 20 世纪 70 年代，社会福利部严重缺少工作人员，仍然用最年轻的职员来处理申请者的申请，这些年轻的工作人员缺乏经验，态度不是很好，影响到新津贴制度在公众心里的地位。对一些申请者来

---

① Shelagh Cox, *Public and Private Worlds：Women in Contemporary New Zealand*, Wellington：Shoal Bay Press, 1987, pp. 193 - 199.

说，这个过程加大了贫穷给其带来的耻辱感，一位女性写道：

　　我意识到，我不是唯一有问题的单身母亲，我去福利部见到了一个年轻孩子，他问了我一些问题。我感到很尴尬，如何向一个孩子回答问题。为什么我们必须乞求一个体面的生活标准呢？政府拿出成千上万的钱帮助国外人民，你们不明白真正贫穷的人。①

　　1975 年国家党上台掌权，国家党政府对单亲父母津贴将来的支出及可能诱发的道德问题产生了担忧：不断攀升的单亲父母津贴受益人数似乎威胁到政府财政预算和冲击了传统的婚姻制度。1976 年政府设立了一个家庭事务内阁委员会，专门负责调查单亲父母津贴的运行情况及社会发展趋势。根据家庭事务内阁委员会的报告，女性离开婚姻不再是因为丈夫的暴力等原因，而是因为自己不快乐，单亲父母津贴鼓励了女性摆脱婚姻的束缚。家庭事务内阁委员会也担心会有越来越多的女性过度依赖这个津贴，也恐惧婚姻不再是女性的希望："特别是大量单亲母亲的存在使得传统的双亲家庭处于危险之中。"最坏的预期可能是，一些单亲母亲继续依赖单亲父母津贴，直到孩子满 18 岁，然后可能会等待直到达到超级养老金的年龄后接着领取养老金，也就是说，这些受益人可能会终生依赖国家的社会保障。②

　　对单亲父母津贴制度的争议一直没有停止过，在 20 世纪 70 年代末和 80 年代初，享有单亲父母津贴的人数越来越多，当然这也是社会变化的缩影。例如，1975 年得到这项津贴的人数是 17231 人，而 5 年后的1980 年为 37040 人。③ 当工人们的薪水降低时，工人家庭更加对政府实施的单亲父母津贴制度持有怀疑的态度，很多双亲家庭面临高税和高房租，而福利的受益人却能够很容易地获得政府公房，尤其是那些享有单亲父母津贴的女性。

---

① Shelagh Cox, *Public and Private Worlds*: *Women in Contemporary New Zealand*, Wellington: Shoal Bay Press, 1987, p. 210.

② Margaret McClure, *A Civilised Community*: *A History of Social Security in New Zealand*, *1898 – 1998*, Auckland: Auckland University Press, 1998, p. 189.

③ Michael O'Brian, *Poverty*, *Policy and the State*: *The Changing Face of Social Security*, Bristol: The Policy Press, 2008, p. 19.

第三节　工伤保险制度的发展

1974 年新西兰议会颁布实施了《事故赔偿法》，建立了世界上第一个不追究事故原因而对事故造成的身体损害给予赔偿的制度，该制度是建立在社会保障基础上的综合性的严格责任制度。

一　事故赔偿法的出台

涉及新西兰工伤事故赔偿的法规最早是 1900 年《工伤事故赔偿法》，但是这部法规对因工作原因带来的身体伤害的认定标准比较模糊。

1966 年新西兰成立了皇家事故赔偿调查委员会（A Royal Commission of Inquiry into Compensation for Personal Injury），对事故侵权诉讼适用法律问题进行评估。皇家事故赔偿调查委员会发现在 1953 年至 1965 年的 12 年期间，在工作中受伤的人中只有 1/8 提出了成功的法律诉讼，并且提交给保险公司的只有 10% 的索赔是成功的。[1] 在经过调查之后，皇家事故赔偿调查委员会提交了一份名为《伍德豪斯》的报告，该报告提出了事故赔偿制度的五条基本原则：①保护公民身体，不考虑伤害的原因；②对所有受伤害人提供一样的赔偿，其资金由全社会承担；③协助受害人康复身体，帮助其恢复生活的自理能力；④补偿受害人经济上的损失；⑤尽快实现前四个目标。《伍德豪斯》报告呼吁建立全面的事故赔偿计划，促使事故赔偿法覆盖范围扩大到了雇员和自由职业者。

根据皇家事故赔偿调查委员会制定的五条原则，1974 年新西兰议会通过了《事故赔偿法》，建立了世界上第一个不追究事故原因而对事故造成的身体损害给予赔偿的制度。该计划旨在实现新西兰政府的平等主义和社会福利目标，并取代了原来的侵权责任制度。该计划使社会福利规划者的目标理想化了并避免了过度的侵权责任。无过错的事故补偿计划受工党 20 世纪 30 年代承诺的 "从摇篮到坟墓" 的社会福利理念的支

---

① 　Bronwen Lichtenstein, "From Principle to Parsimony: A Critical Analysis of New Zealand's No-Fault Accident Compensation Scheme", *Social Justice Research*, Vol. 12, No. 2, 1999, p. 101.

持。政府希望以事故赔偿取代有缺陷的侵权责任制度，该计划是在新西兰长期的福利传统社会背景下启动的。

新西兰事故赔偿计划由新成立的事故赔偿委员会（Accident Compensation Committee）（ACC）来负责管理。事故赔偿委员会的工作职能包括保障社会安全、促进受害人身体康复，并对符合赔偿条件的受害人提供经济补偿。

二　事故赔偿法的内容及意义

根据 1974 年《事故赔偿法》，雇主要向雇员的个人账户缴纳保险费，雇主要对雇员工作期间以及非工作期间，包括路上、在家里还是在任何地方发生的身体伤害承担赔偿责任。此时的新西兰并没有独立的工伤事故保险制度。符合资格条件的受害人可以从事故赔偿委员会（ACC）获得赔偿，无须考虑任何过错因素。

1974 年《事故赔偿法》覆盖工伤员工、机动车事故受害人、学生、非就业者及新西兰游客。事故赔偿的范围包括医疗费用、收入损失、死亡赔偿金及损伤的一次性赔偿金。[1]

事故赔偿计划设有三个赔偿基金，分别为劳动者补偿基金、机动车事故赔偿基金和补充性赔偿基金。劳动者补偿基金用于补偿遭受事故伤害的所有雇员和自由职业者，其资金来源于雇主的缴费。机动车事故赔偿基金来源于对机动车车主的征收缴费。补充性赔偿基金是对不属于以上两种事故的受害人的补偿，其资金来源于一般的税收。[2]

新西兰的事故赔偿计划对雇主来说承担的缴费压力较大，与工作无关的身体伤害也要由雇主来承担。但是能使受害人得到及时和全面的赔偿，具有补偿迅速、体现公平和社会保障的作用。有学者这样评价，"事故赔偿计划使新西兰在社会立法方面再一次引领了世界"。[3]

---

[1]　http:// www.acc.co.nz/injury-prevention/acc-injury-statistics，访问日期：2018 年 3 月 1 日。

[2]　http:// www.acc.co.nz/injury-prevention/acc-injury-statistics，访问日期：2018 年 3 月 1 日。

[3]　Bronwen Lichtenstein，"From Principle to Parsimony：A Critical Analysis of New Zealand's No-Fault Accident Compensation Scheme"，*Social Justice Research*，Vol. 12，No. 2，1999，p. 101.

第四节　储蓄保险型超级养老金制度的建立

20 世纪 70 年代，伴随着全球石油危机的爆发以及新西兰的主要贸易伙伴英国加入欧共体，新西兰的经济和财政状况不断恶化，加之人口老龄化的加速，朝野上下高度关注养老金的支出问题。

1973 年工党计划改革养老金制度，实行了与原来的养老金制度大相径庭的设计理念，实施储蓄保险型的养老金计划。新的养老金制度被命名为新西兰超级养老金（New Zealand Superannuation），这是一种强制储蓄保险型的养老金制度，其内容是由政府运营的中央储蓄基金或经过政府认可的民间基金，向 17 岁至 65 岁的雇员征收其工资的 4% 作为保费进行积累，自营者可任意缴纳，雇主也需要缴纳在职工人工资的 4%。雇主和雇员的缴费作为养老保险基金，该基金实行完全的积累模式。参保人在 60 岁退休时，可以用自己积累的储蓄购买养老金。政府采取这一制度的目的在于培养国民自助观念的同时，把征收的保费用于经济活动，减少政府的财政支出。储蓄保险型超级养老金制度 1975 年 4 月 1 日开始实施，这个计划很难被民众理解，即使工党成员也不完全理解。

工党政府建立的储蓄保险型超级养老金制度是一项激进的改革措施，完全不同于新西兰原有的养老金制度，也与工党的社会保障理念相背离。储蓄保险型超级养老金制度实际上就是一种社会保险制度，它严格强调参保人的义务，它的基本原则就是个人储蓄，重视和强调自立，它把社会上最需要帮助的那部分人排除在外：那些不能工作的人、找不到工作的人、从事非全日制工作的人，还有那些失业者、残疾人及数量众多的家庭主妇。很显然，工党政府的做法与 20 世纪 70 年代皇家社会保障调查委员会强调的每个公民的"参与感和归属感"的社会保障原则相背离。

为什么工党政府会出台一个完全背离自己理念，背离新西兰社会保障传统的制度呢？工党政府出台储蓄保险型超级养老金制度的原因有两个方面：一方面是工党想减轻政府的财政压力，提高个人的储蓄能力，推进资本主义经济的发展；另一方面也是受到了 20 世纪中期工会思潮的影响，工会思想是保护全日制就业的男性工人，保障这部分劳动者的老年待遇。储蓄保险型超级养老金制度的保障范围较窄，尤其是把大部分的女性排除在外。

强制储蓄保险型超级养老金制度受到了来自各方的批评，民众对国家要求投资储蓄积累资金的未来前景表示担忧，由于存在以女性为中心的非保费缴纳人员的待遇问题以及将来养老金给付水平能否满足国民最低生活需要的担心，强制储蓄保险型的养老金计划遭到了社会的普遍抵制，也成为反对党攻击的目标。

国家党的新领袖罗伯特·马尔登意识到工党政府的超级养老金制度有着巨大的政治意义，如果攻击这个制度就可以获得巨大的政治胜利。在 1975 年大选中，国家党向年轻人和老年人许诺扩大超级养老金的覆盖范围以及提高养老金的给付标准，成功地阻止了工党政府储蓄保险型养老金制度的推行，并向民众保证"返还你们的缴费"。国家党向民众许诺国家党的养老金计划不仅计算简单而且是很慷慨优厚的，特别是有利于广大的女性。[1] 历史学家斯克莱尔称国家党的许诺是"新西兰历史上最大的竞选贿赂"。[2] 国家党对强制储蓄保险型超级养老金制度进行攻击并获得了竞选的成功。

国家党执政后于 1977 年 2 月废除了强制储蓄保险型超级养老金制度。储蓄保险型养老金计划仅存在 22 个月就宣告失败。在历史上，新西兰政府曾经几度试图引入强制储蓄方式或社会保险方式的养老金制度，但是唯一得到实现的就是 1975 年工党政府的强制储蓄保险型超级养老金制度，不过很快也寿终正寝。

第五节　普惠型超级养老金制度的确立

在 20 世纪 70 年代，新西兰社会保障制度中最慷慨的项目当属超级养老金。皇家社会保障调查委员会坚持对老年人的保障实行家计调查和普惠相结合的双轨制度。对老年人实行双轨制的养老保障制度始于 1938

---

[1] Richard Disney and Paul Johnson, *Pension Systems and Retirement Income across OECD Countries*, Northampton: Edward Elgar Publishing, 2001, p. 14.

[2] Keith Sinclair, *A History of New Zealand*, Auckland: Auckland University Press, 1991, p. 316.

年，直到 1972 年。老龄津贴是为年龄 60 岁以上比较贫穷的老年人设定的，需要进行家计调查，但无需缴税。而超级养老金制度是面向年龄 65 岁以上所有老年人，无需家计调查。截至 1972 年，大约有一半的老年人得到了超级养老金，而另一半人领取的是老龄津贴，这两类养老金的支出占社会保障全部支出的 55.4%。①

1975 年 12 月 12 日，国家党领袖罗伯特·马尔登上台，1973 年马尔登曾在海外访问，并与其他国家的养老金制度进行比较，马尔登本人对家计调查的老龄津贴持反对的态度，这也是国家党获得老年人支持的原因。在大选之前，志愿者通过入户宣传国家党的政策了解到新西兰民众对家计调查的老龄津贴的厌恶。1977 年国家党政府用普惠型的国民超级养老金（National Superannuation）取代了工党政府的储蓄保险型超级养老金制度。

国家党的普惠型超级养老金制度产生了巨大的吸引力，它取代了之前养老保障制度的双轨制，采用无需家计调查的统一的养老金制度。普惠型超级养老金制度赋予每个 60 岁以上的男女平等的权利，超级养老金的资金通过一般的税收筹资，对于居住时间满 10 年以上的 60 岁以上的老年人发放统一的养老金，不需要接受个人财产的调查，成为完全普惠式的非缴费型的养老保障制度。1977 年普惠型超级养老金的标准是夫妇平均每周税前工资的 70%，1978 年达到 80%。单身男女的退休金为每周税前工资的 48%。养老金标准每年随着工资的增长调整两次。普惠型超级养老金废除了对申请者的财产审查，对管理者来说更加容易管理。

对那些还有其他收入来源的老年人来说，普惠型超级养老金使他们成为“新的富裕阶层”，他们的消费水平是惊人的，很多人出国旅行。没有其他收入来源仅仅依靠超级养老金生活的老人，大约占老年人总数的 31.9%，他们的养老金的水平还是不够的，不足以应对通货膨胀。20 世纪 70 年代末，通货膨胀高达 15%—16%，到 1979 年达到 18%。通货膨胀不仅腐蚀了增长的那部分养老金，而且也使老年人一生的储蓄贬值。政府一年两次的养老金调整频率是远远不够的，增加的部分养老金被不

---

① Palmer Geoffrey, *The Welfare State Today: Social Welfare Policy in New Zealand in the Seventies*, Wellington: Fourth Estate Books, 1977, p. 81.

断增长的房租、电话费、医生账单及实物抵消了。

国家党政府在制定国民超级养老金制度时，并没有对老年人的实际生活进行调研，也没有对新西兰人口的未来发展动态以及养老金的成本问题进行科学的论证，仅仅凭借的是政治上的热情和政治需求来决定养老金的内容，结果导致养老金的支付费用急剧地增长，带来了政府和公众的不安。社会福利部批评"国民超级养老金成为一个负担——这是国家党的最大错误"。社会福利部三次要求政府对国民超级养老金进行修改，但都遭到总理马尔登的拒绝。根据财政部的计算，国民超级养老金比原来的老龄津贴和超级养老金之和还高出三分之一的费用。1978 年至 1979 年的国民超级养老金的花费比原来老龄津贴和超级养老金之和还多出 4.28 亿新元，1979 年至 1980 年多出部分高达 5.43 亿新元。[1]

很明显，新西兰的国民超级养老金水平相对于其他国家来说是更加慷慨和优厚的，老年人达到 60 岁就可以享受国民超级养老金，这个年龄资格条件设定得比较低，如澳大利亚和美国，无财产审查的养老金年龄要求达到 70 岁，英国和瑞典要求达到 65 岁。而且，新西兰国民超级养老金的给付水平是平均工资的 80%，美国是 49%，澳大利亚是 40%，英国和瑞典分别是 38% 和 32%。截至 1981 年，新西兰国民超级养老金的花费是巨大的，占政府支出的 17.3%，而澳大利亚和英国分别是 11.1% 和 11.3%。[2] 1979 年新西兰计划委员会（New Zealand Planning Council）建议对国民超级养老金进行削减，建议延长领取养老金的年龄至 62 岁。[3] 但是没有对退休年龄进行评估。

年轻一代对维持社会保障制度而缴纳的高额税很是痛恨，很多技术工人离开新西兰去往其他国家。有人给社会福利部官员写信：

> 我写信的目的是建议减少国民超级养老金的支出。我和我的朋友一样面临供养家人的生活压力，国库对 60 岁以上的人如此慷慨，

---

[1] Margaret McClure, *A Civilised Community: A History of Social Security in New Zealand, 1898 – 1998*, Auckland: Auckland University Press, 1998, p. 194.

[2] Margaret McClure, *A Civilised Community: A History of Social Security in New Zealand, 1898 – 1998*, Auckland: Auckland University Press, 1998, p. 195.

[3] New Zealand Planning Council, *The Welfare State? Social Policy in the 1980s*, Wellington: New Zealand Planning Council, 1979, p. 85.

这些老人没有贷款，没有供养孩子的压力。

　　我们属于中产阶层，收入很高，但是其中纳税占到了总收入 40%，贷款利息也提高了，我的妻子为了看管孩子没有出去工作。[1]

到 1981 年，国民超级养老金已经实施 4 年，其支出也翻番了。1983 年新西兰国民养老金的总花费是 24 亿新元，国民超级养老金的领取人数也增长了 28%，从 1976 年到 1978 年，国民超级养老金的支出上升了 69%，占 GDP 的比重从 1971 年的 3% 增加到 1976 年的 4.2%，到 1980 年又提升到 6.9%，占整个社会保障支出的 65.4%。国民超级养老金成为政府预算中成本最高的单项支出。[2] 不断膨胀的国民超级养老金不仅增加了国家的财政压力，也导致了老年人与其他群体的社会保障资源分配的失衡。

1982 年政府面临巨大的财政赤字，不得不计划削减社会保障支出的 3%，主要削减的项目是教育和住房的支出。国民超级养老金占政府预算支出的 17%，成为最大的一笔支出。很明显，不能再无视国民超级养老金的不断增长了。各种节约开支的办法被提出来，政党会议认为应该向那些最富有的超级养老金的受益人征收附加费；也有人提出把 64 岁以下的全日制就业的劳动者（大约占老年人口的 12%）排除出国民超级养老金。这两项建议预算估计每年会节约 2100 万新元的支出。但削减国民超级养老金的建议遭到了总理马尔登的反对，最终，在国家党执政时期削减国民超级养老金的计划没有实施。

第六节　社会保障制度危机的显现

战后西方资本主义世界是凯恩斯主义大行其道的时代，进入 20 世纪 70 年代后，资本与劳动力的平衡关系发生了变化，经济的滞胀，失业增加，使得福利国家经济理论从凯恩斯主义向新经济自由主义理论转变，新经济自由主义理论在西方国家的政治和经济社会中占据了主导的地位。

---

[1]　Margaret McClure, *A Civilised Community: A History of Social Security in New Zealand, 1898 – 1998*, Auckland: Auckland University Press, 1998, p. 195.

[2]　David Preston, *Retirement Income in New Zealand: The Historical Context*, Commissioned by The Retirement Commission, Dec. 2008, pp. 11 – 14.

新经济自由主义推崇自由贸易、自由市场，反对政府的干预，反对福利国家的建设，主张个人自我负责的理念，对各国社会保障制度的发展都产生了深远的影响。

一　20世纪70年代末的经济状况

在20世纪70年代末，新西兰对国家持续富裕的自信心已经摇摇欲坠了。1973年的第一次石油危机带来农产品出口价格的大幅度下降，出口贸易下降46%。第二次石油危机发生在1979年，滞胀情况进一步恶化。在1975年至1984年，总理罗伯特·马尔登制定了一项名为"大思维"的经济战略，以新西兰丰富的天然气为基础建立了大规模的工业工厂，以减少新西兰对石油进口的依赖，生产了一系列新的出口产品，如氨水、尿素肥料、甲醇和汽油等，并更多地使用电力。不幸的是，这些"大思维"项目需要大规模的借贷才能开始，公共债务从1975年的42亿新元飙升至马尔登离任时的219亿新元，在马尔登离任时，新西兰的通货膨胀依然很严重，在整个20世纪80年代的平均通货膨胀率达到11%。[①] 经济的衰退带来失业率迅速攀升，并且持续的时间较长，很多家庭需要经济帮助和紧急住房。

经济的严峻情况带来了两个特别重要的影响。首先，进一步加剧了阶级的冲突，阶级冲突从20世纪60年代就开始了。当企业的利润下降，投资新工厂和新设备的雇主减少了，劳动生产率也停止增长，并且雇主不降低利润的话也雇不起工人，这不仅仅增加了劳资纠纷的痛苦，而且也导致了很多企业家支持新经济自由主义政策。

其次，长期经济繁荣的崩塌以及长期经济滞涨的出现使得第三届国家党政府（1975—1984年）越来越困难，巨额的经济赤字带来失业率的不断增长，使越来越多的人依靠社会保障制度的资助。1965年仅仅有208人领取失业津贴，相比之下1992年得到失业津贴的有170367人，2003年是168377人。[②] 与此同时，长期的经济滞胀也减少了税收的基

---

① B. S. Roper, *Prosperity for All? Economic, Social and Political Change in New Zealand since 1935*, Melbourne：Thomson, 2005, pp. 4 – 5.

② B. S. Roper, *Prosperity for All? Economic, Social and Political Change in New Zealand since 1935*, Melbourne：Thomson, 2005, p. 141.

数，因为社会保障受益人比就业者纳税少。同时，企业利润的降低也使企业主们更加肆无忌惮地逃税。国家党政府面临的选择是增加税收，但国家党的核心选民是不欢迎的，国家党的支持者一般是企业家、农场主、城市里专业技术人士、管理者。更严重的是要么削减社会保障支出，要么继续维持财政赤字，而马尔登政府选择了后者，结果导致政府的净债务大大增加了，从 1974 年的 4.09 亿新元增至 1984 年的 11.03 亿新元，到 1992 年增长到 37.674 亿新元。[①]

马尔登政府允许政府债务的增加，因为按照凯恩斯主义的经济理论，预算赤字将刺激社会需求，推进经济增长，并减少失业。不幸的是，这个理论没有发生作用，在 20 世纪 70 年代的后半期和 80 年代早期，滞胀，也就是低增长和高膨胀成为资本主义世界的最大问题，新西兰也是如此。凯恩斯主义理论似乎不再合理，很多经济学家认为凯恩斯的宏观经济管理理论失败了，像史密斯所说的："凯恩斯主义理论不能很好解决膨胀问题，凯恩斯政策实际上是膨胀的原因。"[②]

二　社会保障制度的严峻挑战

经济的恶化导致福利申请人数的增多，社会福利部的地方官员在处理"新穷人"的能力上也是有限的，很少有工作人员在处理事务方面是专业的，有经验的工作人员很快进入管理层，面见福利申请人的多是刚刚离开学校的，没有什么经验，因此，福利申请者是不满和敌意的。

失业者申请失业津贴需要很多行政程序，也让他们感觉很丢脸；首先被要求到劳工部请求工作，接着到社会福利部申请津贴。大多数地方机构人满为患，挤满了失去工作的人。

政府对 20 世纪 70 年代末期失业救济的支出是比较紧张的，在经济繁盛的年代，由于充分就业的实现，社会保障支出较少，而在经济不景气的时代，众多的失业者在等待政府的帮助。对那些单身的男女、无需供养孩子的夫妇来说，失业津贴的标准也遭到削减。1982 年有预测失业

[①]　Mike O'Brien, *New Zealand*, *New Welfare*, South Melbourne: Cengage Learning Australia PTY Limited, 2008, p. 13.

[②]　J. Smithin, *Macroeconomic after Thatcher and Reagan*, Aldershot: Edward Elgar, 1990, p. 13.

状况在未来会进一步恶化的可能。

20 世纪 70 年代末期严峻的经济环境，不断增长的受益人口促使政府对社会保障的慷慨行为进行重新评估。社会保障的高额支出增大了对社会保障资源的竞争，也加剧了老一代与年轻一代、单亲或双亲家庭、在职工人与失业者之间的紧张。而皇家社会保障调查委员会重点支持孩子和家庭。在 20 世纪 70 年代末，很多年轻人失去了工作，子女津贴的给付标准较低，单亲父母津贴遭到了广泛的不满与怨恨。

社会保障受益人人数的增长带来社会保障支出的攀升，引起了社会广泛的不安，到 1984 年，不断增长的社会保障支出更加引人注目，失业率节节攀升。单亲父母津贴每年的支出也翻番了，从 1980 年到 1984 年，单亲父母津贴支出从 1.694 亿新元增加到 3.8 亿新元。[1] 当然，支出花费的提高部分是因为通货膨胀。失业津贴和单亲家庭福利津贴的受益人人数也从 1980 年的 4000 多人增长到 1984 年的 100000 多人。[2]

图 5 - 1 是 1970—1984 年失业津贴和单亲父母津贴受益人人数的增长变化。从中可以看出，从 20 世纪 70 年代末期开始，失业津贴和单亲父母津贴两项支出增长幅度明显加快。

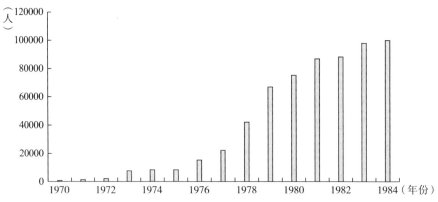

图 5 - 1　1970—1984 年失业津贴和单亲父母津贴受益人人数变化

资料来源：Annual Reports of the Department of Social Security and Department of Social Welfare，*AJHR*，p. 9。

---

[1]　Michael O'Brian，*Poverty，Policy，and the State：The Changing Face of Social Security*，Bristol：The Policy Press，2008，p. 19.

[2]　Annual Reports of the Department of Social Security and Department of Social Welfare，*AJHR*，p. 7.

在整个 20 世纪 70 年代，政府一直纠结于一个问题，那就是政府是否有足够的财力为所有的公民提供福利保障。1969 年前国家的社会保障应该是慷慨的，然而现在的问题是：国家是否过度慷慨了？社会保障制度可以持续发展吗？1976 年的经济和社会发展计划报告《新西兰在拐点》认为将来的社会政策应该比任何时候都更要考虑国家是否负担得起福利的问题。[①] 1979 年新西兰计划委员会展望将来发展时用了一个带问号的题目《福利国家？80 年代的福利政策》，表达了这样的观点 "是时候思考政府在健康、教育、津贴等社会福利支出增长的效率问题了"。[②] 新西兰计划委员会建议停止对传统福利国家社会保障支出的增加。新西兰计划委员会反对通过对个人征收高额税收来维持社会保障的高标准，并且认为所有扩大的福利支出不会使新西兰成为一个更好的社会。

政府对社会保障费用支出的反对以及对家庭结构巨大变化的担忧是同步的，婚前出生人口增多，孩子出生在双亲家庭的并不多，离婚率不断增长，这意味着有更多的孩子生活在单亲家庭中，婚前人口出生率在 1979 年达到了全部出生人口的 20.9%。[③] 这些家庭的母亲很少得到父亲的供养支持。社会福利部强烈支持单亲父母津贴（DPB），但是也担心如果立法对这些弱势家庭进行保护会进一步恶化家庭结构。社会福利部官员认为个人而不是国家应该对自己的孩子承担更大的责任。社会工作者经常观察到婚姻解体后的父母为争取抚养权的战斗，"离异家庭中的很多孩子被伤害，被带到另一个地方，孩子本应得到稳定、有保障的照顾"。[④]

1972 年皇家社会保障调查委员会希望在穷人和富人之间做出一个平衡。但是社会保障制度本身已经无法平衡受益人在津贴方面的不平衡了。老年人成为赢家，因为社会保障的大部分资金给了他们。[⑤] 社会保障津

① Department of Social Welfare, *New Zealand at the Turning Point*: *Report of the Task Force on Economic and Social Planning*, Wellington: Department of Social Welfare, 1976, p. 101.

② New Zealand Planning Council, *The Welfare State? Social Policy in the 1980s*, Wellington: New Zealand Planning Council, 1979, p. 5.

③ New Zealand Planning Council, *The Welfare State? Social Policy in the 1980s*, Wellington: New Zealand Planning Council, 1979, p. 5.

④ Linda Gordon, *Women, the State, and Welfare*, Madiison: University of Wisconsin Press, 1990, p. 85.

⑤ Geoffrey Palmer, *The Welfare State Today*: *Social Welfare Policy in New Zealand in the Seventies*, Wellington: Fourth Estate Books, 1977, p. 6.

贴中的一半给了占人口 15% 的老年人，享有子女津贴和单亲父母津贴的占人口的 24%，但占到了社会保障支出的 18%。① 大多数的反对者反对单亲父母津贴和失业者救济金，当社会保障支出增长时，他们成为敌对和不安的目标。社会福利部官员乔治（George Gair）谈到了当时的对抗：
"失业是新的现象，并且，一代或两代人不知道这个词的含义。单亲家庭津贴的受益人被看作侵犯社会和财产的，他们也是一个新现象。"②

20 世纪 80 年代早期，国家党政府设法引入一些措施来控制不断增长的社会保障支出。在 1979 年的预算中，5500 万新元的资金用来促进就业。1982 年政府引入了培训刺激津贴（Training Incentive Allowance），目的是鼓励那些依赖于单亲父母津贴的女性通过培训能够重新就业。1980 年的一项研究表明这些女性是渴望通过工作接触社会的。③ 培训刺激津贴的标准较低，也是短期的，不能有效地阻止那些养育孩子且没有多高教育水平的母亲获得足够的钱来支持家庭。在农村地区，高失业率意味着没有多少就业的前景。接受培训津贴的人也很少，政府希望大约有 2500 名申请者，但在 1984 年仅仅 294 人申请该津贴。1983 年国家健康和社会福利核心会议考虑削减已婚母亲享有的单亲父母津贴（DPB），但最终还是放弃了。

政府成功地实施了有责任父母贡献计划，该计划要求父亲对单亲母亲和孩子提供支持，强调了父母对家庭的责任，雇主被责令从雇员的工资里扣除一部分作为维持家庭的费用。④

政府的目的是设法控制社会保障支出的过快增长，但是削减社会保障支出的措施仍是不容乐观的。公众对社会保障的期望还寄托在 20 世纪 70 年代初普遍流行的社会保障的定位原则"参与感和归属感"上，即使在经济艰难的 20 世纪 80 年代，公众的这种期望值仍然很高。社会保障

---

① Geoffrey Palmer, *The Welfare State Today*: *Social Welfare Policy in New Zealand in the Seventies*, Wellington: Fourth Estate Books, p. 6.

② Geoffrey Palmer, *The Welfare State Today*: *Social Welfare Policy in New Zealand in the Seventies*, Wellington: Fourth Estate Books, p. 6.

③ Margaret, McClure, *A Civilised Community*: *A History of Social Security in New Zealand, 1898 - 1998*, Auckland: Auckland University Press, 1998, p. 208.

④ Rice Geoffrey, *The Oxford History of New Zealand*, Auckland: Auckland University Press, 1992, p. 485.

制度已经变得混乱、支出压力大，需要重新评估和理解国家与个人之间的关系。

小　结

进入 20 世纪 70 年代后，新西兰政府对社会保障制度进行了重新评估和定位，皇家社会保障调查委员会试图通过社会保障制度推进新西兰公民的社会"参与感和归属感"，在这样的定位和指导下，无论是工党政府还是国家党政府都极力扩张社会保障制度。工党政府推出的储蓄保险型超级养老金制度遭到整个社会的反对，很快寿终正寝。国家党政府扩大了意外事故保险的覆盖范围，实施了普惠的子女津贴计划和普惠型国民超级养老金计划，社会保障进入了前所未有的慷慨阶段。

20 世纪 70 年代后，整个国际经济形势持续恶化，西方发达国家的社会保障制度大都呈现紧缩的状态，而新西兰却大张旗鼓地扩张社会保障制度，带来的后果是社会保障受益人增多，社会保障支出大幅度攀升，加重了财政的负担，影响了经济的发展。

从 20 世纪 70 年代末开始，新西兰的经济出现衰退，经过十多年的社会保障制度的扩张，国家已经无力负担不断增长的社会保障花费，需要对社会保障制度进行新的审视和调整，社会保障制度进入改革阶段。

第六章　新自由主义时期新西兰社会保障制度的激进变革（1984—1998 年）

1984 年以来主张削减社会保障支出、弱化政府角色、强化私有产权和自由竞争的新自由主义思想相继被一些西方资本主义国家所实践。新自由主义福利思想的特征是自由市场、改革税收、改革公共政策等。新自由主义思想以弗里德曼等经济学家为代表，对福利国家的发展及产生的问题进行了深刻的剖析。在新自由主义经济学家看来，原有的社会保障制度使人们养成了依赖政府的习惯，降低了人们工作的积极性，最终削弱了经济的发展，认为只有通过市场的力量，强化人们工作的责任才能解决福利国家的财政危机。这些观点为福利国家社会保障政策的调整提供了理论上的依据。

根据世界银行 1994 年的统计数据，1975 年至 1985 年，新西兰的经济增长率开始下降，平均下降率为 1.79%，物价指数增长加快，平均增长率为 13.16%，曾经 GDP 名列世界第五位，降到了第 20 位。政府的公共债务与十年前相比增加了 18 倍。加上通货膨胀率 15%，政府的财政状况不断恶化。[①] 传统的社会保障制度的弊端也逐渐显现出来，经济上的衰退使得政府无力支撑慷慨的福利项目，面对国际竞争的压力，新西兰也走上了社会保障制度的改革之路。

在激进的经济结构调整的背景下，"在对新西兰经济的各个方面进行全面改革的背景下，社会保障体系也不可避免地受到关注。而且，由于更广泛的改革主要集中在效率问题上，所以这种改变不可避免地与社会保障支出的高效定位密切相关"。[②]

---

① World Bank, *World Development Report 1994*: *Infrsructure for Development*, Oxford: Oxford University Press, 1994.

② Ross Mackay, "The New Zealand Model: Targeting in an Income-Tested System", in Neil Gilbert (eds.), *Targeting Social Benefits*: *International Perspectives & Trends*, New Brunswick/London: Transaction Publishers, 2001, p. 9.

新西兰政府主导的投资模式和保护主义的做法自 1935 年以来就已经成为一种社会准则，但是这种做法也导致了政府对经济的过度管制和行政权力的滥用。进入 20 世纪八九十年代，新西兰面临经济和社会政策方面的剧烈变动，在马尔登政府下台后，对执政的工党内阁来说，改革势在必行。

新西兰在过去的一百多年中经历了三次重大的经济冲击，19 世纪后期的大萧条，20 世纪 30 年代的经济危机，以及石油输出国组织成立后的石油危机和 20 世纪 70 年代英国加入欧共体。每个阶段都对新西兰的经济和社会政策产生了重要的影响。而新西兰政府对前两次经济危机的回应是发展经济和采取社会举措，以保护新西兰经济免受国际经济危机的影响，对第三次危机的回应是 1984 年的工党政府通过政府补贴、关税和其他手段来保护新西兰经济，并为普通新西兰人提供充分就业和相对繁荣的经济环境。

在 20 世纪八九十年代，经济政策的改革与社会政策改革是紧密相连的，工党政府及继任的国家党政府开始对社会保障制度进行评估，新的社会保障制度改革进程开始启动。历史学家迈克尔·贝尔格雷维认为，"在这个改革时代，政府开始把新西兰人看作消费者——具有各种特殊需求的人，可以通过允许他们在公开市场上行使自由选择权来满足他们的需求"。[①] 就福利供应而言，这意味着政府不得不解除福利服务的制度化，将这些服务的责任移交给社区，从而为福利提供一个更加多元化的市场。新自由主义时代政府已从充分就业和普遍福利政策转向更有针对性的制度。改革方案偏袒家庭，特别是工薪家庭，旨在刺激受益人进入劳动力市场。[②]

在努力推进社会保障制度改革的过程中，工党政府和国家党政府都要思考如何改变公众 50 多年来养成的根深蒂固的福利期望。这十年是特别的十年，政府设法削减社会保障的支出，结果带来个人无保障情况的增加，公众的抗议不满增多，以至于在 20 世纪 90 年代末出现了大量的

---

① Michael O'Brien, *Poverty, Policy, and the State: The Changing Face of Social Security*, Bristol: The Policy Press, 2008, p. 215.

② Raymond Miller, *New Zealand Politics in Transition*, Auckland: Oxford University Press, 1997, pp. 256 – 267.

底层阶层。虽然这些底层阶层的出现与社会保障滋生的依赖性有关，但更重要的是由新自由主义的福利改革和政府放松对劳动力市场的管制造成的。换句话说，新自由主义制造了贫穷，造成了底层阶层的扩大。

20世纪80年代末新西兰失业率上升，人口老龄化加速，老年人口增多，单亲家庭数量增长较快，较低的工资水平很难支撑一个家庭。在这个艰苦的年代，普惠主义的社会福利政策被看作奢侈和过度的，社会保障的目标紧缩为帮助"最需要的人"。

1990年11月2日第四届国家党执政，继前一届工党政府的脚步之后，国家党政府采取了更加深入的政策调整，开始了大规模削减福利开支的计划。总理詹姆斯·布伦丹·博尔格（James Brendan Bolger）声称"新西兰一直拥有世界上慷慨的社会保障制度，现在已经负担不起了"。[1]1991年政府的财政预算方案取消了子女津贴，收紧了以家庭经济情况审查作为福利的资格条件，以便使福利更加针对真正需要的人。政府推进更加严格的工作道德，倡导积极公民权和自力更生的观念。体现在具体政策上，国家党政府于1990年12月出台经济与社会行动计划，降低超级养老金水平，改革医疗保健制度，推行市场化租金的政府公房改革，进一步削减家庭津贴等，建立适度的社会安全网。

新自由主义时期的社会保障政策导致了对普遍性、制度化的社会保障的削减，降低福利津贴的水平，虽然一定程度上缓解了国家的财政危机，但是也带来了消极的影响，使公民又回到了对国家严重依赖的境地。

第一节　社会保障制度的新方向

1984年，在弗里德里希·哈耶克和米尔顿·弗里德曼思想理论的影响下，西方大国领导层的政策发生了变化，撒切尔和里根相继推行了供给学派经济学、去政府化和反工会的政策。这股"新右派"的政治力量强势进入了新西兰，对新西兰的经济产生了巨大的影响，国家撤销经济

---

[1] James Bolger, *Economic and Social Initiative-December* 1990: *Statements to the House of Representatives*, Wellington: Government Print, 1990, p. 10.

管制，实行私有化，很多企业和公共部门重组，大规模裁员，带来了收入的更加不平等和失业率增加等问题。新自由主义对"福利依赖"的政治批评愈演愈烈，其中被诟病最多的是因社会保障权利而丧失自力更生的能力。在新自由主义影响下，社会保障政策受到排斥，福利分配越来越趋向条件化、测试化。

一　经济与政治因素

1984 年以戴维·朗伊（David Lange）为首的第四届工党政府上台，面临挽救新西兰经济并使其适应现代化的需要。工党政府放弃了凯恩斯理论对宏观经济的管理，从国家对经济的干预和保护理念转向放松对经济的管制，政府监管和补贴松动，国有企业私有化，工党政府转而通过紧缩货币政策来抑制通货膨胀。

当然，这里有一个问题要解释，为什么工党政府放弃了历史上工党的发展理念转而在政治、经济和社会保障政策上推行新经济自由主义呢？除了国际经济发展因素的影响外，主要从新西兰内部管理机构的设置看，新西兰的议会实行一院制，允许财政部和内阁总管社会经济的发展，财政部实际上是新西兰政策的制定者，财政部长的权力仅次于总理。内阁负责把各方面的统计数据汇总给总理，总理处理各式各样的事务，有效地掌管整个政治过程。因此，总理是完全依靠财政部来决定经济政策的，总理戴维·朗伊的经济政策源于财政部长道格拉斯的经济思想，道格拉斯主张工党在 1984 年重建新西兰经济，实行经济的转型。正像简森（Jesson）所评论的："第四届工党政府的主要经济政策不是来源于工党本身，更多地受到了外部因素的影响，这个外部因素就是财政部的建议。"① 财政部对社会政策的关注开始转型，强调个人的责任和"小政府"，对社会福利进行限制。财政部认为皇家社会保障调查委员会确定的社会保障的"参与感和归属感"原则应该被重新检视，应转向重点鼓励就业和自立。②

---

① B. Jesson, *Fragments of Labour：The Story behind the Fourth Labour Government*, Auckland：Penguin, 1989, p. 11.

② New Zealand Treasury, *Govement Management：Brief to the Incoming Govement*, Wellington：Government Printer, 1987, p. 10.

　　工党政府的自由化改革使劳资关系体系发生了重大变化，公众参与公益事业已经商业化，随后对国有企业进行私有化改革，对核心公共部门的组织和管理进行了重大改革。这些措施促进了 20 世纪 80 年代中后期劳动生产率的大幅提高，以及 20 世纪 80 年代后期 90 年代初期的通货膨胀率大幅下降（到 1992 年初时不到 1%）。然而，新西兰的经济仍然疲软，实际国内生产总值在 1987—1992 年下降了 0.3%。① 经济表现低迷促使失业率迅速上升，1990 年超过 10% 的劳动力失业。

　　1990 年 10 月国家党政府上台后，经济状况更加不容乐观，财政部的赤字预测很悲观，预计 1991 年至 1992 年财政赤字约为 37 亿新元（占国内生产总值的 4.8%），1993 年至 1994 年增加到 52 亿新元，占国内生产总值的 6.3%。② 显然，政府难以维持如此大规模的财政赤字。

　　国家党政府应对这一财政困境的战略至少受到两个主要因素的影响：新自由主义的社会和经济理念，以及国家党赢得金融市场信心的愿望。新西兰财政部长鲁思·理查森（Ruth Richardson）认为，"国家处于长期超支状态"，问题的核心是"政府支出的沉重负担"。③ 为了维持社会服务和减少预算赤字，不可能增加税收，相反，支出需要大幅度削减，国家在社会福利、医疗保健和教育方面的支出占国家自主支出的 75% 以上。这种战略不可避免地意味着"社会保障支出的大幅减少"。④ 国家党政府批评了第三届工党政府慷慨的社会保障政策，认为"很多受益人的福利收入比工薪阶层的工作收入都高"。⑤ 国家党政府认为现行的社会保障政策鼓励国民对国家的依赖，那些获得国家社会福利援助的人是可以并且应该自己来支付，因此，政府需要对社会保障资金进行重大的改革。引用鲁思·理查森的话：

---

① R. Richardson, Budget 1992 - B6 [Pt. 1], 1992, Wellington: GP Print, p. 43.

② R. Richardson, Budget 1992 - B6 [Pt. 1], 1992, Wellington: GP Print, p. 43.

③ James Bolger, *Economic and Social Initiative-December* 1990: *Statements to the House of Representatives*, Wellington: Government Print, 1990, p. 17.

④ James Bolger, *Economic and Social Initiative-December* 1990: *Statements to the House of Representatives*, Wellington: Government Print, 1990, p. 20.

⑤ James Bolger, *Economic and Social Initiative-December* 1990: *Statements to the House of Representatives*, Wellington: Government Print, 1990, p. 19.

一般来说，那些具有合理手段的个人和家庭应该关注自己的需求。作为一项宽泛的原则，预计所有收入者中前三分之一的人可以承担其社会保障的大部分费用。[①]

更普遍的是，国家党政府认为那些接受社会福利援助的人应该向"参与感和归属感"这一传统社会保障原则挑战。但是，也有人认为，国家应该为那些不能满足自己需要的人提供一个"适度的社会安全网"。[②] 实际上，这意味着那些依靠国家福利支持的人应该更多地依靠他们的家庭网络和志愿机构。国家党政府质疑现有的社会保障制度特别是医疗保健和住房援助的效率和有效性，认为这些被保障的用户缺乏选择，并对过度依赖社会保障制度的状况表示担忧。

特别在 20 世纪 90 年代的前半期，可以被看作"自大萧条以来新西兰福利国家最彻底的重塑"。[③] 在相对较短的时间内，保守派政府在两个方面发生了重大变化。首先，社会福利权利在结构和水平上发生了变化，其目标是将福利国家转变为有需要的"适度安全网"。其次，提供福利和服务的方式在许多领域发生了相当大的变化，符合承诺提高效率的理论模型。

二 社会保障政策的变化

从 20 世纪 30 年代到 70 年代末期，新西兰的社会保障政策侧重于与就业相关的福利而不仅仅是直接提供国家援助。经济增长和充分就业为普通新西兰人提供了双重的经济安全保障。

20 世纪 70 年代通过向国外大量借贷维持了充分的就业，对进口的高关税隔绝了无效经济与世界的竞争。政府对农民实行保护补贴，政府对无利润企业通过税收减免方式进行补贴。充分就业是通过对企业的保护来维持的，过度就业一般是在国有的煤矿、铁路、林业等行业。公众对政府寄予了过高的期望，政府在教育、健康、社会保障等方面的支持导致社会服

① James Bolger, *Economic and Social Initiative-December* 1990: *Statements to the House of Representatives*, Wellington: Government Print, 1990, p. 20.

② J. Shipley, *Social Assistance*: *Welfare That Works*, Wellington: GP Print, 1991, p. 13.

③ Jonathan Boston and Paul Dalziel (eds.), *The Decent Society? Essays in Response to National's Economic and Social Policies*, Auckland: Oxford University Press, 1992, pp. 15 – 16.

务的花费从 20 世纪 50 年代占 GDP 的 13% 增加到 20 世纪 70 年代末占 GDP 的 23%。当国家在 1984 年失去了支持的力量时，国家的财政预算赤字高达 3 亿多新元。① 拉德（M. Rudd）评价了 20 世纪 80 年代的经济危机对新西兰社会保障制度的影响："经济危机带来了巨大的压力，因为它刺激了对国家福利服务的需求（归因于失业率上升），同时也侵蚀了税收的基础（因为个人失业，企业利润下降）。"② 因此，国家已经无力增加福利支出甚至维持现状都难。

政策的制定者认为继续保持 20 世纪 70 年代社会保障的慷慨水平是很吃力的。在 1979 年初，新西兰计划委员会感到非常担忧，"福利国家面临的问题是不可能停止以前的做法"。③ 紧缩公众的福利花费也是困难的：社会和人口的变化，并且退休老年人、单亲家庭和失业人口的增多导致社会保障支出的增加。1984 年上台的新工党政府面临的是一个即将破产的经济，因此，工党总理戴维·朗伊倡导变革。

在这个新时代，过去的关于经济和社会福利的安排被看作失败的，政府在社会保障上的花费不仅是太多了而且是无效率的。工党政府的国家责任观点与财政部坚持政府的支出应该有上限的论调是保持一致的。1984 年重返政治舞台的工党任命罗杰斯·道格拉斯（Roger Douglas）为新的财政部长，他的思想与财政部的紧缩福利支出观点如出一辙。

1984 年工党政府上台后实行的经济重建计划并没有取得实质的效果，经济状况持续下滑，图 6 - 1 显示新西兰从 1984 年 3 月到 1990 年 9 月的经济增长情况。经济每况愈下，没有任何增长的迹象。经济的不景气导致失业人数翻番，从 1984 年到 1990 年，失业人数从 50136 人增至 139626 人，失业津贴的支出也从 1984 年的 1.95 亿新元增至 1990 年的 12.35 亿新元。④ 图 6 - 2 是失业津贴受益人人数的变化。从中可以看出，

---

① Keith Sinclair, *A History of New Zealand*, Auckland: Oxford University Press, 1991, pp. 319 - 323.

② M. Rudd, *State and Economy in New Zealand*, Auckland: Oxford University Press, 1993, p. 224.

③ New Zealand Planning Council, *The Welfare State? Social Policy in the* 1980*s*, Wellington: New Zealand Planning Council, 1979, p. 26.

④ Department of Social Welfare, *Statistical Information Report*, Wellington: Department of Social Welfare, 1993, pp. 7 - 8.

1993 年的失业率达到顶峰，1996 年跌至 7 年来的新低。财政部预计 1997 年和 1998 年失业人数会继续增加，将一直持续到 1999 年。失业人数的持续增长很大一部分是因为亚洲金融危机。失业成为新西兰人生活中常见的事情，从 1975 年到 1993 年的近 20 年间，失业问题从一个小小的社会问题演变成了新西兰面临的最重要的问题之一，加之政府慷慨的国民超级养老金支出和单亲父母津贴支出，社会保障总支出从 1984 年的 40.49 亿新元增至 1990 年的 103.2 亿新元。

经济的衰退、失业率的增高、社会保障支出的攀升直接导致了工党政府的下台，1990 年 10 月国家党上台，在国家党执政的 8 年间，进行了一系列激进的社会保障制度改革。

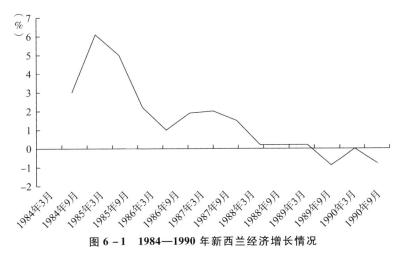

图 6 - 1　1984—1990 年新西兰经济增长情况

资料来源：P. Dalziel, *The New Zealand Macroeconomy: A Briefing on the Reform*, Bristol: The Policy Press, 1999, p. 79。

与社会保障支出的增长进行斗争是西方福利国家改革的普遍特征，新西兰的改革方向与西方国家的新经济自由主义方向是一致的。像财政部声称的，"把国家看作幸福的源泉是错误的"。[①] 政府在社会政策上的紧缩是要通过缩小福利支出的目标实现的。财政部长道格拉斯概括了几个基本原则："首先资助的主要目标是帮助那些真正需要帮助的人；其次，应该激励福利的受益者不要依赖福利而应该出去就业；再次，福利

---

① New Zealand Treasury, *Government Management: Brief to the Incoming Government*, 1987, Vol. I, Wellington: Government Printer, 1987, p. 394.

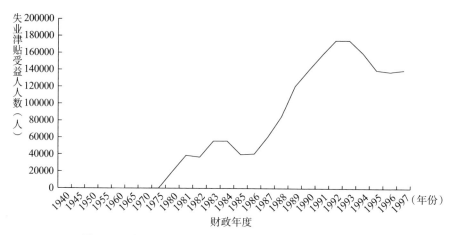

图 6 - 2　新西兰 1940—1997 年失业津贴受益人人数变化

注：20 世纪 40—70 年代是新西兰经济发展的黄金时期，实现了充分就业，失业率很低，每年大约有几十人，图中显示不出来。

资料来源：David Knutson，*Welfare Reform in New Zealand*：*Moving to a Work-based Welfare System*，the Sponsors of the Ian Axford New Zealand Fellowship in Public Policy，Wellington，August，1998，p. 32。

资助应该是有效率的。"① 伴随着政策的调整，一些特殊的社会政策出现了，超级养老金超过 5200 新元的每一新元有 25 分的附加费；不满 18 周岁的没有资格申请失业津贴；增加了低收入者住房抵押贷款的利率；改革健康福利制度；等等。

　　从 1982 年至 1984 年，由于政府实行了工资冻结政策，劳动者的工资标准没有变化，但是，政府随着消费价格指数（CPI）的变化而上调了社会保障津贴的给付标准，导致的结果是从 1980 年到 1991 年福利津贴的给付标准竟然高于最低工资的水平（见图 6 - 3）。这是非常不合理的现象，社会最低工资是劳动者在法定的工作时间内完成了额定的工作量后雇主支付的最低工资收入，最低工资的标准一定要高于社会福利金标准，如果福利津贴标准高于当地最低工资，就会导致更多的人依赖于社会保障津贴而不愿意就业。这样的情况会进一步加剧对社会保障制度的侵蚀。

① Mike O'Brien，*New Zealand*，*New Welfare*，South Melbourne：Cengage Learning Australia PTY Limited，2008，p. 13.

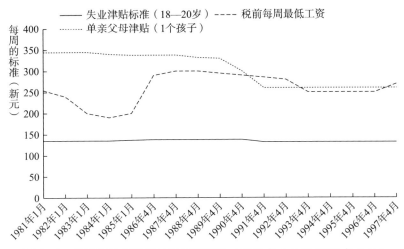

图 6 - 3　福利津贴标准与最低工资标准（1981 年 1 月至 1997 年 4 月）

资料来源：David Knutson，*Welfare Reform in New Zealand：Moving to a Work-based Welfare System*，the Sponsors of the Ian Axford New Zealand Fellowship in Public Policy，Wellington，August 1998，p. 78。

1996 年社会福利部为即将执政的国家党编制的简报中提供了一些统计数字，显示出社会保障制度的严峻问题。1996 年适龄劳动力人口中有40 万人仍然依赖于社会福利，占全部劳动人口的 21%，相比 1985 年这一比例提高了 8 个百分点。1996 年，54% 的社会福利受益者连续获得社会福利资助的时间超过一年。所有新西兰儿童中有 30% 生活在依赖社会福利的家庭中，而这一比例在 1985 年仅为 12%。76% 的社会福利受益人的儿童生活在单亲家庭中。与其他发达国家相比，新西兰有较高比例的单亲家庭，很多单亲家庭没有就业或从事非全日制工作。[1]

自 1984 年以来的十多年里，削减社会保障的支出成为政党政策的主要方向，无论是工党政府还是国家党政府都致力于新的社会保障目标，改革就意味着紧缩社会保障支出。

首先，政府试图放弃社会保障原则所强调的公民社会权利，新西兰一直以来遵循的使福利受益人能够"参与并归属"社会的社会保障原则，随着 1990 年国家党的上台彻底结束，国家党政府的社会保障目标是

---

[1]　Margaret McClure，*A Civilised Community：A History of Social Security in New Zealand，1898 – 1998*，Auckland：Auckland University Press，1998，p. 213.

集中于那些特别需要帮助的人，政府的社会保障政策方向是为那些不能通过有偿劳动来支持自己的人提供"适度的社会安全网"。

其次，社会保障受益人的优势要反转过来。新西兰已经进入了劳动力需求下降的时代，薪水也不断下滑。工党和国家党政府都设法确保工作和就业，确保劳动者的收入更多地来自劳动报酬而不是来自福利津贴。

第二节　国民超级养老金制度的改革

新西兰在最初制定国民超级养老金制度时，并没有对老年人的生活状况进行调研，也没有对未来人口结构的变化及超级养老金的支出成本进行科学的测算和论证，仅仅凭借着政治热情决定了超级养老金的内容，结果导致超级养老金支出的急剧增加。1983 年超级养老金的支出高达 24 亿新元，占到了社会保障支出总额的 65.4%，导致老年人与其他社会成员之间社会保障资源分配的不均衡。

1984 年工党政府上台执政，为了摆脱财政上的困境，工党政府开始推行市场化的改革，实施了增收节支的措施。尽管工党政府在竞选时曾经许诺对国民超级养老金制度不会做出任何改动，总理戴维·朗伊在给选民的信中声称，"我们致力于国家超级养老金计划，不会反过来，也不会用任何方式减弱"。[①] 但是一旦组阁成功，政府关注的是国民超级养老金费用的不断攀升。与其他群体相比老年人在社会保障方面得到的更多，老年人和其他社会成员在社会保障资源的分配上明显不均衡。

国民超级养老金是普惠津贴项目中最贵的、代价最高的一种，国民超级养老金在财政支出中占的比例较高，工党执政后还是违背竞选诺言，开始对国民超级养老金制度进行改革，试图减少老年人的特殊权利，与年轻的工薪家庭相平衡。工党政府改革的第一步是切掉中产阶层在普惠津贴和社会服务中获得的资源，把政府的支出重点给少数最需要的人。

工党政府对国民超级养老金支出的不断增长是非常担忧的，担心老

---

① David Knutson, *Welfare Reform in New Zealand: Moving to a Work-based Welfare System*, the Sponsors of the Ian Axford New Zealand Fellowship in Public Policy, Wellington, August 1998, p. 83.

年人的花费在将来会继续增加。估计到 2006 年，战后婴儿潮一代将达到退休年龄，到那时超过 60 岁的老年人人数就翻番了，这些老年人在健康医疗上的花费也是非常高的，一个老年人的健康和社会福利的花费将是一个年轻人在教育、子女津贴和社会福利上花费的两倍。工党政府声称，为了支持富裕的老年人，年轻的贫穷家庭的赋税太重，这是不应该的。工党福利部长安·郝克斯（Ann Hercus）（任职时间：1984—1987 年）认为："支付给所有老年人的养老金为平均工资的 80%，而其他人正在战斗？这是公平的吗？削减劳动者的生活水平，解决财政赤字问题，难道就不考虑慷慨的养老金吗？"①

一　20 世纪 80 年代的国民超级养老金改革

工党政府对国民超级养老金改革的第一步是 1985 年出台的《收入税修正案》，对高收入者征收附加税，即对于超级养老金领取者的收入高出国民超级养老金给付金额以上的部分征收 20% 的附加税。这就意味着以往的普惠的超级养老金制度，现在引入了有选择性的家庭收入调查制度。尽管这个附加税并没有减少超级养老金的实际数额，但它的根本目的是用这种附加税收制度作为一种机制来强迫对超级养老金领取者进行家庭收入的审查。不过大多数老年人没有受到这种附加税的影响：77% 的养老金领取者都领到了全额的超级养老金，仅仅 10% 没有拿到全部。②

尽管如此，超级养老金的附加税是极其不受老年人欢迎的，在老年人看来，这是一种惩罚性的税。即便养老金领取人的收入没有因为附加税而受到影响，但是老年群体仍然感到这是对老年人的攻击，认为自己成了受鄙视的人群，这个附加税暗示了成为老年人是有罪的。老年群体声称任何的削减都是与工党最初设立的养老金理念相背离的。

工党政府改革的第二步是于 1986 年开征了 10% 的一般消费税，为了缓解一般消费税对家庭生活的冲击，政府相应地又把超级养老金的给付金额提高了 5%，这意味着养老金的支出又攀升了，并且超级养老金的

①　Margaret McClure, *A Civilised Community*：*A History of Social Security in New Zealand*，*1898 – 1998*，Auckland：Auckland University Press，1998，p. 214.

②　Toni Ashton and Susan John，*Superannuation in New Zealand*：*Averting the Crisis*，Wellington：Victoria University Press，1988，p. 24.

标准是夫妻退休前实发工资的 80%。

在工党的第二任期（1987—1990 年），工党政府对超级养老金的支出模式也做出了一些改变。社会福利部长迈克尔·卡伦（Michael Cullen）试图寻找更有效的方式和途径来削减超级养老金，工党政府再次降低了国民超级养老金的给付标准。根据 1989 年的财政法，工党政府废止了确保国民养老金的替代率为夫妻退休前实际平均工资的 80% 的规定，这是超级养老金标准降低的开始，并且，在第一年减少的超级养老金为退休前实际平均工资的 76%，到 1991 年为平均实发工资的 72%。[①] 1989 年工党政府又废除了养老金给付标准随着工资的增长而自动调整的制度，改为按照工资或消费品物价上涨率中较低的一方来调整，并把超级养老金的给付标准下调为夫妻退休前税后平均工资的 65%—72.5%。1990 年工党政府将国民超级养老金更名为退休保障收入的养老金制度（Guaranteed Retirement Income）。同时也把超级养老金的年龄资格条件调整为 65 岁，但是这个计划没有立即执行。工党政府的这些措施目的是解决战后婴儿潮一代人到达退休年龄后出现的养老金支付问题。

二　20 世纪 90 年代的国民超级养老金改革

1990 年 11 月国家党重新上台执掌政权后，继续实行降低社会保障津贴标准的改革。对于国民超级养老金，国家党政府认为其功能应该与其他社会保障项目一样，应该具有以消除贫困为目的的最低社会保障的性质，超过最低标准的生活不应该再依靠国家，而是应该由家庭或个人来负责。在这样的理念指导下，首先，国家党政府将工党政府更名为退休保障收入的养老金制度（GRI）重新命名为国民超级养老金，并决定从 1992 年到 2001 年，计划用十年的时间，把领取国民超级养老金的年龄资格条件逐步提高到 65 岁。其次，1991 年 11 月国家党政府推出了更加严格的家庭收入审查改正方案，其目的是想取代对高收入者征收的特别附加税制度。该方案由于受到老龄群体的反抗而被撤回，而高收入者的特别附加税率因 1991 年 12 月出台的《所得税修正

---

① G. R. Hawke, *The Making of New Zealand: An Economic History*, Cambridge: Cambridge University Press, 1985, p. 51.

《法案》被提高到 25%，并且课税的起征点也大幅度地降低。

显而易见的是，国家党政府这些提议在政治上是不可持续的。因此，1991 年 11 月初国家党政府宣布了一揽子新的改革措施，重申到 2001 年将国民超级养老金的资格年龄提高到 65 岁的决定，但继续保留附加费，比 1992 年 4 月 1 日增加 25%。为 70 岁以上的老年人提供普惠养老金，夫妻的免税额增加到 6240 新西兰元（略高于工党时期的政策），而个人的免税额保留在 4160 新西兰。免税额的降低导致纳税人的附加税数量从 25% 左右增加到 40% 左右。此外，由于没有进行通胀的调整，国民超级养老金的实际价值将会下降。

国家党政府的超级养老金改革对老年人来说是始料未及的，在老年人看来，政府违背了竞选时的誓言，这是国家党最挑衅和最不受欢迎的行动。尽管超级养老金没有削减到与其他津贴项目一样的水平，但老年人的地位突然变得很脆弱。1991 年戴维（David Thomson）出版名为《自私的一代?》的论著，表达了这样的论点，老年人从福利国家获得的与他们几十年的工作和生活是不相称的。他声称这一代造成了国家财政的赤字。他们是福利的第一代，也是唯一的福利一代。[①]

如此的论断激起了老年群体强烈的愤怒。新的压力团体如"老年关注和灰色力量"赢得了成千上万的成员支持，并且超级养老金领取者们还举行了公众集会进行抗议。然而，1992 年，更进一步的措施将养老金年龄资格到 2001 年前推迟到 65 岁，1992 年国民超级养老金要到 61 岁才能享有。

持续不断的抗议已经非常清楚地表明，对一个政党来说，削减老年人的退休金而没有其他政党的支持是不可能的。1991 年 3 月，总理詹姆斯·布伦丹·博尔格（James Brendan Bolger）召开了由工党、联盟党参加的会议，各党设法达成一致意见，不能使养老金问题成为政治竞争的目标，但会议没有达成协议。政府设立了退休私人保障特别小组（Task Force on Private Provision for Retirement），寻找另外的途径和鼓励私人储蓄的观念。退休私人保障特别小组于 1993 年拿出了一份题为《前进之路》

---

① David Thomson, *Selfish Generations? The Ageing of New Zealand's Welfare State*, Wellington: Allen & Unwin, 1991, p. 56.

的最终报告，报告赞同目前的养老金改革计划，认为政府对超级养老金征收的附加税和延长退休资格年龄已经缓和了超级养老金支出的增长速度，并且，特别小组预测将来超级养老金的负担不是问题。

退休私人保障特别小组认为，通过税收激励的办法建立私人保险计划和强制的养老金保险计划对新西兰来说是不必要的也是不合适的选择，税收激励或税收优惠意味着政府每年将放弃 30 亿新元的税款。收入的减少必然会增加社会的收入税，或者来自间接税，商品服务税（GST）将要从 12.5% 增加到 13.5%。[1] 特别小组发现如果实行强制性的养老金保险大概只能获得 1/3 的支持率。1975 年工党曾经实施过强制养老保险计划但很快被推翻的事实，对将来任何政府再试图实行强制养老保险计划投下了阴影。强制储蓄的养老保障缺乏公众的支持，对新西兰来说也是一个冒险。

强制储蓄型的养老保险计划并不是完美的，也有明显的缺点，人们宁愿用自己的方式为自己的未来投资也不愿意参加养老保险。澳大利亚实施的强制性养老保险计划实践表明，强制保险储蓄起来的资金在管理上缺乏竞争性，政府也可能会拒绝保障私人保险资金的长期稳定。[2] 更重要的是，对个人来说，如果新西兰实施强制养老保险计划，强制保险需要从自己的收入中拿出 9% 来，这对那些低收入的工薪阶层来说是比较困难的，低收入的工薪阶层是没有多少动力继续工作的，因为要面临工资被削减，那么对低收入者来说更好的方式还是依赖福利津贴。津贴的标准虽然不是很高，但没有其他额外的支出，受益人不需要缴费。[3]

老年妇女认为她们的情况将成为将来养老金计划的基本案例。在退休年龄群体里，妇女的人数多于男性，她们工作生涯较短，强制养老金对那些职业生涯短的人实施更困难，这意味着妇女职业生涯的艰苦情况将延续到老年。布赖恩·伊斯顿（Brian Easton）坦率地称："我们的很

---

① Task Force on Private Provision for Retirement, *Private Provision for Retirement: The Way Forward*, Wellington: Department of Social Welfare, 1992, p. 49.

② Task Force on Private Provision for Retirement, *Private Provision for Retirement: The Way Forward*, Wellington: Department of Social Welfare, 1992, pp. 50 – 51.

③ Task Force on Private Provision for Retirement, *Private Provision for Retirement: The Way Forward*, Wellington: Department of Social Welfare, 1992, pp. 53 – 54.

多社会政策被搞错了，被按照成功的男女形象设计的，如果我们设计公共政策时能充分考虑普通妇女的退休权利，那么它将是一项成功的政策。"①

退休私人保障特别小组报告得出的结论是，政府提供的国民养老金将可以维持到 1997 年。同时，养老金的水平也应该随着消费水平的增长而调整，保持在 65%—72.5% 的养老金替代率。② 因为特别小组判断养老金的支付危机不会很快到来，有时间教育公众自己储蓄来支持国家保障。

在大选迫近的压力下，退休私人保障特别小组的建议构成了对养老金政策上的政治合作基础。工党、国家党和联盟党达成一致，一致承认养老金是每个公民的一项权利。国民养老金被重新命名为新西兰养老金。在十年的变迁和逆转中，养老金制度经历了三个名字的变化。新西兰养老金保留了附加税和 2001 年推迟到 65 岁的要求。给付标准一般是税后平均实发工资的 65%—72.5%，虽然没有以前的标准慷慨，但是比其他津贴项目的标准高得多。

1997 年 9 月，国家党政府就强制储蓄方式的养老金制度方案进行了全民投票，强制储蓄方式养老金制度的主要内容是，每个人都有义务从自己的收入中按照一定的比例（该比例从 1998 年的 3% 逐步提高到 2003 年的 8% 为止，8% 为上限）强制性地储蓄，以此来保障老年后的生活。储蓄金被放在每个人选定的储蓄基金账户里进行不断积累，到 65 岁时或者没有到 65 岁但储蓄账户金额达到 12 万新元时，就可以用储蓄账户里的钱发放养老金。如果在 65 岁之前储蓄账户里的金额没有达到预定的目标，那么差额的部分就由政府来补足。该方案的目的是通过个人的责任来保障老年人退休后的生活。但是全民投票的结果是 91.8% 的人投了反对票，最终迫使总理辞职。③

受全民投票结果的影响，持续了 13 年的超级养老金高收入者的附加税制度于 1998 年 4 月 1 日被废除。这意味着持续近 30 年的超级养老金

①　Task Force on Private Provision for Retirement, *Private Provision for Retirement: The Way For-ward*, Wellington: Department of Social Welfare, 1992, p. 52.

②　Task Force on Private Provision for Retirement, *Private Provision for Retirement: The Way For-ward*, Wellington: Department of Social Welfare, 1992, pp. 67 – 68.

③　焦培欣：《新西兰：公共年金的潮起潮落》，《中国社会保障》2012 年第 1 期，第 27 页。

改革落下了帷幕，最终的结果又回到了以一般税收为资金来源、以全体国民为对象、不需要进行家庭财产的审查，并实行均一制给付的改革之前的普惠型的超级养老金制度模式。

表6-1对20世纪八九十年代的工党和国家党政府超级养老金改革的主要内容做了总结和归纳。

表6-1　20世纪80—90年代超级养老金制度改革

年份	主要改革	效果
1985	对超级养老金领取者征收附加税	较高通胀水平，改革效果不大
1989	养老金替代率降低至65%—72.5%，同时提高领取养老金年龄	提高领取养老金的年龄没有具体实施
1990-1991	限制养老金标准的提高	1991-1992年，超级养老金的水平没有变动，从1993年起，养老金待遇增长由与工资增长率挂钩改为与物价增长挂钩
1992	超级养老金附加税由20%增加到25%，养老金的收入调查特征进一步加强	超级养老金总的支出占GDP的比重从80年代的8%降低到90年代的5%
1996	主张建立强制性的储蓄养老保险制度	全民投票未通过
1998	取消超级养老金的附加税，降低养老金替代率，从65%降至60%，同时提高领取养老金的年龄	取消超级养老金的附加税，标志着超级养老金重回到普惠特征

资料来源：David Preston，*Retirement Income in New Zealand：The Historical Context*，Commissioned by the Retirement Commission，Dec. 12，2008。

三　超级养老金改革的效果

政府对超级养老金制度的改革主要从提高领取养老金的年龄资格和降低养老金的替代率两方面入手。表6-2、表6-3、表6-4、表6-5的信息分别反映了20世纪80—90年代超级养老金的改革效果。

表6-2反映了超级养老金支出占GDP比重的变化，总体呈现下降趋势。超级养老金占GDP的比重从1991年的7.71%逐渐降至1998年的5.20%。

表 6 - 2 超级养老金支出占 GDP 的比重

年份	GDP（十亿新元）	超级养老金支出 （十亿新元）	超级养老金占 GDP 比重（％）
1991	72.137	5.1743	7.17
1992	72.276	5.482	7.58
1993	74.578	5.118	6.86
1994	80.824	5.037	6.23
1995	86.556	4.982	5.76
1996	91.461	5.051	5.52
1997	95.206	5.102	5.36
1998	98.205	5.106	5.20

资料来源：Department of Social Welfare, *Gross Domestic Product and Social Welfare Expenditure*, Wellington：Department of Social Welfare, 1998, p. 3。

表 6 - 3 反映的是领取超级养老金人数的变化，由于提高了领取养老金的年龄条件，1991—1998 年养老金受益人数呈负增长。

表 6 - 3 超级养老金受益人人数变化趋势

年份	受益人数（人）	变化百分比（与前一年比）（％）
1989/1990	495500	—
1990/1991	506507	2.2
1991/1992	504561	- 0.4
1992/1993	488893	- 3.1
1993/1994	477400	- 2.4
1994/1995	469239	- 1.7
1995/1996	459901	- 2.0
1996/1997	452759	- 1.6
1997/1998	447487	- 1.2

资料来源：Department of Social Welfare, *New Zealand Superannuation Trends*, Wellington：Department of Social Welfare, 1998, p. 53。

表 6 - 4 是超级养老金替代率的变化，由 1987 年的 80％ 降至 1997 年的 67.09％。也就是说，老年人领取的退休金标准降低了。

表 6 - 4   超级养老金的替代率变化

单位：%

年份	超级养老金替代率（占平均薪水的比例）
1987	80
1988	80.48
1989	76.45
1990	75.87
1991	72.18
1992	69.64
1993	69.58
1994	70.29
1995	70.17
1996	70.24
1997	67.09

资料来源：V. Krishnan，"Modest but Adequate: An Appriaisal of Changing Household Income Circumstances in New Zealand"，*Social Policy of New Zealand*，1995，p. 87。

    表 6 - 5 反映的是劳动力市场中 65 岁以上老年人的就业情况。可以看出，从 1997 年到 1999 年，65 岁以上老年人就业率呈现提高的迹象，到 1999 年，65 岁以上老年人中就业人口占 7.3%。老年人就业率的提高主要原因是超级养老金的替代率降低后有部分老年人为了增加收入又出去参加工作。养老金替代率的降低使一部分单纯依赖养老金生活的老人受到了影响，老年人要想维持老年后生活的高标准和体面，要么依赖私人储蓄要么继续工作。

表 6 - 5   65 岁以上老年人的劳动力市场参与情况

单位：%

年份	劳动力市场参与率
1990	6.8
1991	6.4
1992	5.7
1993	5.2
1994	5.9

年份	劳动力市场参与率
1995	5.7
1996	6.6
1997	6.8
1998	6.1
1999	7.3

资料来源：Statistics New Zealnd，*Household Labour Force Survey*，Wellington：Statistics New Zealnd，1999，p. 12。

第三节 医疗保健制度的改革

1938 年，新西兰第一届工党政府颁布了《社会保障法》，建立了现代意义上的社会保障制度，也标志着普惠型资金体系的医疗保健制度开始实施。新西兰的医疗保健制度实行的是按需保障的医疗保健体制，在这一体制下，医疗保健资金主要来源于税收收入，对广大的新西兰国民来说，大部分的医疗保健服务都是免费的。新西兰医疗保健制度自 1938 年建立以来，经过数十年间的发展，这个具有公众资金和普惠性质的医疗保障体制被以后的历任政府所推崇。

在 20 世纪八九十年代的经济困难时期，新西兰的医疗保障支出也呈现不断攀升的趋势，医疗费用的增长给政府带来了巨大的财政压力。进入 20 世纪 90 年代，政府拨给公共医疗部门的资金也很少，甚至一度几乎没有拨款。如何缩减医疗开支也成为新西兰政府很棘手的问题，尽管历届政府均进行了小规模的改革和调整，但是都收效甚微，仍然无法有效地控制不断攀升的初级医疗保健花费，而制药等方面的补贴投资也不断增长。医疗保健制度改革的最直接目的就是控制医疗费用的支出，提高医疗卫生资源的利用效率。

一 医疗保健制度的特征

新西兰医疗保健服务的支出水平与 OECD 国家的平均水平大致相同，1991 年新西兰医疗保健的支出占 GDP 的比重为 7.7%，而同期加拿大医疗保健的支出是 10%，美国是 13.4%，英国是 6.6%，OECD 34 个国家的平均比例为 7.9%。[①] 1992 年新西兰用于医疗保健的花费就高达 56 亿新元，占到了当时新西兰国内生产总值的 7.5%。公共卫生资金的费用占到总费用的 78.9%，其中 68.2% 的支出来源于政府的卫生拨款，其中的 4.5% 来自政府各级部门及城市议会的拨款，还有来自"意外事故保险公司"（ACC）的 6.1% 的经费。意外事故保险公司是由政府统一管理的具有强制性的保险公司，如果参保人遭遇意外的事故，该保险公司负责保险并提供相应的生活费。意外事故保险公司的保险基金主要来自私人参保者缴纳的保险费以及政府的适当补贴。[②]

从 20 世纪 30 年代末开始，新西兰医疗保障资金的筹集以及医疗服务的花费主要来自公共医疗机构，卫生保健服务的资金花费来自总税收收入。自 20 世纪 80 年代以来，新西兰用于卫生保健的支出占 GDP 的比重并没有出现明显的增长，但是，医疗保健服务资金的筹资渠道却发生了明显变化。新西兰中央政府对医疗卫生保健服务的支出从 1980 年的 88% 降至 1992 年的 78.9%，而同时期，个人卫生保健的花费却由 12% 增长至 21.1%。这两种情况形成了鲜明的对比，之所以出现这种情况一是私人医疗保健机构得到发展；二是病人自付比例增加。[③]

新西兰医疗卫生保健的分配是分层和有差异的。初级的医疗保健服务一般由全科医生和专门的医疗服务机构来提供，其经费的分配也不统一，有的医疗保健费用全部由政府来支出，有的医疗保健服务费用则是由地方政府下拨一部分。专门的医疗服务机构一般由护士、助产士向母婴提供保健服务。提供初级医疗保健服务的机构基本上都是私人执业医生，政府会给予这些私人执业医生一定数额的卫生津贴，卫生津贴的项目包括门诊的费用、药物、检查费用等。

新西兰的私人医疗保健机构与公共医疗机构更多的是相互补充的关系。私立医院的服务对象一般是普通的病人和需要提供家庭服务的老年人，政府也会给予私人医院一定的财政补贴。新西兰政府允许公立医院

---

① M. Floof Colleen，"Prospects for New Zealand's Reformed Health System"，*Health System*，No. 87，1996，p. 90.

② D. Scott Claudia，"Reform of the New Zealand Health Care System"，*Health Poliey*，No. 29，1994，pp. 25 - 40.

③ M. Floof Colleen，"Prospects for New Zealand's Reformed Health System"，*Health System*，No. 87，1996，p. 88.

的医生到私人医院兼职。虽然私人医疗保健机构与公共医疗机构是相互补充的关系，但私人医院的医疗服务费用仅仅占总的医疗保健费用很小的一部分，也就是说，患者还是倾向于到公共医疗服务机构接受服务。1992 年，新西兰人口中有 50% 的人参加了私人医疗保险项目，仅仅占到医疗卫生总费用支出的 4.8%。①

新西兰医疗费用的模式实行的是国家总额预算控制，政府投入到初级医疗保健服务的经费较多，预算费用总是处于失控的局面。而各地卫生机构的经费预算不是实行总额预算方式，而是以当地人口的数量为基数来进行测算分配的。

在新西兰现行的医疗保健体制下，公共医疗部门掌握和支配了大部分的医疗经费，而老百姓对此也没有异议。进入 20 世纪 80 年代，医疗保健制度改革也引起了人们的关注，社会保障制度的改革呼声越来越高，政府投入到初级医疗保健的费用、人力和物力并没有带来初级卫生保健质量的相应提高。

二　政府的改革压力

新西兰执业医生的医疗服务费用一般是依靠政府的医疗津贴，而医疗津贴的费用并没有与医疗服务费用的增长保持一致水平。新西兰政府对初级医疗保健服务费用的价格已经无法掌控，几届政府都想与执业医生进行协商谈判，但均遭到反对。1987 年工党政府成立了医疗服务调查小组，目的是调查医疗服务中存在的问题。但是这个医疗服务调查小组既是医疗费用的提供方，也是医疗服务的消费者，这样的医疗调查小组本身就存在问题。医疗服务调查小组经过调查，建议把公立医院办成自负盈亏的医疗机构，完全实行市场化的运作。医疗服务调查小组的调查报告认为政府应该对医疗费用进行全程的控制和监管，建议政府对医疗服务行业引入竞争机制。

1990 年 12 月，国家党上台执政，国家党政府的主要目标是减轻财政压力。国家党政府认为国家财政支付负担过重的主要原因是各项社会保障支出的攀升，高福利使人们养成了懒惰和依赖政府的习惯。国家党政府认为必

---

① M. Floof Colleen, "Prospects for New Zealand's Reformed Health System", *Health System*, No. 87, 1996, p. 90.

须进行一系列的改革，削减政府开支，鼓励人们自力更生减少对国家的依赖。1991 年健康部提交了一份报告，总结了医疗保健制度存在的问题：

　　·公立医院等待时间太长；

　　·区域医疗健康管理部门既是医疗服务的提供者，也是医疗服务的购买者。双重身份的冲突；

　　·区域医疗健康管理部门缺乏效率；

　　·现行制度对病人和执业医生都没有激励作用；

　　·医疗保健支出缺乏管控。

　　改革前的区域医疗保健部门不负责初级医疗保健服务的管理，仅仅负责二级的医疗保健工作，这样带来的问题是初级医疗保健和二级医疗保健机构不能有效地协调起来，导致初级医疗保健机构也缺乏积极性。加之通货膨胀使得政府提供给初级医疗保健机构的经费的实际价值发生贬值，一些患者不得不选择去本地医疗服务区域以外的地方就诊。

三　国家党政府的医疗保健制度改革

　　1991 年 7 月，国家党政府发表了题为《你的健康与大众的健康》的白皮书，开始着手进行医疗卫生保健制度的改革。改革的最基本目的是提高医疗健康服务的效率。国家党政府还专门成立了一个特别改革小组为改革进行前期的调研。这次医疗保障制度的改革产生了较深的社会影响。改革的主要内容如下。

　　把初级医疗保健服务机构与二级保健服务机构、经费进行合并。改革把全国的 14 个卫生部门都撤销了，成立了皇家医疗服务机构（Crown Health Enterpriates）（CHEs）。对医疗消费者来说，即使到本地医疗保健区域以外的地方就医也同样可以享受到政府的医疗保健计划。国家党政府还建立了医疗消费者制度，把医疗消费者按照其家庭收入状况分为三个档次：第一档的居民一般属于贫困线以下的，包括学生，看病可以少交费或不交费；第二档是部分依赖国家资助的，前两个档次的患者看病就医的医疗费用相对较低；① 余者便是第三档。

---

① Gavin M. George, "Introdution to Healthcarere Form in New Zealand", *Health Policy*, No. 29, 1994, pp. 1 - 4.

1991 年国家党政府医疗保健制度改革的最重要的特征之一是引入了卫生管理部门（Regional Health Authorities）（RHAs）与私人医疗保险计划的竞争模式，推动了医疗保健供给方之间的竞争，其目的是提高医疗服务的效率。

国家党政府在全国设立了四个地域性的卫生管理部门（RHAs）作为医疗卫生保健机构，废除了医疗保健部门"既是医疗消费者也是医疗服务提供方"的双重权力。医疗保健部门双重权力的废除实际上就是解除了政府直接管理医疗机构的权力。为了防止皇家医疗服务机构（CHEs）在医疗服务中的利益驱动行为，1993 年政府重新修订了《医疗残疾服务法》（Health and Disability Services Act），明确了皇家医疗服务机构应承担的社会责任。

1991 年国家党政府医疗保健体制改革的最大争议集中于如何控制患者的门诊费和住院费不断上涨，因此，未来医疗保健服务改革的目标是让患者多承担一部分的医疗费用。改革也力图对医疗经费进行调整，将更多经费分配给低收入的患者，使医疗费用更能体现社会的公平性。

国家党政府的医疗保健体制改革表明新西兰政府仍然继续对卫生保健的费用保持宏观的控制权力。改革建立的四个地域性的卫生管理部门是否能够解决各地医疗保障服务的差异仍是值得怀疑的问题。

四　医疗保健制度的改革效果

评价一个国家医疗保健体制改革成败的关键是看这一制度体现的效率性和公平性问题。

从改革的效率性来看，改革的最大成果，首先是设立了全国统一的公立医疗机构来掌管初级和二级医疗保健服务机构。全国统一的公立医疗机构的设立提高了医疗服务的效率，例如，从 1987 年到 1990 年，医院的病人增加了 10%，而医疗支出却保持不变。[①]

其次，改革引入了医疗保健服务的竞争机制。这些改革的最终目的都是降低医疗保健服务的花费成本，提高医疗保健服务的质量。改革允

---

① Toni Ashton，"From Evolution to Revolution：Restructuring the New Zealand Health System"，*Healthcare Analysis*，1993，p. 58.

许患者跨区域使用医疗服务，这是前所未有的一个变化。

从公平性的角度来看，国家党的医疗保健服务改革的另一个目的是确保每个公民享有医疗保障的权利，但是改革却没有明确国家公共医疗保健与私人医疗保健的界限，也就是说没有从根本上改变医疗保健制度的资源分配问题，单从这一点看，改革是不成功的。

新西兰医疗保健服务体制改革的目的是让所有的公民不论其收入状况如何都能负担得起医疗费，改革把有限的医疗资源分配给了低收入阶层，体现了这一制度巨大的公平性。享有医疗资源的权利会因为社会和文化等因素受到限制，尽管毛利人的卫生健康指标有所提高，但是与新西兰人的总体水平相比仍处于较低的水平。

从长远的发展角度看，任何一个政府如果想将财政危机和经费开支转嫁给个人、雇主以及私人的医疗保险公司的策略都是站不住脚的。只有保持对私人医疗保健机构和公共医疗保障服务的经费的有效监督，才能建立一个真正公平且充满效率的医疗卫生保健体系。

第四节　政府公房制度的激进变革

发达国家住房保障政策向新自由主义方向的转变大多发生于 20 世纪 70 年代末石油危机爆发之后，少数再分配倾向比较强的国家如瑞典、荷兰、新西兰等，这些国家住房政策的转变较晚，大约在 20 世纪 80 年代晚期 90 年代初期。

随着新西兰广泛的新自由主义经济改革和社会政策改革的发展，住房保障政策在 20 世纪 90 年代也发生了激进的转型。[①]

一　政府公房的市场化改革

国家党政府在 1992 年引入了《住房重构法》（Housing Restructuring Act），对政府公房推进市场化的分配原则，通过推行市场化租金以减少国家在住房供应方面的作用，这成为新西兰政府公房历史上最激进的变

---

① Housing Shareholders Advisory Group，*Home and Housed：A Vision for Social Housing in New Zealand*，HSA Group Research Report，2010，p. 11.

革。政府公房制度的改革成为新西兰社会保障制度改革的重要组成部分。

从 1991 年开始，关于新西兰政府住房政策的公开辩论就集中在一个问题上：政府到底应该在住房市场上介入多深。一方面，自由主义者和劳工管理部门认为，私营企业并没有向劳动人民提供良好的住房标准，国家应该介入并容纳那些无法融入或不适应市场发展的人。另一方面，保守主义政府又声称政府的干预会阻碍私人对工人住房的投资并阻碍工人的自力更生精神。因此，他们试图减少国家在住房供应方面的作用。尽管如此，自 20 世纪 50 年代以来，新西兰历届政府都承认国家应该为那些贫穷的新西兰人和那些在市场上遭受种族歧视和其他歧视的人提供住房保障。

（一）　政府公房转向市场化租金

国家党政府住房改革的重点是取消与收入相关联的租金并建立政府的住房补贴。国家党政府认为，政府公房租户通过较低的租金获得了比私人租户更多的国家补贴，实行租户租金市场化，并为真正需要的所有租户提供住房补助，鼓励租户减少对国家的依赖，这样才能创造公平的竞争性的租赁市场环境。

市场化住房改革带来了新的政策变化，从补贴租金向"市场租金"转化，给真正需要者一定的住房补贴。政府公房的租金与私人住房租金是一样的标准，这对政府公房租客的影响很大。这次改革从根本上改变了对政府公房的管理与支持方式，供给方住房补贴被更具有普遍性的需求方补贴——住房补贴（Accommodation Supplement）所取代。[1] 1992 年《住房重构法》生效后，新西兰的住房管理机构也发生了变化。成立于 20 世纪 70 年代的新西兰住房署是一个多重目的的政府机构，1988 年成立了新的住房部，住房部承担了重要的角色，成为唯一的住房政策咨询部门。政府公房的管理权则交给了新西兰住房署（Housing New Zealand），新西兰住房署掌管新西兰政府公房的分配并以公司的运营形式存在。

在 1992 年之前，新西兰政府的住房保障是给低收入家庭住房津贴，尽可能使他们能租得起住房，这种住房津贴一是给予租住政府公房的租

---

① David Thorns，"The Remaking of Housing Policy：The New Zealand Housing Strategy for the 21st Century"，*Housing Finance International*，Vol. 20，No. 4，2006，pp. 20 – 28.

户租金上的补贴；二是给予低收入人群较低的贷款利息以资助他们购买私人住房。无论是国家党政府还是工党政府，一直维持这种保障性的住房政策，政府在住房上投入的较多，导致了1984年工党政府因为住房问题而面临财政赤字。

新西兰财政部在1987年公布的关于政府管理的简报中指出了新西兰政府公房存在的诸多问题：政府决策者们在确定住房需求因素等方面面临获取信息的困难；政府根本没有能力消除住房市场上的不确定性；住房再分配政策目的是改善人们的住房福利，但鉴于个人福利组成的复杂性，人们往往比代表他们利益的公务员更了解自己的偏好，也更容易选出合适的消费对象来，而基于供给的住房补贴政策限制了消费者的选择；竞争机制的缺乏与目标的多重性使负责社会性住房建设与管理的主要机构——新西兰住房署根本没有动力来改善住房供给的效率与有效性。①

新西兰政府公房制度是面向那些低收入家庭的，租金一般依照他们的支付能力来确定，通常的公房租金不到租户家庭收入的25%。1990年国家党上台后初期继续沿用工党的公房政策。然而，1991年国家党政府开始对社会保障制度进行改革，改革的主要内容是鼓励受益人参与工作，而住房保障政策也进入了国家党政府改革的视野范围。国家党政府进行住房改革是因为现存的住房保障政策不公平，缺乏效率，国家党政府认为目前的住房政策主要存在以下缺陷：第一，政府公房的租客相比租住私人住房的租户们拿到了更多的租金补贴；第二，政府公房的租客们支付的租金是一样的，并没有考虑他们各自的租赁要求；第三，在一些地区，申请政府公房需要等待的时间太长，而此时有很多的私人住房却是空置的；第四，一些政府公房的租客即使经济情况转好后，也不及时退出公房，导致有比他更需要政府公房的家庭还在继续等待中。②

（二）住房补贴

政府的住房市场化改革，既要打破受益人对政府公房的严重依赖，也要保障低收入家庭的住房问题。因此，国家党政府于1993年7月1日

---

① New Zealand Treasury, *Government Management: Brief to the Incoming Government* 1987, Vol. I, Wellington: Government Printer, 1987, pp. 121 - 124.

② New Zealand Treasury, *Government Management: Brief to the Incoming Government* 1987, Vol. I, Wellington: Government Printer, 1987, p. 121.

引入住房补贴制度（Accommodation Supplement）（AS），受益人如果住在政府提供的公房里，对他们的租金有 25% 的收入上限，超出上限部分引入市场租金，政府通过住房补贴（AS）给予一定的补助。

1993 年的住房补贴是政府引入的一种新的住房资助形式，目的是帮助低收入家庭支付部分房屋租金，缓解住房的压力。住房补贴是以家庭的收入和资产状况审查为基础的，任何一位新西兰的永久居民或公民，也就是新西兰护照的持有者，都有权提出住房补贴申请，新西兰工作与收入局以及新西兰住房署会根据申请人的房屋租金或房贷规模情况、近期的家庭收入情况、是否有配偶、申请人目前所居住的区域等条件进行考察，再根据相关的公式计算来决定申请人可以获得的住房补贴金额。为了加强租赁行业和政府公房之间的效率和竞争，那些无能力支付租金超出自己收入 25% 或者 30% 的人将有资格获得住房补贴。

根据 1994 年的预算，得到住房补贴的人数不断攀升，不断上涨的租金以及申请住房补贴人数的增多意味着政府要支出更多的住房补贴。[①] 1993 年至 1994 年住房补贴的支出为 3.52 亿新元，1998 年至 1999 年增加到 8.43 亿新元，得到住房补贴的人数也从 1994 年的 251505 人增加到 1999 年的 317505 人。[②]

住房补贴是一种现金资助，是给低收入家庭增加住房租金支出的一种补偿，一直以来住房补贴都是备受批评和争议的。究竟哪些人得到了住房补贴呢？数据显示，享有住房补贴的人大部分也是其他福利津贴项目的受益人，1994 年住房补贴的受益人中有 36.9% 同时也是失业津贴的受益人；29.4% 是单亲父母津贴的受益人；8.1% 是超级养老金的受益人。1997 年的数据依次是 33.3%、32.9%、7.6%，这些人是政府公房的最大租客。由此可见，享有住房补贴的大都是低收入家庭。从 1993 年到 1998 年住房改革的头 5 年里，领取住房补贴的人数由 249535 人增加

---

① S. Waldergrave, "Allocating Housing Assistance Equitably: A Comparison of In-Kind Versus Cash Subsidies in New Zealand", *Social Policy Journal of New Zealand*, No. 18, 1999, pp. 62 – 78.

② Michael O'Brien, *Poverty, Policy and the State: The Changing Face of Social Security*, Bristol: The Policy Press, 2008, p. 81.

到 302000 人，增长了 21%。①

二　住房政策市场化改革的结果

新自由主义化的住房保障政策把住房视作普通的商品，强调住房的货币与经济价值以及市场上的可交换性，强调住房个人自有的财富积累作用。住房政策的新自由主义化在一定程度上提高了住房的经济效率，但同时也严重侵蚀了住房的社会保障性功能。住房市场究竟是作为利润最大化的工具呢？还是作为人人均能获得适当的、负担得起的住房的实现途径呢？在实践中，这两个目标往往是相互冲突的，而不是互相补充的。② 住房政策的自由化改革带来了几个明显的结果。

（一）　住房制度更加公平

政府公房改革最大的影响是改革后的住房制度更加公平，以前政府公房制度仅仅给那些租住政府公房的租客提供住房津贴，而租住私房的租客却拿不到国家的住房津贴，改革后的所有租客都可以申请住房补贴（AS）。

（二）　政府公房的剩余化

新自由主义化的住房政策大幅度地削减了政府公房的建设、维护和补贴的支出，同时不遗余力地推动住房的私有化，导致政府公房出现了严重的剩余化，政府公房逐渐沦为最低收入家庭不得已的居住选择，政府公房不再像过去那样被认为是追求社会融合与社会公平的象征，租住政府公房的人往往被看作在现代消费社会中竞争失败的标志。

（三）　政府公房流动性加快

在政府公房改革前，很少有人关注政府公房租客的流动性问题，因为政府公房的数量少，一些家庭要申请的话需要等待的时间较长，如果租客流动性加快的话就会把公房腾出来给更需要的家庭。住房改革一个

---

① David Thorns，"Housing Policy in the 1990s-New Zealand a Decade of Change"，*Housing Studies*，Vol. 15，No. 1，2000，pp. 133 – 134.

② J. Kadi，*Neoliberal Dutch Housing Policies? Analyzing Market: Oriented Regulatory Reforms in Amsterdam's Housing Market*，Annual RC 21 Conference 2011，Amsterdam，July，7 – 9，2011.

重要的目的就是鼓励公房租客的流动，如果租客的收入提高了，经济条件好转，要求他们及时搬出公房，改革带来了政府公房租客流动性的加快（见图 6 - 4）。

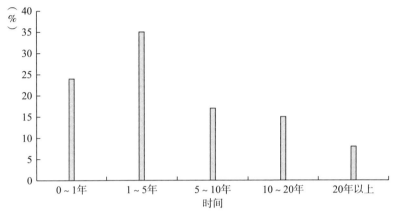

图 6 - 4　新西兰政府公房租赁时间

资料来源：L. Murphy, "To the Market and Back: Housing Policy and State Housing in New Zealand", *GeoJournal*, No. 59, 2003, p. 122。

图 6 - 4 显示，1999 年新西兰住房署的租客们租赁公房的时间大都不超过 10 年，租期 10 年以下的占 76%，其中 60% 的租客的公房租赁时间不到 5 年。更重要的是，近 25% 的租客的租赁期限仅仅为 12 个月，这些数据表明 20 世纪 90 年代政府公房租客流动的重要性。新西兰是一个住房私有化比例较高的国家，政府公房的市场份额很少，如果公房租客流动性慢的话，就会使需要公房的低收入家庭等待时间过长。政府公房流动性的加快成为住房改革的一项显著成就。

（四）　与住房相关联的贫穷问题

市场化的租金提高了租户的房租，但容易产生贫穷问题。政府对公房的租客实行市场化租金并引入住房补贴，政策的初衷是鼓励租客们不再依赖国家，但改革的结果对成千上万的政府公房租客来说是不利的。对大多数政府公房的租户来说，市场化的租金制度直接影响了他们的生活水平，许多无法负担市场化租金的人不得不选择与朋友或者亲戚们住在一起，出现了居住拥挤和环境不健康的状况。1995 年，一位帕默斯顿地区的公房租客对"住房游说团体"（Housing Advocacy Group）"谈道：

租金从 100 新元增至 180 新元，这是一场真正的战争，食物是贵的，我不想让步，我没有钱。很多人因为交不起租金，不得不与亲戚或朋友住在一起。但是政府坚信政策是正确的和公平的。①

每个地区公房租金的涨幅不同，例如，在奥克兰地区，从 1995 年到 1996 年，政府公房的租金从 200 新元提高到了 299 新元，租金涨了近 50%。因为住房导致的新的贫困问题出现了，有数据显示，住房花费用掉了家庭收入的很大一部分。根据 1996 年的统计数据，在 77% 的住房津贴受益人中，每周扣掉房租后还有 150 新元。为了减少住房花费，一些租客不得已选择租住面积较小的房子。② 1997 年奥克兰南部地区的一些住户因为无法负担得起租金，不得不与亲戚或朋友一起合租。而同时还有数百间的政府公房闲置。一名急救工作人员安·郝利（Anne Hurley）告诉《新西兰先驱报》（New Zealand Herald）记者：

难怪有这么多空置房屋，低收入家庭和受益人租不起。而当我听到住房部部长谈论选择时，我真正生气的是什么。这些人中唯一的选择是付房租还是喂养孩子。③

住房补贴的给付标准并不高，并不能有效地补偿增加的房租。由此引发了租户的大罢工。1996 年政府又提高了住房津贴的给付标准。在新的住房制度中，政府公房按照市场租金的标准，或者进入私人租赁领域，实际上住房问题不仅仅是租金标准问题，还在于很多人把租住的房子当成了家，一些人不愿意提高租金，也不愿意搬走。政府公房租金的市场化增加了租客的租金负担，加速了他们的贫穷，由此带来了两个问题：一是租客的租金提高了；二是政府的住房补贴支出逐年增长，1994 年的住房补贴支出为 3.52 亿新元，2000 年增至 8.62 亿新元，增长率超过了

① Thorns C. David, "The Remaking of Housing Policy: The New Zealand Housing Strategy for the 21st Century", *Housing Finance International*, Vol. 20, No. 4, 2005, pp. 20 – 28.

② Thorns C. David, "Housing Policy in the 1990s-New Zealand a Decade of Change", *Housing Studies*, Vol. 15, No. 1, 2000, p. 136.

③ Thorns C. David, "Housing Policy in the 1990s-New Zealand a Decade of Change", *Housing Studies*, Vol. 15, No. 1, p. 137.

145%。住房补贴的受益人人数从 1994 年的 211000 人增至 2000 年的 324000 人（见图 6 - 5）。很明显看出，住房补贴对低收入家庭的重要性。住房补贴已成为社会保障支出中重要的一个支出项目，占社会保障支出总额的比重从 1993 年的 7% 增至 2000 年的 14.4%。①

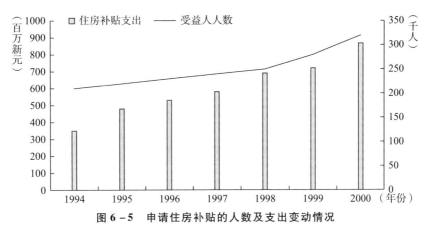

图 6 - 5　申请住房补贴的人数及支出变动情况

资料来源：Laurence Murphy，"To the Market and Back：Housing Policy and State Housing in New Zealand"，*GeoJournal*，59，2003，p. 123。

　　一些租户无力支付更多的租金，有调查显示，一些租户的租金占到其收入的 50% 多。从 1992 年到 1999 年，新西兰住房署的公房租金提高了 106%，而私人住房市场的租金仅仅提高了 23%，② 尽管租客可以申请到住房补贴，但是加上住房补贴后的房租还是很高的，这让租客们感到压力很大。

　　尽管住房补贴减少了租户的部分租金支出，但是很多家庭却因住房陷入了新的贫困，政府住房补贴的费用也持续攀升，1991 年为 1.74 亿新元，到 2005 年增长至 7.35 亿新元。③ 住房政策的变化及租金的市场化导致了家庭的贫困，尤其对那些单亲家庭来说负担更重。数据显示，得到

①　D. Thorns，"The Remaking of Housing Policy：The New Zealand Housing Strategy for the 21st Century"，*Housing Finance International*，Vol. 20，No. 4，2005，p. 27.

②　Laurence Murphy，"Reasserting the 'Social' in Social Rented Housing：Politics，Housing Policy and Housing Reforms in New Zealand"，*International Journal of Urban and Regional Research*，March，2003，p. 94.

③　Michael O'Brien，*Poverty*，*Policy and the State*：*The Changing Face of Social Security*，The Policy Press University of Bristol，2008，p. 81.

住房补贴（AS）的家庭占31.1%，但是他们要用收入的50%来支付房租，高房租导致家庭的贫穷。

从表6－6的数据可以看出，44.4%的单亲家庭的租金超过家庭收入的50%，65.3%的单身者把超过收入的50%用于租房。双亲家庭的情况稍好些，超过家庭收入50%的占34.4%。由此看来，很多家庭的房租支出占到了家庭收入的一半。根据1996年的研究资料，89.1%的公房住户的租金都增长了，37.5%的公房租客租金翻番，58.8%的公房租客把自己收入的一半用于房租。[①] 1999年工党上台后，提高了住房补贴的标准，并进行公房制度的改革，恢复了与收入相关联的租金制度。

表6－6　住房支出占家庭收入的比重

家庭类型	家庭收入中的住房支出比例（%）	占被调查家庭的比例（%）
单亲家庭	超过30	85.4
	超过50	44.4
双亲家庭	超过30	87.6
	超过50	34.4
单身	超过30	93.5
	超过50	65.3

资料来源：Michael O'Brien, *Poverty, Policy and the State：The Changing Face of Social Security*, The Policy Press University of Bristol, 2008, p.82。

第五节　工伤保险制度的改革

1974年的事故赔偿法因为成本的不断增加引起了公众和雇主的反对，为了降低成本，事故赔偿法又经过了几轮的修改。

一　1982年《事故赔偿法》出台

几乎每个新西兰人都会因轻伤而得到事故赔偿委员会（ACC）相关的赔偿费用。例如，一个人在淋浴时滑倒，在工作时伤到背部，或运动时受伤，所产生的医生或医院的访问和治疗费用都是由ACC负责的。而

---

① J. Gunby, *Housing the Hungry：The Third Report*, Wellington：New Zealnd Council of Christian Social Services and the Salvation Army, 1996, pp.21－22.

后续的药物、牙科修复和物理治疗也包括在内。1996 年轻伤索赔的数量占索赔总数的 92%，但仅占总费用的 14%。[①]

严重的伤害，除支付医疗费用和康复费用外，还通过持续（定期）付款得到工资或薪水 80% 的补偿。ACC 也会向配偶和家属支付死亡赔偿费。

1984 年上台的工党政府试图扩大 ACC 的赔偿范围，包括非伤害相关的残疾和疾病赔偿。计划还没有得以实施，国家党于 1990 年当选，国家党政府作为传统上的新西兰政治保守派，更加关注紧缩福利政策而不支持 ACC 等社会福利计划。

提出的索赔数量从 1975 年的 105000 起增加 1986 年的 151000 起，支付给索赔人的赔偿金从 1974 年的 2530 万新元增加到 1986 年的 45450 万新元，增加了约 17 倍。其中一些增加的赔偿，是 1972 年废除侵权责任法后忽视了工作场所的安全造成的。[②] 1974 年《事故赔偿法》颁布后的 10 年内，新西兰公众，特别是被迫承担非工伤损害赔偿费用的雇主们对不断攀升的事故赔偿成本表示不满。

面对公众的不满，新西兰政府成立了奎格利委员会（Quigley Committee）负责调研现行制度存在的问题，主要目标是降低事故赔偿计划的成本。根据奎格利委员会的建议，修订后的 1982 年《事故赔偿法》与之前 1974 年的《事故赔偿法》相比有几个方面的变化：第一，将赔偿资金的"完全积累模式"改为"现收现付"模式。这意味着当年征收的赔偿资金只能用于支付当年的所有赔偿费用。第二，减轻雇主每周支付赔偿金的责任，即在工伤事故后的第一周内，雇主从原先赔偿雇员减损收入的 100% 降至 80%。第三，永久性的损伤受害人获得的最高赔偿金额从 7000 新元增至 17000 新元。[③] 第四事故赔偿委员会（ACC）的性质转为事故赔偿公司。

---

① Bronwen Lichtenstein, "From Principle to Parsimony：A Critical Analysis of New Zealand's No-Fault Accident Compensation Scheme", *Social Justice Research*, Vol. 12, No. 2, 1999, p. 102.

② Bronwen Lichtenstein, "From Principle to Parsimony：A Critical Analysis of New Zealand's No-Fault Accident Compensation Scheme", *Social Justice Research*, Vol. 12, No. 2, 1999, p. 102.

③ 曹宇轩：《从新西兰事故赔偿计划看严格责任走向何处》，对外经贸大学硕士学位论文，2006，第 17 页。

1982 年法与 1974 年法相比，变化是细微的，但筹资方式的变化对新西兰政治和经济的发展产生了深远影响。尽管 1982 年法减轻了雇主的赔偿责任，由原来的对雇主每 100 新元征收 1.07 新元降为每 100 新元征收 0.7 新元，但同时也导致事故赔偿基金储备的入不敷出，政府又不得不提高对雇主的征收率。出于对事故赔偿费用的担忧，国家党政府打算将 ACC 从福利性质改为用户支付计划，越来越重视向工人和雇主的问责制和削减权利。

二　1992 年《事故恢复及补偿保险法》出台

进入 20 世纪 90 年代，事故赔偿制度再次面临筹资的困境，如果提高征收额度的话势必造成民众的不满，政府能做的只有重新调整事故赔偿计划。1992 年新西兰议会正式颁布了《事故恢复及补偿保险法》（The Accident Rehabilitation and Compensation Insurance Act）。

1992 年《事故恢复及补偿保险法》有两方面明显的变化：（1）为了降低成本，1992 年法明确了事故赔偿的范围，以前的法比较模糊。将偶然发生的伤害、有劳动能力但没有工作的受害人排除在外。（2）1992 年法又恢复设立不同类型账户的做法。其中，就业劳动者账户中的资金用于赔偿遭受的非工伤损害，该账户的资金由雇员通过纳税的方式缴纳。事故赔偿计划作为强制保险计划，由四类被保险人支付的保费资助：雇主、雇员、机动车辆所有者和健康专业人员。雇员和健康专业人员被添加到现有员工的征税付款人员名单中，并征收汽油税以资助该计划。简而言之，ACC 已经成为国家承诺的"用户付费"的政府计划。

1992 年法对事故赔偿法调整的最大意义是使工伤保险制度完全独立于其他事故的赔偿，形成了独立的工伤保险制度。

三　1998 年《事故保险法》出台

ACC 紧缩事故赔偿或拒绝赔偿的行为引起了公众的不满，面对公众的强烈批判，国家党政府于 1998 年废除了 1992 年《事故恢复及补偿保险法》，并通过了《事故保险法》。允许私人保险机构提供工伤事故保险。《事故保险法》的变化是允许工伤保险的部分私有化，破除 ACC 的垄断，雇主必须向私人保险公司进行投保。

1998 年法的目的是刺激雇主来保障工作场所的安全，降低工伤事故。随着政权移交给工党，这个目标没有实现，工党成功竞选的原因之一就是承诺撤销 1998 年法中的一些规定，仍由统一的国有机构 ACC 负责事故赔偿。

第六节　家庭福利政策的调整

工党政府对国家党超级养老金制度抨击的目的是想把国家的资助给那些更加需要帮助的人。分析家认为，真正的贫穷是家庭的贫穷，1982 年至 1984 年劳动者没有涨工资，因为政府实行了工资冻结政策，这使得很多低收入家庭陷入了困境，尽管伴随物价的提高，每隔六个月，福利受益家庭就会得到政府给予的一次性补偿，但工薪家庭无法用这个补偿来应对生活费用的提高。第二次世界大战后，子女津贴（Family Benefit）很少会随着物价和通货膨胀的变动而及时调整，子女津贴已经失去了其购买力。从 1979 年至 1991 年，子女津贴的标准一直被固定在每个孩子每周 6 新元的标准，在当时的物价和通货膨胀情况下，最终子女津贴成为一个象征性的数字。[①] 工党政府在 1984 年 9 月举行了经济最高会议，指出低收入家庭比社会其他成员更加需要政府的福利帮助。

社会福利部倡导用一种新的方法来解决家庭的困境。1984 年社会福利部在给即将到来的新政府的"简要记录"中报告，越来越多的有两个孩子的工作家庭负担不起房屋租金，需要紧急的住房。社会福利部也看到，政府对提高薪水是比较慎重的，也采取了不寻常的帮助措施。如果薪水不能增加的话，一个可供选择的计划是，政府引入一种新的津贴项目——收入补充（Income Supplemnets），这与已经在澳大利亚和英国实施的相似。政府希望鼓励生产和重振新西兰经济，就要首先满足家庭的需要。20 世纪 80 年代的劳动者家庭政策与战后 20 世纪 40 年代工党政府的管理政策相似，战后政府用普遍的子女津贴来鼓励提高经济生产，并且作为提升工资的一种方式。但是，现在政策的目标面向的是工薪家庭，

① Mike O'Brien, *New Zealand*, *New Welfare*, South Melbourne: Cengage Learning Australia PTY Limited, 2008, p. 79.

保障目标缩小。而 1984 年家庭政策的创新是在新西兰劳动力市场变化的情况下，战后一段时间的高工资和高加班报酬已经被废除了，政府只能设法推动人们去参加工作以此提高收入。

一 子女照顾项目

政府改革尝试扩大子女津贴的项目是子女照顾（Family Care），这是一种对贫穷的工薪家庭的薪水补充。子女照顾是支付给低收入的工薪家庭，并且提供每个孩子每周 10 新元，这些家庭同时仍然可继续享受子女津贴。子女照顾是通过社会福利部支付给父母的，也就是给孩子的照顾者（通常是母亲）。子女照顾作为一种薪水的补充仅仅支付给有工作的家庭，有资格获得该项津贴的父母必须每周工作 30 小时。这样规定的目的是，政府一方面推迟了对工薪家庭薪水的提高，另一方面也鼓励和推动了父母去工作。子女照顾项目是实行家计调查的，不适用于中产家庭，也不适用于那些已经领取其他社会保障津贴的家庭。

子女照顾项目于 1984 年圣诞节前被引入，并不像被预料的那样受欢迎。尽管对子女照顾这个新的津贴项目，政府进行了免费电话调查服务、街道宣传画、橱窗宣传画等宣传，但是大部分的工作家庭仍然是不明白、不来申请这份权利。以前的顾虑在年轻人这代仍然存在，一部分人认为这个津贴是给穷人的，申请子女照顾项目是一种耻辱。其他一些人不愿意申请是因为这个项目需要家计调查，担心自己的隐私被侵犯。复杂的申请形式也阻碍了一些父母，特别是在太平洋海岸的郊区，人们不乐意去办公室申请，担心显得愚笨，并且证明自己的收入也比较困难，尤其那些从事非全日制工作的父母。

二 清寒减免项目

政府于 1986 年 10 月 1 日引入了清寒减免项目（Family Support），清寒减免是政府对收入低于一定标准的家庭给予减税的现金补助，它适用于单亲或双亲家庭，对来自所有贫困家庭的孩子也是一样的，不考虑其家庭收入或享受社会保障的情况。清寒减免项目的另一个目的是缓冲 1986 年商品服务税（GST-Goods and Services Tax）对贫穷家庭的冲击。

1986 年政府引入了商品服务税，商品服务税对家庭预算威胁更加深远，商品服务税意味着新西兰第一次对所有的商品征收间接税，无论你是在超市买东西，还是在车行购买汽车，抑或是旅游时住宿的旅馆，无一例外地都会被收取商品服务税（GST）。这对贫穷的家庭来说是更加严峻的，基本生活品如衣服食物都不例外。[①]　因此，清寒减免项目必须提供一个更高的水平，其支付标准必须减轻商品服务税（GST）对贫穷家庭的影响，平息民众对工党引入消费税的不满。

清寒减免项目是通过税收的方式给予家庭补贴，这是一种保障方式的创新，也是财政部长道格拉斯的第一次尝试。通过税收制度实现对低收入家庭收入支持和国民收入的再分配，也有利于政府通过税收减少财政支出。通过税收的调节而不是社会福利部的现金支付来实现对家庭的补助，维护了工作家庭的尊严，使它们与提供福利的部门分离。

然而，清寒减免项目也存在明显的不足：一项制度在理论上的合理性并不能迅速解决家庭的实际困境。新西兰税务局（Inland Revenue）给工薪家庭的返税是在一个税务年结束后一次性返回，并且农民和自营者支付暂缴税款一年三次。那些真正困难的家庭，还有那些有抵押贷款的农民家庭，等待几个月才能领到退税补助，20 世纪 80 年代新西兰的农业危机继续，农村地区的官员需要优先处理农民家庭急需的食物、衣服和电费。

清寒减免项目对低收入工薪家庭的意义也不大，一旦这些低收入工薪家庭的收入高于清寒减免项目的收入限制标准，他们就不能再申请清寒减免项目了。清寒减免项目实施的第一年，有大约 50% 的低收入家庭领了退税补助，这个数额大约为 200 新元。[②]　但是增加的清寒补助金又加重了一些家庭的纳税负担，这说明清寒减免项目对低收入家庭的支持没有什么实质的效果。因此，遭到了低收入家庭的广泛抗议。像伯斯里特（Birthright）声称的，"这对那些从事非全日制工作的家庭和单亲家庭来说是一个噩梦"。[③]　在南部海岸地区，很多失业津贴的领取人也从事一些季节性的工作，其中 20%—30% 的家庭没有选择清寒减免项目是为了

① Claudia Scott and Howard Davis, *The Gist of GST*: *A Briefing on the Goods and Services Tax*, Wellington: Victoria University of Wellington, 1985, pp. 8 - 9.

② Mike O'Brien, *New Zealand New Welfare*, South Melbourne: Cengage Learning Australia PTY Limited, 2008, p. 79.

③ Margaret McClure, *A Civilised Community*: *A History of Social Security in New Zealand*, *1898 - 1998*, Auckland: Auckland University Press, 2008, p. 219.

避免年底的纳税义务。①一名韦斯特波特地区的妇女，其丈夫从事非全日制工作，她描述了当时的困境：

> 因为每周多给付了我们25新元，这意味着我们在财务年度结束时要求偿还500新元。在我们的收入有限的情况下，我们应该怎样做？很多物品是贵的，房子维修费、汽车费、眼镜费。②

清寒减免项目的目的是鼓励福利受益者进入劳动力市场，提高工薪阶层的收入，政府提高了清寒减免津贴的标准，每周从25新元提高至50新元（有孩子家庭增至60新元），通过提高清寒减免的标准来鼓励人们每周工作15小时到20小时，并且从临时工转变为正式的非全日制工作。然而，因为任何额外的收入都要被征税，从1986年到1996年，清寒减免项目没有随着通货膨胀而及时提高补贴标准，所以很多低收入家庭也不会选择，其结果反而阻止了人们努力去寻找工作。

三　家庭政策附加计划

1990年国家党执政，由于子女津贴的实际价值已不大，国家党政府于1991年废止了子女津贴项目。在1996年的国家党政府预算中新设立了家庭政策附加计划（Family Plus）等一揽子的家庭援助项目。家庭政策附加计划的主要内容是解决清寒减免计划因通货膨胀影响的到期支付问题，每个孩子每周的补助是20新元，目的是使享有清寒减免计划的家庭免受通货膨胀的影响。每个孩子每周20新元是全额的补贴，要获得全额的补贴，父母必须就业且没有得到其他福利津贴。表6-7显示的是每周清寒补助和儿童退税补助的最高标准。

家庭政策附加计划推出了儿童退税补助（Child Tax Credit）项目，这也是给予所有与孩子相关家庭的财政补贴项目，给每个孩子每周选择性支付15新元。新西兰人权委员会认为这个项目带有歧视性质，对不同

①　Margaret McClure, *A Civilised Community*: *A History of Social Security in New Zealand*, *1898 - 1998*, Auckland: Auckland University Press, 2008, p. 219.

②　Margaret McClure, *A Civilised Community*: *A History of Social Security in New Zealand*, *1898 - 1998*, Auckland: Auckland University Press, 2008, p. 219.

收入家庭的孩子的补贴标准不同，也就是福利受益人的孩子和工作父母的孩子的补贴标准存在差异。1996 年这个项目被废止。

　　另一个家庭政策附加计划是新生儿父母退税补助（Parental Tax Credit）和家庭退税补助（Family Tax Credit）。新生儿父母退税补助主要在新生儿出生后的八周内支付，补助的金额视新生儿出生后八周内的家庭收入及收入类型而定，如果你已经获得了带薪育婴假，那就不能再申请新生儿父母退税补助。符合申请条件的工作父母一年的新生儿补助大约1200 新元。家庭退税补助是指那些家庭每周税后收入达到最低的金额，申请家庭必须有一方是有工作的，如果是父母都工作，父母每周工作时间不得少于 30 小时，单亲父母每周工作不少于 20 小时。

　　自 20 世纪 80 年代以来，大部分的自由主义福利国家都对家庭福利政策进行了调整，这反映了经济变化、人口结构变化及福利削减的时代背景，无论是工党政府还是国家党政府都致力于通过福利政策来推进父母就业。

表 6 - 7　每周清寒补助和儿童退税补助的最高额

单位：新元

儿童年龄	1996 年 6 月之前儿童退税补助	1998—2005 年清寒补助	1998—2004 年清寒补助和儿童退税补助（仅限工作家庭）
0—15 岁	42	47	62
不满 16 岁	42	60	75
0—12 岁	27	32	47
13—15 岁	35	40	55
16 岁以上	35	60	75

　　资料来源：Mike O'Brien, *New Zealand New Welfare*, South Melbourne：Cengage Learning Australia PTY Limited, 2008, p. 81。

小　结

　　到 20 世纪 90 年代末，新西兰失业人口的快速增长对社会保障制度产生了重要的影响，失业导致越来越多的人陷入贫困并更加依赖社会保障制度。随着就业模式的变化，越来越多的合同就业和非全日制就业的出现对社会保障制度带来了长期的深远的挑战。

　　作为社会和经济改革的一部分，新西兰社会保障制度在 20 世纪八九十年代经历了从凯恩斯主义到新自由主义的改革，与其他西方国家相比，新西兰的新自由主义来得比较晚，但是来势凶猛并非常明显，一下子把新西兰推到了改革的前沿。

　　在这样的背景下，社会保障制度在新自由主义优先发展经济的主导下不断地被重构，新西兰社会保障制度的改革与撒切尔夫人在英国实施的改革一样，改革的原动力不是来自意识形态的推动，而是为摆脱经济危机的实际需要。因此，新西兰社会保障制度的改革没有从政界开始，而是来自文职人员的思考和构想，财政部和社会福利部认为新西兰的经济地位已经不是世界前列的位置了，特别是那些通过改革成功地走上了资本主义道路的第三世界国家，如新加坡的发展对新西兰刺激较大。

　　经过上述思想的准备，从 1984 年至 1998 年，在工党政府和国家党政府的领导下，新西兰的改革试验正式展开。从 1984 年开始，许多国有企业开始私有化，废除对农业的保护措施，政府放松对劳动力市场的管制。实现"充分就业"成为政府公共政策的一级目标，这也是对新西兰长期信奉的凯恩斯主义传统的重大突破。同样，新西兰在社会服务领域也引入了新自由主义的模式，公立医院不得与私人医院进行竞争，几乎所有的福利津贴项目都遭到不同程度的削减，按照国民的不同需求，给予不同数目的社会保障。一句话，国家提供的社会保障正在市场化，国家所有的福利保障职能被削弱。凯尔西对新西兰社会保障改革试验是这样总结的："十多年的激进的结构调整产生了一个分裂的社会，新西兰已经从福利的国家干预主义堡垒发展为新自由主义的天堂。"①

　　新西兰新自由主义社会保障政策的变革核心是遏制（如果不能消除的话）财政赤字和大幅度减少公共支出占国内生产总值的比例以及减少国民的福利依赖。事实上政策变革并没有取得多大效果，到 1992 年预算时，1991 年至 1992 年的赤字预计几乎是 1991 年预算预测的两倍，达到 32 亿新元（占国内生产总值的 4.2%）。② 受益人人数有增无减。表 6 - 8

---

① 约翰·格雷：《伪黎明：全球资本主义的幻象》，刘继业译，中信出版社，2011，第 212 页。
② Jonathan Boston，"Reshaping Social Policy in New Zealand"，*Fiscal Studies*，No. 3，August，1993，p. 81.

是福利受益人人数的变化。从表 6 - 8 的数据可以看出，1984 年的福利受益人人数为 147224 人，这还不包括人数众多的超级养老金和子女津贴的受益人。到 1990 年，时隔 6 年这一数字翻番为 309151 人。从 1990 年开始，尽管福利受益人人数增长相对缓慢，但到 1998 年，受益人人数增至了 374746 人。20 世纪 90 年代后八年是国家党执政时期，国家党政府削减福利支出的政策尽管缓解了福利增长的速度，但还是无法阻止福利受益人人数的不断增加。

政府削减福利支出使福利的受益者（即那些领取失业福利和其他福利，包括国家退休金在内的人）首当其冲，几乎适用于每个类别家庭的情况。相比之下，政策变化对大多数中高收入者的可支配收入没有大的影响。总体而言，有子女的个人或夫妻受到的影响比没有子女的夫妻更大（这主要是由于新的医疗保健费用增加，市场化住房改革的变化）。

福利的削减首先影响到受益人的利益，受益人的收入减少了，很多人生活艰难，几乎每天都有一些处境艰难的受益人去慈善机构寻求帮助，慈善组织将受益人的生活困境、营养不良以及日益恶化的健康作为削减福利带来的贫困增加以及失业率持续高涨的指标。社会保障政策的变化给许多低收入个人和家庭，特别是受益人带来了相当大的财政困难，并扩大了收入差距。这样的结果与国家的目标是不一致的，政府承诺确保那些真正需要帮助的人"有足够的政府援助"。①

表 6 - 8 福利受益人人数变化

单位：人

年份	福利受益人人数（不包括养老金和子女津贴受益人）
1984	147224
1985	139980
1986	150153
1987	180856
1988	213554
1989	267480

---

① Jonathan Boston，"Reshaping Social Policy in New Zealand"，*Fiscal Studies*，No. 3，August，1993，p. 82.

年份	福利受益人人数（不包括养老金和子女津贴受益人）
1990	309151
1991	322555
1992	342089
1993	355055
1994	351942
1995	342089
1996	343856
1997	359050
1998	374746

资料来源：Department of Social Welfare，*Historial Summary-Number of Benefits and Pensions*，Wellington：Department of Social Welfare，1998，p. 8。

　　经过新西兰的经济和福利改革，一个新的阶层出现了，这个阶层在经济上被边缘化，成为只能依赖福利生活的底层阶层。底层阶层的出现并不是福利依赖的结果，在福利改革前没有这样一个阶层。底层阶层的出现是新自由主义福利改革的产物，特别是 20 世纪 90 年代后国家党政府的社会福利和税收政策改革进一步加剧了社会的不平等，新西兰社会的贫富差距拉大，1991 年人口中最富裕阶层的收入占市场收入的 38%，而底层的收入仅占收入的 7%。[①] 可以说，新西兰的福利改革试验表明，新自由主义创造了贫困，导致底层阶层的膨胀，一味地削减福利只能造成更多依赖福利的贫困阶层。

　　新自由主义福利国家的再设计使国家对公民的健康、养老、住房、收入支持等的保障偏离了社会民主主义的公民权模式。按照社会民主福利主义模式，"社会服务的权利是基于一个人的公民身份而不是按照其收入、财产、社会贡献来决定的"。社会民主福利的目的是"为所有的人提供高水平的公共福利，确保人民参与社会而不是维持基本生存"。[②] 从 1984 年到 1999 年，新西兰建立了更加典型的补缺型的社会保障制度，

---

① Mike O'Brien，*New Zealand New Welfare*，South Melbourne：Cengage Learning Australia PTY Limited，2008，p. 17.

② J. Boston，*Redesigning the Welfare State in New Zealand：Problems，Policies，Prospects*，Auckland：Oxford University Press，1999，p. 7.

尽管政府继续提供住房、养老等保障，但是这些保障大都需要家计调查或者保障的标准较低。1999 年上台的第五届工党政府对新自由主义的福利政策进行了改革，但新自由主义福利制度的主要特征仍然没有被触动。

第七章　21世纪初期新西兰社会保障制度的发展（1999—2014年）

从20世纪末开始，"第三条道路"理论影响了西方各国的社会保障政策，"第三条道路"理论基本目的是为劳动力市场提供有知识有创造力的劳动者，发展知识经济。"第三条道路"理论对新西兰第五届工党政府和第五届国家党政府的社会保障改革产生了重要影响。

1999年第五届工党政府上台后逐渐改变了新西兰社会保障制度的目标、框架、组织结构和运行模式。但社会保障的基础没有变化：与收入相关联的津贴，社会保障资金来源于税收收入，为家庭提供基本的财力支持。从2008年到2014年，国家党政府一系列重大改革的目的是减少福利依赖，试图建立一个更积极的福利体系。从2010年起，国家党政府的改革增加了受益人的义务并限制了领取福利的资格条件。国家党政府调整了福利类别，进一步延长了工作义务，将福利受益人的义务延伸到受益人的生活中。

本章旨在描述、批判性地分析和评估新西兰第五届工党政府（1999—2008年）和第五届国家党政府（2008—2014年）的福利改革。

第一节　社会保障制度的改革背景

当传统福利国家发展模式陷入发展困境时，以吉登斯为代表的新社会民主主义构建了"第三条道路"的理论，"第三条道路"理论是介于凯恩斯主义的国家干预和纯市场化导向之间的一种理论，是"超越左与右"的中间道路。"第三条道路"理论支持自由贸易和投资，特别关注就业政策，其基本目的是为劳动力市场提供有知识有创造力的劳动者，发展知识经济。吉登斯的观点是建立一个"社会投资型的国家"，他认为旧的福利国家目标是保护国民减轻市场的消极影响，而社会投资型国家是把国民推向市场。[1]"国家的主要目的不再是社会福利的提供者，而是推动者，政府不仅要提高社会的富裕水平而且要支持全球的经济竞争和推进国民经济的一体化。"[2] 因此，"第三条道路"理论对各国福利制度的影响体现在推行新型的社会公平理论，倡导从被动福利向积极福利政策的发展。"第三条道路"理论对21世纪以来新西兰的社会保障政策产生了重要的影响。

新西兰第五届工党政府和第五届国家党政府用"第三条道路"理论重构了社会保障制度。2001年工党政府文件《通向机会之路：从社会福利到社会发展》把社会发展（Social Development）作为政府政策的主要目标。该文件表达了这样的思想："通过工作帮助人们赢得技能，通过工作让国民过上一个幸福生活。"[3] 2002年工党政府总理海伦·克拉克（Helen Clark）再次阐述了政府的新目标："我们是'第三条道路'的政府，努力在市场经济和公平社会之间取得平衡，给所有人提供机会和保障。"[4] 至此，社会福利部更名为社会发展部。

"第三条道路"理论推进福利国家向社会投资型国家转变是通过培养公民的自我努力，鼓励国民追求幸福来实现的，而传统的福利制度通常是被动式的。因此，政府要求所有的福利津贴受益人都要参与劳动力市场活动，政府的主要责任是推进公民参与就业，通过就业提高劳动者的薪水。政府首先调整社会保障制度的结构，重点强调工作参与，从国家对福利受益人的收入支持向鼓励个人对经济增长的贡献转变，社会保障制度的原则也由原来的"归属感和参与感"转变为参与就业。

第五届工党政府上台后实施了一系列旨在改善国民生活水平、减少贫困的政策。根据新西兰贫穷测量项目小组（NZPMP）的研究，贫困不断增长的主要原因有几点：第一是那些抚养未成年子女的贫困家庭、领取较低养老金的贫困者；第二是儿童的贫困问题；第三是政策发展缺乏

[1]　A. Giddens, *The Global Third Way: The Renewal of Social Democracy*, Cambridge: The Policy Press, 1998, p. 90.

[2]　A. Giddens, *The Global Third Way: The Renewal of Social Democracy*, Cambridge: The Policy Press, p. 102.

[3]　H. Clark, and S. Maharey, *Pathways to Opprtunity: From Social Welfare to Social Development*, Wellington: Ministry of Social Development, 2001, p. 4.

[4]　J. Kelsey, *At the Crossroads*, Wellington: Bridget Williams Books, 2002, p. 50.

连贯性和协调性；第四是住房支付降低了家庭的生活水平，居住条件拥挤，租金高。政府的政策设计分为短期政策和长期政策，短期政策是通过推进就业减少贫穷，认为足够的薪水可以解决贫穷。鼓励就业是消灭贫困的长期政策，包括提高生产力、就业和生活水平，政府通过在职津贴（In-Work Payment）、为家庭工作（Working For Families，WFF）一揽子计划激励国民就业。长期的政策目标是提高教育、技能及发展人力资本，增进劳动者在劳动力市场的回报收益。

根据新西兰贫穷测量项目小组调查的 OECD 国家的数据，OECD 国家就业的单亲家庭贫困率是 18.6%，相比之下，那些没有就业人口家庭的贫困率达到了 63.5%。大约 20% 的受益人从事的是非全日制工作，其中 23% 是单亲父母，11% 是疾病津贴受益人。在 OECD 国家中单亲父母的就业率是最低的。[①] 因此，在政府看来，推进受益人就业是摆脱贫困的最好手段。

工党政府出台了消除贫困、改善生活水平的短期政策，其具体措施包括提高养老金的给付标准，提高受益人及低收入家庭的津贴标准，提高住房津贴标准，由市场化租金回到与收入相关联的租金。高房租已经成为很多低收入家庭贫困的主要原因，而政府公房的租户增多，公房供不应求，设计一个健康的住房计划是政府住房改革的目标。2004 年政府出台的为家庭工作一揽子计划是政府消除贫困与推进就业两个目标的结合体，为家庭工作一揽子计划的目标是工薪家庭，鼓励人们离开福利增加工资收入。政府预计通过 WFF 计划把儿童贫困率降至 30%。[②]

2006 年 10 月，工党政府宣布《工作的新西兰》（Working New Zealand）计划开始启动，并对 1964 年《社会保障法》进行修改。2007 年 6 月新西兰议会通过社会保障法的修改案，内容引入"目的和原则"部分。社会保障的变化将为每位接受福利并能够工作的新西兰人带来就业支持。《工作的新西兰》计划内容涉及：向独立青年、单亲家庭父母、疾病和残疾福利客户提供就业援助；在某些情况下为客户设定更强的工

---

①　Mike O'Brien, *New Zealand*, *New Welfare*, South Melbourne: Cengage Learning Australia Pty Limited, 2008, p. 35.

②　Mike O'Brien, *New Zealand*, *New Welfare*, South Melbourne: Cengage Learning Australia Pty Limited, 2008, pp. 216 – 217.

作期望；提供有针对性的就业举措以降低失业率；为所有准备工作的客户提供工作搜索服务；继续调整不同津贴项目的规则和标准。

从2007年9月起，涉及年轻人的福利津贴供给发生了一些变化，目标是让所有15岁至19岁的年轻人接受就业、培训或教育。申请失业救济金的人将需要有参与工作或与职业培训相关活动的经历。类似的要求也适用于疾病与残疾津贴和单亲父母津贴的受益人。如果不遵守规定，福利津贴将会被削减一半。

政府的这些新措施受到了残疾人大会（Formerly Disabled Persons Assembly，DPA）的批评，"残疾人士多年来一直在告诉社会福利部门，我们希望工作，但我们需要适当的工作"。苏珊（Susan St.）和路易斯（Louise Humpage）也评论说，这些变化"抹去了我们社会保障体系确保每个人都可以作为公民参与社会的权利，相反，它让人们去工作，接受任何工作，工作成为公民权利的基本原则"。①

工党政府福利改革的关键是"软化"自由主义，改革的指导性核心理念是"社会发展"，社会发展的目标是帮助人们获得一定的技能，找到一份工作，从而使得家庭生活更加美好。国家党政府的福利政策改革也是围绕"社会发展"展开的，主要采用了工作优先的方法（Work-First），目的是让福利受益人就业。主要手段是个案管理者，个案管理者对受益人提供有效的支持，帮助他们战胜困难。个案管理者与受益人之间的关系是通过工作寻找合同（Job Seekers Agreement）建立的。

尽管工党政府与国家党政府的政策表面上看有很多相似之处，但有两个关键的不同点。首先，工党政府把减少贫困作为明确的政策目标，调整各项福利政策的目的是减少贫穷。到2008年工党政府离任时，贫困率降为18%，失业人数从1999年的169203人降为2008年的17871人。②工党政府不像前任的国家党政府那样对福利受益人进行道德的谴责，而是强调"社会的融合"，希望通过社会投资的方法促进个人能力的提升

---

① Susan St. John, "Superannuation in the 1990s: Where Angels Fear to Tread?", In *Redesigning the Welfare State in New Zealand: Problems, Policies, Prospects*, edited by Jonathan Boston, Paul Dalziel and Susan St. John, Auckland: Oxford University Press, 1999, pp. 278 – 298.

② Ministry of Social Development, *The Statistical Report: For the Year End June* 2002, Wellington: Ministry of Social Development, 2002, p. 39.

进而消除贫困。

2008 年国家党重返政治舞台，总理约翰·基（John Key）任命保罗·本尼特（Paula Bennett）为社会发展部的部长，重申了福利国家的目标是建立"适度的安全网"，认为"有报酬的工作对大多数人来说是通向富裕的路径，也是解决贫困最好的方法"。国家党政府福利改革的一系列举措主要分为三类：第一类是建立福利津贴与消费指数（CPI）关联的制度。第二类是紧缩福利的资格条件。规定失业津贴受益人每隔 12 个月需要再申请一次。要求疾病津贴的受益人如果继续享受该津贴的话必须提供医学证明。第三类是增加受益人的义务，长期失业（失业 1 年以上）者需要参加职业培训，接受基本的工作技能课程。单亲父母津贴（DPB）的受益人，如果最小的孩子满 6 岁后就必须每周从事非全日制工作达 15 小时，或参加与工作有关的培训。对疾病与残疾津贴的受益人，如果具备劳动能力也要求适当的工作时间。①

国家党政府通过了两个临时福利项目，第一个是再启动计划（Restart Programme），给那些因为经济衰退而被解雇的雇员提供资助。第二个是工作支持计划津贴，重点面向年轻人。

工党政府和国家党政府的社会保障改革已从推进充分就业和普遍的福利政策转向更有针对性的福利制度。改革方案偏袒家庭，特别是工薪家庭，旨在吸引受益人进入劳动力市场。

第二节　超级养老金制度的改革与发展

新西兰超级养老金的改革并不是一蹴而就的，而是经过了一个不断的循序渐进的改革过程。在 20 世纪 90 年代，新西兰超级养老金的改革内容主要是对制度本身的一些参数进行适度的调整和改革，比如调整退休年龄、超级养老金的待遇标准等，最后发展到向高收入者征税。通过这些改革措施，超级养老金的支出占 GDP 的比重有了一定的下降。进入21 世纪以来，新西兰工党政府和国家党政府酝酿从多个方面来改革超级

---

① Michael O'Brien, *Poverty, Policy, and the State: The Changing Face of Social Security*, Bristol: The Policy Press University of Bristol, 2008, p. 182.

养老金制度，除了原来的非缴费型的超级养老金外，政府还建立了面向雇员的缴费型养老金制度。这些改革措施无疑对缓解人口老龄化及养老金的支付压力具有重要的意义。

一　超级养老金制度的改革

新西兰超级养老金是社会保障支出中最大的支出项目，1999 年超级养老金支出为 52.22 亿新元，占所有社会保障支出的 52.3%。第五届工党政府上台后为了解决养老金受益人的贫困问题，调整了超级养老金的给付标准，将养老金的替代率提高至 65%。新西兰的人口老龄化发展速度较快，65 岁以上的老年人占全部人口的比重由 1972 年的 8.5% 增至 2008 年的 12.6%，预计到 2030 年将达到 25%。为了缓解政府养老金的支付压力，2001 年新西兰通过了《新西兰养老金和退休法案》（New Zealand Superanuation and Retirement Act），根据该法案设立了新西兰超级养老金基金（New Zealand Superanuation Fund）。2007 年工党政府又设立了缴费型的养老金制度来分担超级养老金的支付压力。这些改革措施的目的都是提高超级养老金的支付能力和未来的可持续发展。政府的超级养老金具体改革措施见表 7-1。

表 7-1　21 世纪以来超级养老金的主要改革内容

年份	主要改革	效果
2000—2001	超级养老金替代率提高至 65%，财政盈余部分建立养老金基金	超级养老金的可持续发展
2003	超级养老金基金投资	超级养老金的可持续发展
2007	建立缴费型雇员储蓄养老金计划	提高退休收入

资料来源：David Preston，*Retirement Income in New Zealand：The Historial Context*，Commissioned by the Retirement Commission，Dec.，2008，p.10。

二　两支柱养老保障体系的确立

从 2007 年开始，新西兰建立起两个支柱的养老金保障体系：第一支柱是非缴费型的超级养老金，第二支柱是缴费型的雇员储蓄养老金计划。新西兰养老金体系与众不同的特征就是养老金体系只有第一支柱和第三支柱,① 而且, 以第一支柱为主导。新西兰缴费型的雇员储蓄养老金计划建立于 2007 年, 是新西兰政府为了减轻超级养老金的支付压力而设立的, 员工从首次工作开始就自动加入到了雇员储蓄养老金计划中, 缴费标准是按照其工资的比例, 一般常见的有 3%、4% 和 8% 三个档次, 由雇员自主选择, 雇员的缴费计入个人账户, 个人账户基金实行完全基金积累模式。政府会给个人账户提供一定的补助, 每个新账户政府会注入 1000 新元作为账户的启动资金。政府对参加雇员储蓄养老金计划的雇员进行奖励, 多缴多赠。雇主的缴费标准是全体雇员工资的 3%。

与缴费型的雇员储蓄养老金计划在支出水平和覆盖人群方面相比, 非缴费型的超级养老金占据了绝对的主导地位, 以 2012 年为例, 领取超级养老金的人数为 59.9 万人, 而同期的雇员储蓄养老金计划的受益人口仅仅为 7.2 万人; 在支出方面, 超级养老金的支出为 98.6 亿新元, 也远远地超出了雇员储蓄养老金计划的支出。

从国际情况来看, 新西兰非缴费型超级养老金制度是世界上独一无二的, 新西兰国民主要依赖非缴费型的第一支柱养老金, 目前世界上建立非缴费型养老金制度的仅仅有南非、孟加拉国、莱索托、博茨瓦纳等。这些国家之所以没有建立起缴费型养老金制度的主要原因是这些国家经济发展较为落后, 而像新西兰这样的发达国家实行非缴费型的养老金制度实属一个特例。

为什么新西兰的养老保障体系基本依靠第一支柱, 而没有按照世界银行的标准建立三个支柱呢? 1938 年《社会保障法》确立了新西兰养老金的高标准给付, 新西兰养老金制度由早期的保障低收入阶层发展到可以维持中高收入阶层的收入需要, 在这种情况下, 高收入的阶层、中产阶层、低收入阶层结成了同盟, 共同游说政府, 提高养老金的标准, 周而复始, 加重了各阶层对超级养老金的依赖。而政治家们为了赢得竞选的胜利, 也只能满足庞大群体的利益诉求。既然政府把超级养老金的给付标准维持在相对较高的水平上, 那么对国民来说, 其他支柱的养老保障无疑是多余的。

---

① 养老金体系的三个支柱: 第一支柱是非缴费型的养老金; 第二支柱是强制储蓄型的缴费养老金, 缴费越多, 养老金越多; 第三支柱是自愿私人储蓄。"三个支柱"是世界银行于 1994 年首次提出的一个概念。

三 超级养老金的运行状况

调整后的超级养老金无论在内容还是支付标准上都发生了变化，从目前的运行效果来看，超级养老金运行良好，政府也没有太大的财政支付压力。

（一）超级养老金的内容

新西兰超级养老金的资格条件有两个方面的要求：一是资格条件。要求65岁以上的老年人，从20岁以后在新西兰居住达到20年，50岁以后至少在新西兰居住满5年。如果达不到上述的资格要求，但其配偶正在领取超级养老金的话，那么本人也可以申请"无资格配偶超级养老金"（Non-qualilified Spouse）。二是关于超级养老金的待遇水平的规定（见表7-2）。

表7-2 2012年4月1日起新西兰超级养老金的待遇标准

单位：新元

	税后（M税率）超级养老金待遇	税后（S税率）超级养老金待遇
夫妻双方都符合领取资格，每人可领取的待遇	268.40	249.55
夫妻双方中一人符合领取资格，符合领取条件者领取的待遇	255.09	236.24
单身，独立居住	348.92	330.07
单身，与他人同住	322.08	303.23

资料来源：Ministry of Social Development，*The Statistical Report* 2009，Wellington：Ministry of Social Development，2009，p.173。

表7-2是以2012年4月1日新西兰超级养老金的待遇标准（新元）为例的。表中的夫妻既包括法律意义上的夫妻也包括事实意义上的。如果夫妻中的一方不符合领取养老金的资格，那么双方都领取福利时要进行家庭收入调查。表中的待遇不包括家庭税收的抵免。超级养老金是无须进行家庭财产状况审查的，但要参照婚姻状况进行给付。每周夫妻领取的超级养老金的一般标准是税后工资的65%—72.5%，单身领取者的超级养老金的标准是夫妻水平的65%，与其共同居住者大约可领取60%。

（二）超级养老金的受益人数及支出水平

自超级养老金制度设立以来，受益人数快速增长，1940 年超级养老金的受益人数仅有 9.3 万人，到 1970 年这个数字增长至 24.2 万人。从 1940 年至 1970 年，超级养老金的受益人数和支出增长较慢，主要原因是超级养老金制度还属于家庭收入审查制度。1970 年的超级养老金总支出仅为 1.56 亿新元。从 1977 年开始，超级养老金成为普惠型，受益人数增长加快，1970—1990 年是超级养老金制度发展最快的 20 年，1990 年受益人数达到 49.6 万人，1990 年超级养老金的支出是 1970 年的 30 倍，尽管政府已经意识到了超级养老金增长较快，也想控制超级养老金的增长速度，但是这一时期政府的改革阻力较大，改革力度很小。进入 20 世纪 90 年代后，国家党政府加快了对超级养老金的改革步伐，养老金受益人数增长放慢速度，但是到 2012 年养老金受益人口仍然有 59.9 万人，超级养老金的支出也是从 20 世纪 70 年代中后期开始快速攀升（见图 7-1），到 2012 年，超级养老金的支出高达 99.55 亿新元。

图 7-1　1940—2012 年超级养老金的受益人数和支出

资料来源：Ministry of Social Development, *The Statistical Report* 2012, Wellington: Ministry of Social Development, 2012, p. 163。

四　超级养老金制度的效果及问题

新西兰早期建立的养老金制度具有补救型特征，源于盎格鲁－撒克逊模式。但是在养老金制度的发展过程中，新西兰养老金制度逐步分化出来，形成了不同于其他国家的独特模式，并取得了很大的成效，但该制度也不是尽善尽美的，仍存在一些问题。

（一）超级养老金制度的成就

1. 有效防止老年人的贫困

新西兰超级养老金制度具有普惠主义的特征，尽可能地惠及大部分的老年人，而且该制度还充分地考虑了老年人的居住条件、年龄及婚姻状况，有效地帮助老年人抵御了贫穷。超级养老金的替代率一直保持在 60% 以上，不同时期的养老金的标准基本都在老年人收入的 48.3%，对那些特别依赖超级养老金的老年人来说，养老金给付标准占老年人收入的 83.2%。因此，超级养老金成为老年人收入的主要来源。高标准的养老金有效地预防了老年人的贫穷。根据 OECD 的数据，新西兰老年人的贫困率与 OECD 国家平均水平相比较低，分别为 8.2% 和 12.6%（见表 7-3）。可见，新西兰超级养老金制度在减少老年人贫困方面发挥了巨大的作用。

表 7-3　2010 年 OECD 国家和新西兰各年龄段的贫困率水平比较

单位：%

	0—17 岁	18—25 岁	26—65 岁	65 岁以上
OECD 平均水平	13.3	13.8	9.9	12.6
新西兰	12.8	10.4	8.9	8.2

资料来源：http://www.oecd.org/social/soc/income-distibution-database.htm。

2. 政府的财政压力较小

新西兰超级养老金制度属于非缴费型的制度，国家财政作为养老金的主要资金来源。从理论上讲，依赖财政支出必然会导致财政负担的加重。从其他国家的养老制度发展历史来看，依赖于财政支持的养老金制度往往会导致财政压力过重。但是令人非常吃惊的是，21 世纪以来新西兰超级养老金支出占 GDP 的比重并不高，而且还呈现逐渐下降的趋势，这样的结果也是引人注目的。

图 7-2 是 1990 年至 2012 年超级养老金支出占 GDP 比重的变化情况。可以看出新西兰超级养老金占 GDP 的比重自 1990 年后呈现下降的趋势，但是在 2001—2003 年又有所上升。2008 年的支出比重占 4.4%。到 2012 年达到 4.0%。而同时期的 OECD 国家中，养老金支出占 GDP 的比重平均为 7.0%，当然，新西兰并不是最低的，同时期的澳大利亚只

有 3.4%，韩国是 1.7%。[①] 但是这些国家之所以养老金占 GDP 的比重比新西兰还要低，主要是这些国家的私人养老金制度比较发达。从这个角度来看，新西兰的超级养老金制度真正算得上一个公平为主兼顾效率的制度。

尽管新西兰不符合世界银行的"三个支柱"养老标准的要求，但是新西兰的普惠超级养老金制度有效地解决了贫穷，缩小了收入的不平等。当然也有反对者认为，随着人口老龄化加剧，新西兰非缴费型的超级养老金会面临支付困难，但是，从目前新西兰的超级养老金发展看，并没有出现支付问题，而且超级养老金制度运行良好和稳健，也没有带来政府财政的紧张，2014 年国民超级养老金的支出仅占 GDP 的 5%，这不得不说是一个奇迹。新西兰超级养老金的独特模式也是值得其他国家借鉴的。

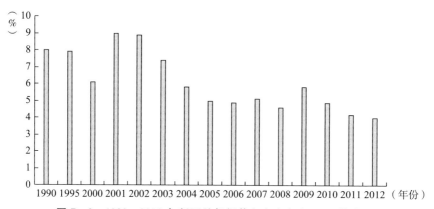

图 7 - 2　1990—2012 年新西兰超级养老金支出占 GDP 的比重

资料来源：笔者根据 Ministry of Social Development，*The Statistical Report 2012* 中的超级养老金支出情况整理而成。参见 http://www.tradingeconomics.com/new zealand/gdp-growth-annual。

3. 超级养老金制度简单易懂

新西兰的超级养老金制度经过了 100 多年的发展，演变成一个简单而易懂的制度。对老年人来说，能否领取养老金或能领取多少养老金都无须花时间来思考。早期的超级养老金制度需要家计调查，从 20 世纪 70 年代后个人收入调查因素被剔除，所有的老年人被纳入制度中，避免了

① OECD，*Pensions at a Glance：Retirement-income System in OECD and Countries*，OECD Publishing，2012，p. 155.

收入调查给老年人带来的屈辱感。

（二）超级养老金制度存在的问题

世界上没有一项制度是尽善尽美的，新西兰的超级养老金制度也是如此。尽管超级养老金制度兼顾了公平和效率，也有效地防止了老年人的贫困，政府的财政压力也较低，但是从超级养老金的未来发展来看，这一制度仍然存在一些隐患。

1. 制度较为单一

超级养老金制度较为单一。尽管非缴费型的超级养老金制度目前运行状况不错，覆盖面广，保障标准高，但是超级养老金制度是与国家的财政状况紧密联系在一起的，当国家的经济发展稳定时，养老金的支出没有问题，一旦经济发展遇到波动，必然会危及养老金制度，出现养老金的支出困难。

2. 养老基金投资风险的存在

新西兰政府为了应对人口的老龄化设立了超级养老金基金，政府将财政的部分盈余积累成养老金基金，用于将来养老金的发放。这些积累的大笔养老金基金要保值增值必须进行投资。目前新西兰超级养老金基金的投资收益也是很可观，见表 7-4。可以看出，从 2005 年至 2006 年，超级养老金基金的投资收益率为 19.20%，投资回报相当可观。2007—2008 年和 2008—2009 年，养老基金的投资收益率呈现负值，说明经济波动影响了养老金基金的收益。而随着全球化的发展和加深，这种投资风险也必然会再次出现，因此，在超级养老金基金的未来发展中必须提高警惕。

表 7-4　2003—2010 年新西兰超级养老金基金投资收益率情况

单位：%

	2003—2004 年	2004—2005 年	2005—2006 年	2006—2007 年	2007—2008 年	2008—2009 年	2009—2010 年
投资收益率	7.69	14.13	19.20	14.58	-4.92	-22.14	17.26

资料来源：Performance and Portfolio Update, New Zealand Superannuation Fund, 31, May, 2010。

总之，从新西兰养老金制度 100 多年的发展历史来看，制度总体运行状况较好，也没有对财政带来过多的压力，但是随着人口老龄化和全球化的加深，超级养老金的支出必然也会大幅度地提高，因此，未来新西兰养老金制度的发展主要是提高养老金的支付能力，扩大养老资金的来源渠道。

从全球养老金制度的发展经验来看，新西兰的超级养老金制度是非常独特的，目前全世界还没有哪一个国家能采用单一的非缴费型的养老金制度。新西兰不断将养老金基金进行投资，而且收益较好，非常值得借鉴。

第三节　疾病与残疾津贴的改革

对大多数西方国家来说，残疾津贴和疾病津贴的支出的快速增长推动政策制定者更多关注疾病与残疾津贴制度改革。新西兰残疾津贴（Disability Benefit）和疾病津贴（Sick Benefit）的支出比例较高，政府想通过政策机制的调整来削减疾病津贴和残疾津贴的支出。图 7 - 3 是 2000年各项福利支出的比例，其中残疾津贴支出占社会保障支出的 7%，而疾病津贴支出占 4%。

从 1945 年至 1986 年，疾病津贴受益人人数相对稳定，年均增长率仅为 2.0%。然而，从 1986 年到 2000 年，这一数字激增，平均每年增长15.2%。失业率的上涨可能是对这一变化趋势的有力解释（由于失业率增长过快，政府收紧失业津贴的资格，一些失业者转向申请疾病津贴）。从 1986 年到 2000 年的疾病津贴受益人人数增长率与失业津贴受益人人数的增长率几乎完全相同。[1]

残疾津贴受益人人数在早期也是静态的，在 20 世纪五六十年代变化不大，然而自 20 世纪 70 年代后期以来，它的涨幅相当强劲，1980 年出现了显著的增长。自 1975 年以来，残疾津贴受益人数持续不断增长，年均增长率为 7.3%。[2]

自 1999 年工党执政后，新西兰推行一系列措施，残疾津贴和疾病津贴的政策有了更加广泛的发展。2001 年工党政府出台了第一个关于残疾

---

① *Welfare Benefits Trends in New Zealand*, NZ Parliamentary Library, 3, August, 2000, p. 5.
② *Welfare Benefits Trends in New Zealand*, NZ Parliamentary Library, 3, August, 2000, p. 5.

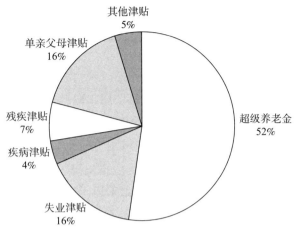

图 7 - 3　2000 年社会保障支出中主要支出项目的比例

资料来源：*Welfare Benefits Trends in New Zealand*，NZ Parliamentary Library，3，August，2000，p. 2。

津贴的文件《新西兰残疾战略：让世界不同》，承诺建立一个合理社会的残疾保障模式。疾病津贴和残疾津贴的改革成为 2000 年以来社会保障制度改革的一部分。改革带来一系列更加广泛的政策变化，积极推进非残疾的公共环境，提供工作优先的方法，推进残疾津贴和疾病津贴受益人愿意工作的环境。

有大量事实证明，很多社会政策使残疾人面临不利的处境。因为残疾人不可能像正常人一样参与劳动力市场的工作，残疾人中大约有 36% 的没有参与工作，而正常人没有工作的比例只有 18%。残疾人也不可能与正常人在同一环境内工作，很多残疾人也没有接受过学历教育，其中 39% 的残疾人待在家中没有接受过任何学历教育，相比之下，非残疾人没有接受学历教育的比例仅为 24%。39% 的残疾津贴受益人和 50% 的疾病津贴受益人没有正式的学历教育。据 2001 年 3 月 31 日的一篇报道，一个成年残疾人的年收入不到 15000 新元，这一比例占了 56%，而非残疾的成年人仅占 40%，女性残疾人的收入情况就更加可怜。残疾人不是就业的主流，大部分残疾人也不可能从事全日制的工作。① 但重要的是，很多残疾疾津和疾病津贴的受益人不会自我认同为残疾人。对政府来说，残疾津贴和疾病

---

① Mike O'Brien，*New Zealand*，*New Welfare*，South Melbourne：Cengage Learing Australia Pty limited，2008，p. 92.

津贴的受益人人数太多，应该被削减，解决的方法有赖于政策机制的调整。

一　改革疾病与残疾津贴

疾病津贴和残疾津贴在 1935 年被第一届工党政府引入，残疾津贴受益人是指那些长期不能工作的人，被看作值得救助的穷人。疾病津贴受益人是指因为疾病或意外事故临时不能工作的人，也就是说暂时离开工作或者减少工作量。

要申请残疾津贴的话，一个人必须是永远无法满足每周 15 小时工作能力的要求。申请疾病津贴则必须是参与全日制工作的能力受到限制的人，全日制工作要求每周工作 30 小时。残疾津贴的受益人数在 20 世纪 90 年代初期下降了，而从 2000 年到 2007 年又出现了增长的趋势。截至 2007 年 3 月，年龄在 18—64 岁得到残疾津贴的受益人有 77000 人，比 2006 年增长了 3%，18—64 岁的疾病津贴受益人有 48000 人，比 2006 年增长 4%。[1]

残疾津贴受益人人数增长可能是因为人口增长、老龄化，其他相关的原因与就业结构的变化、雇主的招聘政策有关。[2] 在残疾津贴受益人中，71% 的受益人年龄超过了 40 岁，超过 55 岁的占 33%，18—24 岁的占 7%。与残疾相关联的损害，27.5% 的残疾津贴受益人有精神或心理损害，14% 的有智力残疾。残疾津贴受益人中 20% 是毛利人。对疾病津贴受益人来说，15% 的受益人年龄在 18—24 岁，疾病津贴受益人中的 36% 有心理或精神损害，17% 的是骨骼的损害。[3] 残疾津贴和疾病津贴的受益人跟其他津贴的受益人相比大都年龄较大，并且残疾津贴受益人享有津贴的时间也都比较长，收入水平跟其他津贴的受益人相比也是最低的。

从 1990 年起，残疾津贴受益人人数增长较快，而且依赖津贴的时间

---

① Mike O'Brien, *New Zealand*, *New Welfare*, South Melbourne：Cengage Learing Australia Pty limited，2008，p. 93.

② M. Wilson, *Growth in Numbers of Sickness and Invalid's Benefit Recipients 1993 - 2002*，Wellington：Ministry of Social Development，2005，pp. 1 - 7.

③ Mike O'Brien, *New Zealand*, *New Welfare*, South Melbourne：Cengage Learing Australia Pty limited，2008，p. 94.

也较长。政府投入疾病津贴的资金也增长了。从 1995 年起，国家党政府收紧了残疾津贴的支出，也包括收紧单亲父母津贴和失业津贴的支出，鼓励有工作能力的人参与就业。1995 年 9 月，国家党政府出台了指定医生计划（Designated Doctor Scheme），这些指定医生是由社会保障机构认可的，负责对疾病津贴和残疾津贴申请人的资格条件进行认定。

自工党 1999 年执政以来，残疾津贴和疾病津贴的受益人人数继续攀升，2008 年残疾津贴和疾病津贴的支出达到 1.87 亿新元。工党政府社会保障改革的核心是由福利型国家向社会投资型国家转变，社会投资的方法同样适用于残疾津贴和疾病津贴的受益人。《2004 年疾病津贴和残疾津贴战略》的重点是发掘受益人潜在的工作可能性，重点面向那些长期患病脱离劳动力市场的受益人，通过政府的激励、提供就业机会、个性化指导以及强化个人责任来推进有工作能力的人就业。

二　具体的政策措施

政府的疾病与残疾津贴制度改革主要是向受益人提供工作优先的机会，对长期福利依赖者进行个性化指导，强调受益人的义务与责任等。

（一）机会：工作优先

政府大部分政策集中于提供就业刺激和支持，工党政府政策的目的是设法引导一个长期的态度上的变化，评价残疾人的工作能力与机会而不是仅仅关注残疾人的缺点。

2007 年《社会保障法》对福利津贴制度引入了工作优先的重要原则。2008 年执政的国家党也认识到疾病与残疾津贴制度改革的重要性，建立了雇主、服务提供者、家庭与残疾人的联系，这些激励措施也反映了国际社会的观点，"社会需要改变对伤残人的看法，并设法影响他们"，"不能把伤残与不能工作画上等号"。[1]

（二）激励措施

有一种论点认为，福利制度可以对那些劳动力市场的边缘人提供刺激，鼓励他们去工作。在工党执政时期，通过增加最低工资和出台在职

---

[1]　OECD, *Policy Brief：Disability Programmes in Need of Reform*，Paris：OECD, 2003, p. 3.

津贴来寻求鼓励更多的津贴受益人就业。所有的福利津贴受益人，包括残疾津贴和疾病津贴的受益人也赢得了优先发展就业的机会。

但是疾病津贴和残疾津贴的受益人也面临很多不同于其他人的地方，残疾津贴被贴上了"长期的""严重的""每周不能工作 15 小时的"标签。疾病津贴受益人的情况限制了他们从事全日制工作的可能，雇主的态度、社会障碍、身体的糟糕状况等因素，给疾病津贴的受益人贴上了无能力的标签，如此的评价限制了个人的能力和潜力。

如何让津贴规则更加宽松和弹性，引发了政策思考。2004 年为家庭工作计划的解决办法是允许残疾津贴的受益人尝试每周工作 15 小时，必须有 6 个月的工作时间，作为享有津贴的资格条件。2007 年 3 月，有 1/7 的残疾津贴受益人和 1/8 的疾病津贴受益人有了收入申报记录，这意味着在最近的 12 个月内他们有了一定的收入。简森（Jenson）认为"对残疾人来说，更适合他们的就业方式是非全日制就业而不是全日制就业"。[①]

（三）收紧门槛，管理资金

从国际上的情况看，对残疾津贴资金流入的管理获得了政策的更多关注，受益人获得津贴更加困难。如果对残疾津贴申请人的资格条件怀疑的话，工党政府允许当地的全科医生和个案管理者提供补充意见。

来自社会发展部的研究表明，有 20% 的新接受培训的客户来自疾病津贴和残疾津贴的受益人，他们是乐意接受培训去工作的，但是这些受益人没有被看作就业服务的主流，就业服务的重点是失业津贴的受益人。失业津贴受益人人数的下降，引发政府更多关注疾病津贴和残疾津贴的受益人。新西兰工作与收入局（Work and Income）的新服务模式是寻求整合以就业为导向的服务和支持，为福利津贴受益人提供就业服务，帮助人们就业。

2004 年 10 月工作职业评价机制被引入，主要为那些想工作的人提供评价服务，这是一项个人化的计划。职业评价有助于个案管理者有更加明确的技巧和鼓励方法，激励那些想工作的人就业。对残疾救济对象来

---

① J. Jenson et al. , *Disability and Work Participation in New Zealand*, Wellington: Ministry of Social Development, 2005, p. 2.

说，重点是发展一个新的评价机制，更好地理解个人的想法、理想与能力。预防为主的个案管理也包括一些特殊服务，目标是防止因健康或残疾问题再次失去工作。

（四）个性化指导

自 1994 年以来，从国际国内来看，个案管理已经成为福利改革的核心部分。新西兰政府于 2003 年出台了工作震动（Jobs Jolt）计划，该计划引入了对残疾津贴和疾病津贴的受益人提供与就业相关联的服务，包括通过专家对疾病津贴和残疾津贴的受益人的个案管理，个案管理者的目标是激励就业，推进就业。

长期的福利依赖者面临很多的障碍，尤其是残疾津贴受益人，推进他们就业是非常不容易的一项工作。促进转变主要靠政策机制，例如激励措施和个案管理服务。很多国家的经验表明，使福利受益人成为靠劳动收入者仅仅通过激励刺激是不够的，需要激励措施与专家的个案管理相结合。

（五）权利与责任

权利与义务是社会保障改革的核心，2007 年《社会保障法》的基本原则是工作优先，要求残疾津贴和疾病津贴的受益人加入工作发展计划，要求受益人遵守个人发展与就业计划（Person Development and Employment Plans，PDEP）要求。这些要求如下：

·从事工作与收入局安排的工作；

·从事与工作相关联的活动；

·接受特殊的活动如康复治疗。

如果受益人没有遵守这些要求的话，可能面临制裁，将会失去残疾津贴或疾病津贴标准的 50%。

自 1999 年以来，新西兰政府给予残疾政策更多的关注，尽管如此，残疾津贴和疾病津贴的受益人数继续上升（尽管增长速度减慢）。要想与政府的社会发展原则保持一致，就要有效地解决津贴受益人的福利依赖问题，这需要长期的努力。劳动力市场的身份与教育经历有密切的关系，对伤残人士来说，良好的教育经历是保障就业的关键第一步，大部分残疾津贴受益人很少有工作的历史，年龄和身体的损害都是影响工作的障碍，消除这些障碍才有利于就业。在很多地区，歧视仍然广泛存在，这也限制了伤残人士进入劳动力市场。残疾津贴受益人和个案管理者表示，雇主大都不愿意雇用长期身体不好的残疾人。

推进残疾津贴和疾病津贴的受益人就业不是容易的事情，特别是那些长期的福利依赖者，仅通过激励措施是远远不够的，对受益人的津贴制裁也不是一个有效的解决方法，国际上很多国家采用的是提供高质量的伤残就业和服务计划。

第四节　政府公房制度的创新

1992 年新西兰政府公房进行了市场化的改革，从改革后的公房负担能力看，官方认为住房补贴可以帮助很多家庭负担得起房租，而社会福利部的官员分析认为，如果没有住房补贴的话，房租大约占租户家庭收入的 60% 以上，有住房补贴的可以减少 4 个百分点。可见，尽管有政府的住房补贴，但是仍然有大约 10% 的人，超过 30000 人，仍然要把自己净收入的 50% 以上用于房租。[①]

尽管住房补贴减少了家庭用于租房的部分花费，但是根本无法保证扣除租金后还有足够的收入，因此，与住房相关联的贫穷问题显现出来。1996 年申请特殊资助的家庭中有 80%（大约 26400 人）是由于住房支出造成的困难。根据 1997 年一些受访者的表示，其家庭收入的 50% 用于住房花费。[②] 这表明，1992 年住房市场化改革使低收入家庭住房支付能力大大下降。

20 世纪 90 年代的住房改革是政府在住房市场中角色的重大转型，昆士兰地区发生了几起抗议房屋租金较高的罢工活动。1997 年 12 月国家党上台后考虑到住房支付能力问题，立即出台了临时租金冻结措施。在 1997 年的政府预算中，住房补贴支付提高了 70%，目的是帮助低收入家庭减少用于住房的开支。

---

① Michael O'Brien, *Poverty*, *Policy and The State*: *The Changing Face of Social Security*, Bristol: The Policy Press, 2008, p. 96.

② D. Thorns, "Housing Policy in the 1990s: New Zealand a Decade of Change", *Housing Studies*, Vol. 15, No. 1, 2000, pp. 129 – 131.

随着城市的快速发展，住房价格增长较快，从 1986 年到 1996 年的十年，住房价格提高了 148.9%，人口的增长及房价上涨导致全国人口中 1/3 的家庭住房支付能力下降，这就要求政府有所作为。在 1999 年大选中，工党宣称要实行与收入相关联的租金，并宣称政府在住房市场中具有举足轻重的地位。在 2000 年，上台的工党政府再次对公房制度进行调整，重建与收入相关联的租金，有效地解决了市场化租金带来的弊端。

工党政府的公房改革经过 10 年的发展，出现了财政压力大和公房管理效率低等问题，又导致 2010 年公房改革。2010 年政府公房改革是彻底打破新西兰政府公房保障的垄断地位，促进多元参与住房保障模式的开始，经过此次改革，政府公房形成了由政府主导、多方参与的完善的住房保障机制。

一　重回社会租赁住宅

2000 年 8 月工党政府通过了《住房重建修正法案》（The Housing Restructuring Amendment Act）。该法案不仅重新引入了与收入相关联的租金，而且修订了新西兰政府公房的目标原则，那就是政府公房不能考虑利润的问题。《住房重建修正法案》要求新西兰住房署承担起住房的社会责任，立法也定位新西兰住房署为社会计划项目机构。

新西兰住房署的地位被定位后，立法又着手建立与收入关联的租金制度，政府设定了公房租户的收入门槛，政府公房的租客如果其收入超过这个门槛，就需要额外多支付租金，这个租金大致类似市场租金。立法规定了租户的收入门槛：单身租客为 225.55 新元，双亲和单亲家庭为 347 新元，这意味着不是所有政府公房租户的租金是其收入的 25%。《住房重建修正法案》的出台意味着有 41000 户租客支付的房租是其收入的 25%，并且这些租户每周还可以得到平均 40 新元的住房资助。[①]

《住房重建修正法案》于 2000 年 11 月正式生效，政府公房的租户不

① Laurence Murphy, "Reasserting the 'Social' in Social Rented Housing: Politics, Housing Policy and Housing Reforms in New Zealand", *International Journal of Urban and Regional Research*, March, 2003, p. 97.

再享有住房补贴（AS），政府对新西兰住房署的损失进行补偿。从 2001 年到 2003 年，政府用于重建收入相关联租金的支出大约是 2.58 亿新元。①

政府出台与收入相关联的租金计划有很明显的动机，政府住房制度的设计也避免了 1990 年以前政府公房出现的问题，那就是当租客收入增长时，而租金仍然很低，租户收入与租金没有相关联。而且，工党政府也关注到住房补贴（AS）制度的消极性，但是政府还是继续对住户提供住房资助。很清楚，300000 户是有住房补贴的受益人，他们的政治影响也是工党不能小觑的。

然而，公共住房市场和私人住房市场的租金差异较大可能带来对公房需求的增长，政府充分考虑到这一点，因此，政府及时停止了政府公房的出售，并加大了对政府公房的投资。为了维持公房的股票和扩大公房的需求，政府拨款 3.58 亿新元。与收入关联的公房政策得到了社会的广泛支持，政府也宣称增加对低收入家庭和毛利人的住房援助。

新的住房政策对新西兰政府公房署来说也是一个挑战，作为一个公司应该是追求利润的，但是在新法下，新西兰住房署被定位为社会公共机构。2000 年 9 月住房部宣称建立新的住房机构，2001 年 7 月新西兰住房署（Housing New Zealand Company）正式成立，由原来的公房署、住房公司及社区住房重新组合形成，全权管理政府公房。政府设立单一管理机构的理由是，"单一的机构更能有效地为低收入人群提供住房服务"。②

新自由主义市场化租金的住房改革通过政府的住房补贴使租户在住房选择上更加自由，但也带来了很多弊端。2000 年新西兰又重建了与收入关联的租金政策，重新定位了政府在公房保障中的主导地位。

新西兰住房政策的变化表明仅靠市场是不能解决低收入家庭的住房问题的，低收入家庭的住房保障还是需要政府承担起主要的责任，新组

---

① New Zealand Labour Party, *Trust in Government and Strong Social Services*, 13, September, 2000, at http://www.labour.org.na/budget/stmts/sho4.html.

② Michael O'Brien, *Poverty*, *Policy and The State*: *The Changing Face of Social Security*, Bristol: The Policy Press, 2008, p.94.

建的新西兰住房署开始用非市场化的方法来解决住房问题，有效地解决了市场化租金带来的弊端。

二 政府公房危机及2010年公房改革

（一）政府公房危机与改革

2008年因新西兰信贷市场的暴涨导致住房市场泡沫的破裂，老百姓的财富一夜蒸发，很多人一夜之间变成了无房者，而此时的房租价格一路走高，很多失去房子的人承担不起高房租。因此，越来越多的人不得不求助于国家，2010年有大约1万多人等待租住政府的公房。[①]

面对这种困境，中央政府是有心无力的。一方面，政府公房占住房市场的比例不高，在20世纪80年代之前，政府公房占住房市场的比例大约为7%，到20世纪90年代这一比例就更低，只有4%。[②] 但是有大量等待政府公房的申请者，政府公房供需缺口巨大，而此时的新西兰又面临财政上的压力，2009年，接受政府住房补贴的人占到了20%—25%，住房补贴支出高达17亿新元，如果按照这个速度发展下去，据预测，2019年的住房补贴支出将达到37亿新元。[③]

住房问题除了导致政府的财政压力外，新西兰住房署的管理也存在不少问题，缺乏技术上的测算，无法精确地估算出新西兰人的住房需求状况，因此导致政府公房欠缺公平性和效率性。2010年4月由相关住房政策专家向政府提交了一份题为《新西兰政府公房情况的报告》，从四个方面指出了新西兰政府公房制度面临的挑战：（1）政府公房供不应求；（2）政府的财政压力大；（3）住房补贴存在不公平问题；（4）单纯依赖政府财力已经无法解决住房的资本需要问题，必须寻找合作方。[④]

[①] Housing New Zealand Corporation（HNZC），*Brief for the Minister of Housing*，Wellington：Housing New Zealand Corporation，2011，p. 11.

[②] Housing New Zealand Corporation（HNZC），*Brief for the Minister of Housing*，Wellington：Housing New Zealand Corporation，2011，p. 6.

[③] Housing New Zealand Corporation（HNZC），*Brief for the Minister of Housing*，Wellington：Housing New Zealand Corporation，2011，p. 8.

[④] David Thorns，"The Remaking of Housing Policy：The New Zealand Housing Strategy for the 21st Century"，*Housing Finance International*，June，2012，p24.

2010 年 10 月，新西兰内阁会议专门讨论了住房专家们的报告，最终，住房专家们的报告获得了一致的认可。2010 年 12 月《政府公房改革计划》出台，这份改革计划涉及政府公房改革的内容，主要有三个方面：（1）建立政府公房评估系统。全方位的住房评估系统能够准确地预测新西兰民众的住房需求状况，确保政府公房能够为最需要的家庭使用。（2）对住房管理机构再次调整。成立了政府公房分部，隶属于住房建设部，属于半独立的机构，其主要的职责是提供政策上的建议和咨询。（3）行政管理机构的合理运作。住房补贴由社会保障部管理，政府公房由新西兰住房署负责，非政府公房由政府公房分部管理。各部门各司其职，有助于提高效率。

（二）改革后的政府公房运作机制

2010 年新西兰政府公房改革不仅建立了多元参与的住房保障模式，还建立了完善的政府公房评估机制，保障了政府公房的高效运转。

1. 完善的政府公房分配机制

新的住房分配机制对申请人的住房支付能力、适当性、相配性、可获得性、可持续性五个方面进行综合的评价，然后按照申请人的住房需求程度分为四个等级，国家根据等级进行政府公房的分配，A 级优于 B 级，B 级优于 C 级，D 级最低，依次分配政府公房（见表 7 - 5和表 7 - 6）。

表 7 - 5　政府公房分配评估标准

分配指标	评估内容
支付能力（Affordability）	评价公房申请人用于住房的花费占其收入的百分比，比例越高，支付能力越低
适当性（Adequacy）	对公房申请人现有住房的标准进行评估，测评其性能是否符合居住标准
相配性（Suitability）	对公房申请人的住房需求情况进行评估：申请人的家庭经济情况；住房拥挤情况
可获得性（Accessibility）	评估：申请人用于支付住房费用的缺乏状况；申请人所在地区公房的供应状况
可持续性（Sustainability）	申请人能够满足其租房和获得公共服务设施的能力

资料来源：高乐：《新西兰社会住宅改革及启示》，《第一资源》2013 年第 4 期，第 76—78 页。

表 7 - 6 政府公房的分配等级

等级	状况	具体描述
A	处境危急	此类家庭急需住房保障。家庭目前没有住房或者无法支付住房花费
B	急需住房	此类家庭获得一套适合的住房或者维持一套住房的难度较大
C	一般需求	此类家庭仍然处于弱势状态，会随着时间的推移出现住房不适合的状况
D	低度需求	这类家庭对政府公房要求小或没有要求，可通过自身的力量获得非政府公房

资料来源：高乐：《新西兰社会住宅改革及启示》，《第一资源》2013 年第 4 期，第 76—78 页。

2. 分工明确的行政管理机制

新西兰中央政府的住房保障机制包括四个方面：（1）政府公房的保障由新西兰住房署负责。（2）住房补贴由社会保障部管理和发放。（3）毛利人政府公房的建设与管理，由住房建设部和毛利人社会发展部共同管理。（4）非政府公房的发展，由政府公房分部负责。

3. 政府公房的多元参与模式

改革建立了以中央政府为财政资助，地方政府和社会第三部门共同参与的政府公房的建设与管理模式，例如，惠灵顿、奥兰多与第三部门太平洋组织合作修建的政府公房就进展很顺利。[①]

2010 年新西兰政府公房改革明确了中央政府和地方政府在住房保障中的地位，各部门分工明确，实现了行政资源的优化配置。政府与第三部门的合作确保了政府公房的有效供给。对申请政府公房的家庭的住房状况、收入状况及住房负担能力进行科学的评估，有效地保证了政府公房能分配给最需要的家庭，充分体现了政府公房的公平性。

第五节　家庭福利政策的重建

艾斯平·安德森（1990）把新西兰列入与英国、美国、加拿大一样的自由主义福利国家的行列。因为家庭中养家糊口的人要对家庭的幸福负责，国家的福利制度一般是要经过家庭经济情况审查才能享受福利补贴，而且福利水平不是非常慷慨。尽管，这种分类是有争议的，但 20 世

---

① MBIE, *Social Housing Fund 2011/2012*: *Past Implementation Review*, Final Report, Wellington: Ministry of Business, Innovation & Employment, 2012, p. 17.

纪90年代社会保障改革更加证明了新西兰是自由主义或新自由主义的福利国家。

新西兰家庭收入补助在20世纪初期得到发展，自由主义福利国家为被抛弃的妻子、需要照顾孩子的寡妇母亲提供需要家计调查的津贴。进入20世纪40年代，西方一些福利国家建立了普惠制的儿童津贴，并对失业、生病和受伤的工人发放津贴。新西兰也建立了以家庭经济审查为基础的失业津贴和疾病津贴制度。1938年第一届工党政府颁布了社会保障法。1972年新西兰皇家社会保障调查委员会成功地向新西兰政府施加压力通过了对低收入母亲的法定收入支持的权利，这些低收入母亲如果家里没有男性支持家庭的话，她们不仅要去挣钱养家还要照顾未成年子女。同一时期，澳大利亚和美国对低收入母亲也提供了同样的保障，特别是对需要抚养学龄前儿童的母亲提供国家支持。反过来看，一些民主主义福利国家，如瑞典和丹麦，对低收入母亲给予了更加慷慨的支持，对儿童照顾提供资助，帮助所有家庭处理好就业与家庭的关系。

自20世纪80年代以来，更多的自由主义福利国家修正了家庭福利计划，这也反映了政治利益、社会人口结构变化及福利支出削减的大背景。新西兰国家党政府在1991年削减了社会资助的水平，其中也包括对单身母亲支持的单亲父母津贴项目，如限制申请单亲父母津贴的资格和年龄条件。进入21世纪后，新西兰政府再次调整了家庭福利政策。

一　单亲父母津贴改革

在20世纪90年代，国家党政府削减了对家庭收入支持的津贴项目，把家庭收入津贴与就业结合起来。1999年工党政府上台后继续对单亲父母津贴、遗孀津贴、失业津贴实行与就业挂钩的政策。

2001年学者们专门做了一项针对单亲父母津贴（The Domestic Purposes Benefit，DPB）受益人中的单亲母亲的调研（Baker and Tippin，2004），研究发现某些条件限制了这些单亲母亲的选择。根据报告，个案管理者指导这些单亲母亲去寻找工作，这些得到单亲父母津贴的母亲声称，一些管理者希望她们能接受任何一种工作，而没有考虑到她们的家庭责任。就业的单亲母亲被要求工作更长的时间，或从事收入更高的工作，很多单亲母亲抱怨这是不现实的或不公平的，没有考虑到她家庭的实际情况。①

2002 年工党政府使针对单亲父母津贴（DPB）和遗孀津贴的工作测试计划（Work-Test）更加弹性化，并提升了案例管理的过程。政府要求受益人起草一份关于个人发展和就业的计划，与负责其的个案管理者谈判协商。个案管理者似乎更加重视就业而不是重点关注个人的发展，如果计划没有完成，个案管理者有权减少其收入。这意味着如果个案管理者同意辅导，有学龄期孩子的母亲可以推迟工作。尽管目前的制度非常重视个人的个案管理，但是政府重点是就业而不是家庭的照顾问题。

欧盟一些国家的家庭福利资格条件也被缩紧了，与新西兰相似的是也重点关注就业。澳大利亚自 2003 年改革以来，有 12 岁以下孩子的母亲被要求每年参加关于将来就业期望的面谈。而那些有 13—15 岁孩子的父母被要求寻找非全日制的工作，或者接受就业培训，② 这表明单亲父母津贴项目需要被重新设计。

与美国和加拿大相比，新西兰和澳大利亚的改革似乎无伤大雅，美国和加拿大的单亲母亲如果孩子上学了，她们是无法享有福利支持的，除非特殊的情况，如残疾。美国在 1996 年成为最依赖于福利工作计划的国家，对未成年孩子的家庭资助转为对需要家庭的临时救助项目（TANF），并且资格条件被严格限制了。家庭的临时救助被限制资助年限为 2 年或 5 年，这使得单亲母亲更加依赖于工作。美国的改革也增加了儿童照顾支持和儿童税收减免，但是与欧盟国家相比，美国单亲父母的贫困率是最高的。

二 儿童照管（Child Care）

1990 年国家党政府削减了公共儿童照顾支持，两个孩子以下的儿童补助大大削减了。政府认为父母作为孩子的第一任老师应该对孩子的早期教育负责。③ 这意味着母亲要承担更多的家庭责任，以及更大的就业

---

① Mike O'Brien, *New Zealand*, *New Welfare*, South Melbourne: Cengage Learing Australia Pty. Limited, 2008, p. 72.

② Mike O'Brien, *New Zealand*, *New Welfare*, South Melbourne: Cengage Learing Australia Pty. Limited, 2008, p. 72.

③ S. Kedgely, *Mum's the Work: The Untold Story of Motherhood in New Zealand*, Auckland: Random House, 1996, p. 304.

责任。1998 年，国家党政府加强了对所有福利受益人的工作要求，许诺
3 年投入 3.15 亿新元用于对校外儿童的照顾服务，对低收入家庭的儿童
照顾补助扩大到年龄在 5—13 岁的孩子。

照顾子女的责任成为母亲就业的障碍，1999 年工党政府上台后，为
低收入的无业父母提供 9 个小时的儿童照管补助。如果父母就业、培训、
学习或者生病或残疾，父母还有资格申请每周 30 小时的儿童照管补助。
但是儿童照顾补助的标准较低，不足以支持父母的全日制就业，这反映
了工作与"好母亲"之间的矛盾。

作为工党的为家庭工作计划的一部分，为低收入家庭的学龄前儿童
的照顾补助扩大到每周最多 50 小时，每小时的补助标准是逐步提高的，
补贴标准取决于父母的收入（两个孩子家庭每周最高的收入是 1330 新
元）。然而，这一补助也仅仅覆盖了一小部分家庭。例如，父母的收入每
周低于 770 新元的，补助标准每周由 2004 年的 2.84 新元增至 2006 年的
3.31 新元；但是父母每周的收入为 903 新元的，补助仅仅从 2004 年的
1.10 新元提高到 2006 年的 1.28 新元。①

工党政府于 2007 年 6 月履行了竞选时的许诺，为年龄在 3—4 岁的
孩子的早期教育提供补助，每周 20 小时，最大补助金额是 212 新元，这
低于很多照顾中心的费用（平均费用每周是 200—300 新元）。每天照顾
6 小时，最长的照顾时间是每周 20 小时，儿童照顾时间与父母全日制
就业时间不协调。2003 年欧盟的数据表明，新西兰在儿童照顾和早期
教育的公共花费支出占国民生产总值的比重与欧盟国家相比是最低的。

不像其他自由主义福利国家，新西兰对中等收入家庭既没有补助也
没有儿童照顾费用的税收减免。相比之下，加拿大政府提供了两种类型
的支持：间接的税收减免，州政府对低收入和单亲家庭提供儿童照顾补
助，无需考虑家庭的收入情况。

三　为家庭工作计划（2005—2007 年）

1998 年有大约 10.8% 的家庭仍处于贫困线之下，其中最贫穷的家庭是

---

① Mike O'Brien, *New Zealand*, *New Welfare*, South Melbourne：Cengage Learing Australia
　Pty. Limited，2008，p. 74.

那些需要抚养孩子的低收入家庭和完全依赖福利的家庭。完全依赖福利的家庭的贫困率达 35%，而家庭中有一个就业者的贫困率为 10.2%。抚养未成年子女的低收入家庭的困难状况引起了政府的重视。[1] 2004 年工党出台了为家庭工作。政府计划在 5 年内为中低收入家庭提供收入支持。为家庭工作计划项目包括增加住房补助、增加儿童照管补助、扩大家庭退税补助（Family Tax Credit），这些措施都是通过一个新的项目——在职津贴（In-Work Payment）来实现的。在职津贴与清寒减免津贴相似，其资格条件要求父母满足一定的工作时间。为家庭工作计划体现了政府试图在增加家庭收入和推进家庭从福利走向工作两个目标之间寻求平衡。

（一）　在职津贴（In-Work Payment）

为家庭工作计划的真正目的是重新调整 20 多年来对家庭资助的忽视。儿童退税补助计划提高了第一个孩子的资助标准，从每周 47 新元增至 82 新元，第二个及以后的孩子从 32 新元增至 57 新元。从 2006 年 4 月起，一种新型的更加复杂的所谓支付给工作父母的补助代替了原来儿童退税补助（CTC）项目，这就是在职津贴（In-Work Payment）。在职津贴给予家庭的补助是每周 60 新元，以三个孩子的家庭为标准，如果家庭有四个以上孩子的额外增加 15 新元（也就是超过三个孩子的每个孩子增加 15 新元）。在职津贴面向就业家庭，双亲家庭要求每周工作不低于 30 小时，单亲家庭要求父母一方的工作时间每周不低于 20 小时。

随着在职津贴补助标准的逐步提高和享有在职津贴的家庭数量的不断增加，更多的工薪家庭面临较高的边际税率，按照这个计划，家庭年收入超过 27500 新元的同时享有在职津贴的家庭会减少额外收入的 30%，还要缴纳所得税、意外伤害税，那么家庭的这份额外收入可能遭受损失。例如，如果一个家庭的年收入是 38000 新元，额外收入 1000 新元，它可能失去 330 新元的税，300 新元的清寒减免津贴、在职津贴，100 新元学生贷款，12 新元意外伤害税，仅仅剩下 258 新元。

---

[1]　Michael O'Brien，*Poverty，Policy and The State：The Changing Face of Social Security*，Bristol：The Policy Press，2008，p. 63.

（二）工作优先

为家庭工作项目的第一个目标是增加家庭的收入支持；第二个重要的目标是鼓励中低收入家庭从福利走向工作，推进就业是计划的重点。在职津贴就体现了为家庭工作项目中的两个政策目标：与孩子关联的收入保障和推进工作参与。在职津贴给孩子的照顾者提供工资，这一点与英国的工作退税补贴有着重要的不同，英国的工作退税补贴是与就业相关联的，没有与孩子的照顾相关联。而且，在职津贴与儿童退税补助一样，在计算增加和减少补贴方面非常简便。

在职津贴与原有的儿童退税补助不同的是，它有很明显的推进就业的要求，必须满足每周 30 小时或 20 小时的工作时间要求，那些享有学生津贴、疾病津贴和失业津贴的家庭是无资格再享有在职津贴的。儿童退税补助把意外伤害受益人和养老金领取人排除在外，而意外伤害受益人和养老金领取人有子女的话仍可以申请在职津贴，这也是二者的不同之处。

在职津贴在促进就业上的效果在实践中一直被评估，但是比较难确定的是具体应该支付多少标准的补助才能推进大部分家庭努力去找工作。即使在职津贴确实推进和刺激了就业，也必须要有适合的工作岗位。如果这些情况不具备，那么解决儿童的贫穷问题仍然很不明朗。有资格享有在职津贴的家庭不能再申请其他的津贴项目，对那些只有一个收入者的单亲家庭来说，即使有在职津贴的资助也很难生活下去。

第六节　福利国家改革与公民权利的重构

公民权利是现代社会保障制度确立的重要理论基础，西方发达国家在二战结束后普遍建立起福利国家形态，实现了全社会普遍的社会保障制度。福利国家体现了"一个长期的公民权的演进过程并发展到一定程度所达到的最高峰"。[①]

马歇尔的公民权利理论认为，"任何法定的权利都会与社会福利产生

[①]　安东尼·吉登斯：《第三条道路：社会民主主义的复兴》，郑戈译，北京大学出版社，2000，第 11 页。

必然的具有直接的或间接的性质存在关联，因为权利存在于那些可以带来福利的利益"。① 因此，马歇尔的公民权利指的是享受国家经济福利和保障的安全，从社会权利的内容及历史发展来看，社会保障措施直接对应的正是公民的社会权利。

公民社会权利是指"从某种程度的国家经济福利与安全保障到充分享有国家遗产并依据社会的通用标准享受文明生活的权利等一系列的权利"。② 公民的社会权利不仅是一个社会公平的体现，也为社会保障制度的发展提供了理论上的合理性与正当性。新西兰福利国家形成于 20 世纪 30 年代，在历经了社会保障制度的慷慨发展阶段后，新西兰也遭遇了社会保障制度发展的困境。从新西兰福利国家的发展历程来看，社会保障制度的发展源于公民权利的确立与不断地扩张，因此，社会保障制度的困境不能简单地理解为一场财政危机。

从新西兰社会保障制度的发展历史来看，国家的保障责任与公民社会权利的边界逐渐模糊，20 世纪 80 年代以来新自由主义福利改革对福利津贴的削减构成了对公民社会权利的威胁。公民社会权利的基本思想是公民应该享有一系列的社会权利和服务，不考虑其经济和社会身份，当然这是对公民社会权利意义的简单解释，忽视了不同阶层的公民享有的公民权。然而，新西兰社会保障制度的改革与重建是在政策的推动下，直接或间接减少了公民的社会权利。英国社会学家 T. H. 马歇尔的经典著作《公民身份与社会阶级》中阐述了公民权的概念与内涵，并把公民权的形态分为"积极的公民权"（Active Citizenship）和"消极的公民权"（Passive Citizenship）。积极的公民权与消极的公民权是对应的，消极的公民权是指公民是权利的被动接受者，权利容易堕落成上对下的一种恩赐。在积极的公民权视角下，公民成为"正当需要、社会问题的定义者，是介入者和主动者"。进入 21 世纪后，"第三条道路"的福利理论对福利国家的困境进行了重新思考，新西兰的福利改革倡导积极的公民权，反对消极的公民权。

强调公民的义务已成为新西兰近 30 多年来社会保障制度发展的关键，在不断增长的社会不平等和底层社会贫穷的背景下，重点强调了福利受益

---

① 王小章：《公民视野下的社会保障》，《浙江社会科学》2014 年第 3 期，第 92 页。
② 郭忠华、刘训练：《公民身份与社会阶级》，江苏人民出版社，2007，第 8 页。

人的义务而不是过分强调受益人的权利。不断增长的就业以及对高福利依赖的批评，已经成为新西兰社会保障制度变化及重建的重要特征。新西兰推动社会保障改革的理念已从保障公民免受疾病、老年、贫困等风险发展到提高公民能力的建设，其最终目标是塑造"积极的公民"，强化公民的责任感，通过参与社会，将消极的公民转为积极的公民。

进入 20 世纪 80 年代以来，新自由主义思想在新西兰和盎格鲁－撒克逊国家成为经济和社会政策的主流，也带来了社会保障的重要变化。首先，公民的社会权利受到了限制。在社会保障的时代，这种限制不断增加，主要特征是强调积极的公民权，取代消极的公民权。其次，社会保障和收入支持的门槛必须是以满足工作测试（Work-Test）和工作场所为资格条件，这不仅发生在新西兰，在其他西方国家也是如此。最后，关注劳动力市场的参与率，强调个人和家庭的责任，受益人责任这个字眼在新西兰通常指受益人的就业责任。

一　重构社会保障制度

1938 年《社会保障法》奠定了新西兰社会保障制度的结构。1938 年《社会保障法》的序言中表明了社会保障制度的目标：

> 社会保障法案对所有的新西兰人提供超级养老金和其他津贴，保证新西兰人摆脱疾病、衰老、失业……风险。[①]

公民社会权利思想集中体现在 1938 年《社会保障法》和 1964 年《社会保障法》中，法律赋予了社会保障受益人为享有社会权利的公民。1972 年成立的皇家社会保障调查委员会更进一步强调了公民社会权利的理念，声称社会保障的原则是保障所有人的"参与感和归属感"。皇家社会保障调查委员会要确保每个福利受益人"属于这个社会，并达到整个社会的生活标准"。[②] 而且，皇家社会保障调查委员会的首要原则是

---

① Michael O'Brien, "Welfare Reform in New Zealand: From Citizen to Managed Workers", *Social Policy & Administration*, No. 6, 2013, p. 731.

② Royal Commission on Social Security, *Report on Social Security in New Zealand*, Wellington: Government Printer, 1972, p. 65.

"需求及需求的程度是提供帮助的原则，不考虑其对社会的贡献"。① 换句话说，受益人被赋予受资助的权利是基于他或她的公民权利。

新西兰受新自由主义思潮的影响相比其他西方国家要晚。20 世纪 80 年代初，由于市场的变化及福利的困境，新自由主义思想也影响到了新西兰。新自由主义思想仅仅把公民的社会权利限定在私人领域内，反对国家干预，强调个人的责任，主张建立有选择性的福利制度。新自由主义成为福利国家摆脱福利危机的理论依据。

在新自由主义的福利观念下，市场和家庭在消除贫穷中居于优先地位，当市场无法发挥其作用时，国家的社会保障才介入。重点强调个人的权利与义务，对所有社会福利申请人来说，就业是获得津贴的基本要求，也成为社会保障的基本原则。因此，社会保障的津贴结构也发生了变化，表 7-7 是失业者、病人、残疾人及单亲父母申请福利金的条件，从中可以看出，对失业者来说，工作要求是其获得失业津贴的条件，这是成立于 2010 年的福利工作组（Welfare Working Group，WWG）的建议和要求。在福利工作者看来，现行的津贴制度制造了福利的依赖者，对受益人就业没有足够的重视。福利工作组认为只有就业才能推进公民更好地健康生活。福利工作组的所有建议和报告的目的都是减少福利依赖，推进就业。

福利工作组建议目前的津贴制度应该被一种统一的津贴所替代，该津贴被命名为寻找工作者支持计划（Job Seeker Support，JSS）。寻找工作者支持计划要求所有的津贴受益人都要去工作。可见，就业和工作激励仍然是社会保障制度改革的重点。

新西兰社会保障制度的改革是把工作放在第一位，帮助受益人去做事，而不是施舍。② 改革重点强调个人的责任，而不是像早期皇家社会保障调查委员会过度强调的公民权利。其把是否参与就业作为领取津贴的条件。

---

① Royal Commission on Social Security, *Report on Social Security in New Zealand*, Wellington: Government Printer, 1972, p. 65.

② Michael O'Brien, "Welfare Reform in New Zealand: From Citizen to Managed Workers", *Social Policy & Administration*, No. 6, 2013, p. 736.

表 7－7　新西兰福利津贴资格的变化

类型	津贴	是否有工作要求	福利工作组建议	工作豁免
失业者	失业津贴	有	寻找工作者支持计划（JSS）	无
病人	疾病津贴	无	寻找工作者支持计划（JSS）	无
残疾人	残疾津贴	无	寻找工作者支持计划（JSS）	因病可中止工作
单亲父母	单亲父母津贴	6 岁以上孩子的父母从事非全日制工作；孩子 18 岁以上的要求从事全日制工作	寻找工作者支持计划（JSS）	寻找工作者支持计划（JSS），适用孩子大于 3 岁的家庭

资料来源：Michael O'Brien，"Welfare Reform in New Zealand：From Citizen to Managed Workers"，*Policy & Administration*，No. 6，2013，p. 734。

1997 年社会保障部召开了一个"超越依赖"的大会，再次强调了减少福利依赖的政策目标。福利工作组给了一个更加明晰的定义，"减少长期依赖福利的人，特别推进单亲父母、病人、残疾人的就业"。福利工作组的重点是推进福利受益人工作，减少津贴的支出。

有偿工作和积极的福利观是第五届工党政府（1999—2008 年）社会保障改革的重点，这反映在工党的为家庭工作计划中，如在职免税计划，要求单亲父母每周工作 20 小时，双亲父母每周 30 小时。为家庭工作计划的重点是阐述社会发展的框架，社会福利的依赖者被看作半个公民，需要被管理，完整的公民是一个独立的能管理自己生活的人。① 旧福利被称为消极的福利，而新福利被称作积极的福利。积极的福利要求把参与就业作为享有社会津贴的条件。公民权被劳动力市场参与所替代，对受益人的管理和监督成为社会保障的重要内容。

二　公民社会权利的重建

艾斯平·安德森（Anderson）和简森（Jensen）把公民权分为三个维度，也就是权利与义务、参与、认同。"权利与义务"指的是马歇尔的传统分类，包括政治权利、社会权利等。而"参与"被称为完整公民

---

① Michael O'Brien，"Welfare Reform in New Zealand：From Citizen to Managed Workers"，*Social Policy & Administration*，No. 6，2013，p. 738.

权的核心部分。按照他们的解释，"完整的公民权是权利被完全履行，也就是社会和政治的参与"。① "认同"被看作"依赖文化、社会信任、社会责任"。这三个维度是构建公民权的重要部分。在他们看来，完整的公民权意味着"完全融入全体公民的政治和社会生活中，不考虑其在劳动力市场中的地位"。② 戴维尔把公民权理解为三个相互联系的主题，即规定、条件和成员。他概括了公民权的本质，"公民权是个人与社会的基本联系，也不排除个人与国家的关系"。③ 个人与国家体现为权利与义务的关系，反映了目前公民权内容的变化，这个变化是经济和劳动力市场环境的变化带来的政治和观念的转变。例如，经济全球化、人口老龄化及家庭结构的变化带来了观念的变化，结果促使社会权利的重点目标是强调工作的权利与义务。利斯特认为"不断增长的失业情况，促使政府把就业与公民的义务联系起来"。④ 她阐述道，"经济、政治和观念的转变引致政府把工作放在优先地位，而降低了照顾的重要性，这导致了要求单亲父母承担起抚养孩子的义务"。⑤ 也就是要求家庭处理好工作与孩子照管的关系。

安德森和简森建立了探讨劳动力市场、福利政策和公民权的框架。这个框架的内容体现在图7-4中。安德森和简森认为全球化用多种方式影响了劳动力市场和福利国家的规则，进而影响了劳动力市场和国家的福利政策。在利斯特看来，"个人公民权利部分是基于他在劳动力市场的地位"。⑥ 利斯特把公民分为外部人（Outsiders）与内部人（Insiders），这个分类基于是否参与劳动力市场。她的论断对新西兰的福利改革影响较大。利斯特观察道，"不少国家已经对公民的社会权利的解释加上更多

① J. Anderson and P. Jensen, *Changing Labours Markets. Welfare Policies and Citizenship*, Bristol: Policy Press, 2002, p. 6.

② J. Anderson and P. Jensen, *Changing Labours Markets. Welfare Policies and Citizenship*, Bristol: Policy Press, 2002, p. 7.

③ P. Dwyer, *Understanding Social Citizenship*, *Themes and Perspectives for Policy and Practice*, Bristol: Policy Press, 2004, p. 9.

④ R. Lister, *Feminst Perspectives*, Basingstoke: Macmillan, 1997, p. 11.

⑤ R. Lister, *Feminst Perspectives*, Basingstoke: Macmillan, 1997, p. 12.

⑥ R. Lister, "Citizenship and Changing Welfare States", In J. Anderson and P. Jensen, *Changing Labours Markets: Welfare Policies and Citizenship*, Bristol: Policy Press, 2002, p. 53.

的条件和附加因素。"①

"第三条道路"思想倡导积极的福利，积极的福利指的是新福利政策，消极的福利是指传统的社会福利政策。积极的福利和消极的福利的划分体现了个人权利与义务的延伸。安德森和简森分析了福利政策和公民权的关系：

> 坚持建立慷慨和普惠社会保障制度的观念认为国家的经济保障能使失业者成为社会的一部分，能增强他们参与社会和政治生活的能力。而提倡积极的福利思想的观念趋向于认为就业是成为社会一部分的前提。②

积极的福利和消极的福利的分类反映在了社会保障政策的变化上。积极的福利思想强调承担义务才能获得权利，即"无义务则无权利"，其实质是要求社会成员分担部分义务，不能仅仅依靠国家。积极的福利思想进一步调整了国家与公民之间的权利与义务关系。很明显，新西兰社会保障制度的改革也体现了从消极的福利向积极的福利的转型，完全符合图7-4中涉及的劳动力市场、福利政策和公民权的关系。

公民的社会权利被劳动力市场的参与所取代，对福利受益人的管理和监督成为社会保障的重要内容。尽管改革也导致贫穷的加深，把福利受益人看作外部人，看作需要管理的懒惰的公民。这与新西兰半个多世纪以来倡导的通过福利提升公民的"参与感和归属感"的福利思想是完全相反的，改革使福利受益人成为"半个公民"。

福利改革的重大影响是导致儿童的贫困。相关数据显示，21%的孩子生活在贫困线以下，生活在父母没有就业家庭的孩子的贫困率是父母就业家庭的6—7倍。儿童的贫困问题成了政府关注的重点，主要是基于以下三点原因：首先，预防贫困，特别是儿童的贫困问题是社会保障制度的主要任务，孩子代表着国家的未来希望。其次，从新西兰的历史来

---

① R. Lister, *Citizenship and Changing Welfare States*, In J. Anderson and P. Jensen, *Changing Labours Markets: Welfare Policies and Citizenship*, Bristol: Policy Press, p. 53.

② J. Anderson and P. Jensen, *Changing Labours Markets: Welfare Policies and Citizenship*, Bristol: Policy Press, 2002, p. 5.

看，儿童的贫困率一直是比较低的。最后，儿童无法自己来决定自身的生活变化、富裕和机会，他们完全依赖于其他人的照管和保障。

更为关键的问题是，儿童贫困的加深是公民社会权利降低的结果，也代表了福利改革的失败，也就是说没有阻止贫困。安德森抓住了工作与贫困的关系，他认为："经济保障决定了幸福指数和公民的社会参与度，这比就业更加重要，那些贫穷的人及他们的子女也是没有力量挑战社会主流政治和观念的。"[①]

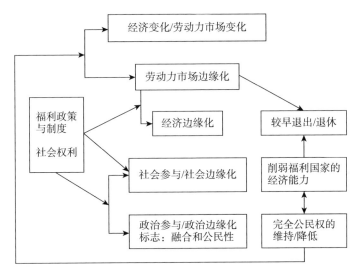

图7-4 劳动力市场、福利政策及公民权关系的变化

资料来源：J. Anderson and P. Jensen, *Changing Labours Markets: Welfare Policies and Citizenship*, Bristol: Policy Press, 2002, p. 3。

小 结

福利国家包括一系列功能，解决社会问题及消除贫困。社会保障制度确保了社会能够提供健康和充足的劳动者，确保了资本主义生产的稳定性。然而，资本主义经济对社会保障制度的提供也是不断变化的，是不稳定的，如1945—1973年是资本主义经济发展的鼎盛时期，也是福利

---

① J. Anderson and P. Jensen, *Changing Labours Markets: Welfare Policies and Citizenship*, Bristol: Policy Press, 2002, p. 76.

国家的确立时期。而从 1974 年后至今，资本主义社会处于长期的经济滞胀。在经济发展繁盛时期，政府容易通过提高税收收入来为社会保障提供充足的资金支持，而在经济滞涨时期，为社会保障制度提供保障的能力就必然会降低。

由于每个国家的历史、政治及文化的差异，实施"第三条道路"的路径也是千差万别的，新西兰政府用"第三条道路"理论来指导社会保障制度的改革，目标是实现社会发展和社会投资。其社会保障政策调整的重点是工作优先，实现从消极的福利向积极的福利的转变，从单纯的福利保障向以工作保障为重点的转型，对国家、市场、公民三者之间关系的调整形成了对公民社会权利的重构。

同时，我们也应该看到，工党政府和国家党政府的社会保障政策改革是通过工作优先的政策来试图战胜人们的福利依赖，新的社会保障机制仍然是把工作作为解决福利危机和社会贫困问题的办法。工作就一定能带来足够的薪水，过上富足的生活，减轻福利依赖吗？显然，答案是不确定的。工作优先的福利政策的前提严重取决于国家的经济政策和经济增长。如果经济持续增长，就业机会就会增多，工作优先就会取得成功，反之亦然。因此，社会保障制度必须有足够的弹性，才能确保受益人失去工作时而不需要等待过长时间获得津贴。

新西兰社会保障制度的调整遵循"第三条道理"理论，强调了受益人的权利和义务的平衡，在现实的社会保障政策手段上，主要是通过限制各类福利津贴的资格范围和津贴给付标准来实现的，实质上是更多地强调个人对社会的义务，而忽略对个人权利的保障。从这一点来看，对社会保障制度的调整并没有有效地矫正新自由主义福利改革所导致的社会失衡问题。

新西兰社会保障制度与欧盟国家一样也面临国际国内的压力，受全球化、人口老龄化、就业状况等因素的影响，政治上的当务之急是减少对受益者的资助，减少福利资助的同时需要更加注意贫困问题，特别是儿童的贫困问题。解决的办法也不是唯一的，政策目标是发挥每个人的潜能：鼓励、引导、推动每个人努力工作；对有孩子的家庭进行福利投资来减少贫困；提高每个家庭的生活水平；提供实物援助，补偿代际的不平等。

　　政治家们不得不在直接的贫困救济和解决长期福利依赖措施方面做出一个艰难的选择，这意味着很多福利受益人与他们的孩子获得的并不多。工资收入与社会福利津贴之间的差距逐渐拉大，公民对获取社会保障的资格和社会权利的期望没有得到满足，获得福利资助的权利从属于经济发展的目标。

结　语

　　1938 年《社会保障法》明确了国家满足个人需求的责任，尽管社会保障无法改变人们生活机会上的巨大差异，但是它对人们生活中可能遇到的最坏情况给予防范和保护，比私人慈善机构所能提供的保障更有尊严、更有规律和更负责任。自《社会保障法》颁布以来，成千上万的新西兰人获得了喘息的空间和安全感。

　　从社会保障制度建立开始，社会保障就推进了整个社会权利的共享和平等公民权的意识，来自所有工薪阶层的缴税又以福利的方式重新分配给有需要的工薪阶层和非工薪阶层（不考虑其社会贡献大小），这是新西兰社会保障制度有别于其他国家的地方，使贫穷的或没有工作的国民获得了尊严和制度的保护。拒绝建立社会保险模式是新西兰社会保障制度最重要的特征之一，在社会保障需求较高的年代，这种模式面临的最大挑战之一是不仅要维持社会保障的充分性，而且要确保受益人的尊严。

　　1938 年《社会保障法》没有赋予毛利人与白人同等的社会保障权，第二次世界大战成为改变的分水岭，毛利人对战争和社会的贡献使他们赢得了与白人同等的社会保障权。社会保障制度的最初设计者只考虑到男性职场上的风险，而没有关注女性的不利地位，女性在经济上依赖男性的薪水，当丈夫吝啬、不可靠或离家出走时，女性的生活就得不到保障。女性的不安全感很少引起社会的关注，社会更多关注的是男性失业问题，1946 年单亲父母津贴的设立成为确保母亲获得稳定收入的转折点。

　　社会保障决策总会受到一些特别压力的影响，强大的政治人物、强大的压力团体、每个时代的主流风气、个人的诉求、政府的需求等都在争相引起关注，而且总是难以平衡和评估彼此的需求和权利。重新评估社会保障的方向和规划的努力往往也是失败的。在 1938 年，认为男性面临生存风险的观念和政府急于建立一个全民健康和养老体系的想法主导了工党政府的计划，这意味着其他的需求被忽视了。1972 年皇家社会保障调查委员会关于养老金的建议被工党和国家党的新计划抛在一边。1984 年和 1991 年削减超级养老金的目标也屡屡受挫。1996 年的竞选使政党之间展开了广泛的竞争，为了赢得选民的支持，社会保障计划也只能服务于竞选的目标，新西兰社会保障制度像西方一些国家一样，成为各种传统和压力拼凑的结果。

自社会保障制度建立开始，对社会保障成本的担忧就一直存在，在社会保障的设计者、政界人士、公众看来，社会保障支出数字总是增长太快。在社会保障制度发展的一个多世纪里，每一项新福利的设立都为其他福利的产生开创了先例：从供养孩子的寡妇福利发展到对无需供养孩子的父母福利，从残疾人福利到病人福利，从为贫困家庭提供的家庭津贴到为所有人提供的家庭福利，从对单亲父母的支持到对双亲家庭的帮助。从新西兰社会保障制度最近 30 多年来的改革看，尽管看上去改革幅度较大，但是能否扭转一个多世纪以来社会保障支出不断上升，预期不断扩大的趋势目前仍然不清楚。

纵观新西兰社会保障史，老年人是获得最多的群体，社会总认为老年人遭受的苦难最多，是最值得尊敬的群体。1898 年《老龄养老金法案》把老年人的收入需求和权利置于其他群体的需求之前，20 世纪 30 年代，老龄津贴和超级养老金的实践一直主导了整个社会保障计划，20 世纪 70 年代超级养老金达到了慷慨的水平。

相比之下，新西兰社会保障制度在对家庭的支持上承担的责任较少，20 世纪 40 年代的高标准普惠子女津贴也仅仅存在了很短的时间，对家庭缺少直接帮助的部分原因是充分就业带给了所有家庭足够的收入，家庭似乎都是富足的。但是在二战结束后的十几年中，也有少部分单亲母亲家庭非常贫穷并且没有得到同情和支持，主要是由政府坚持男性对家庭承担养家糊口责任的观念造成的，女性不得不独自承担家庭责任。即使单亲父母津贴改善了她们的状况，但是家庭也没有像老年人群体那样得到国家社会保障的有力支持。有趣的是，这些家庭并没有要求国家给予支持，贫困女性和家庭也没有作为一个阶层进行游说，如果游说的话可能会与老年公民的竞选投票相抗衡。

从 1898 年老龄养老金制度实施以来，争夺社会保障资源的矛盾就一直存在，老人和年轻人、白人和毛利人，谁应该优先得到社会保障的支持呢？如果人人都能得到，那么权利意识和国家精神就能得到维护。如果把钱花在富人和中产阶层身上可能就显得不得体、不合逻辑。如果中产阶层选择其他途径的支持或者选择保险服务，那么集体精神就会枯萎，社会保障体系就会变成穷人的特权。解决各类社会群体需求的拉锯战，在同情和谨慎之间选择平衡仍然是困难的。

新西兰社会保障制度面临与其他经合组织国家一系列相同的压力，例如人口老龄化和全球化的影响、提高劳动力参与率的必要性、减少受益人人数的政治必要性，以及对贫困（尤其是儿童贫困）的担忧。进入21世纪以来，新西兰社会保障制度采用了社会发展和社会投资的改革框架，该框架建立在从消极的劳动力市场政策向积极的劳动力市场政策转变的基础上，重点是从单一工作优先政策转变为克服福利依赖和可能依赖的代际传递。尽管社会发展和社会投资框架仍然把工作视为控制社会保障支出和促进经济发展的方法，但它提供了一种解决贫困根源的积极机制，而不是一种暂时的办法。公民、国家和公民权利的性质和责任的变化在一定程度上也反映了社会保障向社会发展、社会投资、工作优先转变。

作为发达的工业化国家，新西兰社会保障制度历史悠久，发展完备，是世界上继德国、冰岛、芬兰后第四个较早为老年人建立养老金的国家，1938年建成世界上第一个福利国家，成为世界福利国家的先驱。在新西兰社会保障制度的百年探索中，形成了独具特色的社会保障模式，养老金、医疗费及家庭福利津贴的资金都是来自税收收入，没有像其他国家一样采用社会保险模式。建立在非缴费基础上的超级养老金制度不仅解决了老年人的贫困问题而且财政压力很小，100多年的公共住房保障经验，世界上第一个无责任补偿原则的工伤保险制度的建立，等等，这些都是值得我们借鉴的。

正如马克思所说的："历史的最终结果总是从许多单个意志的相互冲突中产生的，而这个结果又可以被看作一个作为整体的、不自觉地和不自主地起着作用的力量的产物。"[①] 新西兰社会保障制度的发展变迁是众多因素交互作用的结果，而每一次的发展都体现了时代的进步意义，正是在不断地变迁过程中，新西兰社会保障制度不断完善和发展。

---

① 《马克思恩格斯全集》（第4卷），人民出版社，1995，第697页。

参考文献

中文文献

安东尼·吉登斯：《第三条道路：社会民主主义的复兴》，郑戈译，北京大学出版社，2000。

蒂特马斯：《社会政策十讲》，江绍康译，（香港）商务印书馆，1991。

曹宇轩：《从新西兰事故赔偿计划看严格责任走向何处》，对外经贸大学硕士学位论文，2006。

菲利帕·梅因·史密斯：《新西兰史》，傅强译，商务印书馆，2009。

高乐：《新西兰社会住宅改革及启示》，《第一资源》2013年第4期。

郭忠华、刘训练：《公民身份与社会阶级》，江苏人民出版社，2007。

哥斯塔·埃斯平－安德森：《福利资本主义的三个世界》，苗正民、滕玉英译，商务印书馆，2010。

李满奎：《新西兰工伤保险制度及对我国的启示》，《财经科学》2012年第7期。

李倩倩：《新西兰私人养老储蓄计划评估对我国的启示》，《现代经济探讨》2015年第12期。

焦培欣：《新西兰：公共年金的潮起潮落》，《中国社会保障》2012年第1期。

约翰·格雷：《伪黎明：全球资本主义的幻象》，中信出版社，2011。

王小章：《公民视野下的社会保障》，《浙江社会科学》2007年第3期。

孙英华：《新西兰医疗保健制度改革反思》，《国外医学》1995年第4期。

石蕾：《浅析新西兰统一养老金》，《经济》2010年第10期。

于环：《新西兰超级年金："一枝独秀"的养老保障模式》，《中国财政》2016年第2期。

余章宝、郭静平：《新西兰福利制度之父：蓝领总理塞登》，厦门大学新西兰研究中心工作论文，2015。

张跃松、肖雪：《新西兰公共住房实践：创新与启示》，《工程管理学报》 2015 年第 4 期。

英文文献

一　著作

Anderson, J. and P. Jensen, *Changing Labours Markets: Welfare Policies and Citizenship*, Bristol: Policy Press, 2002.

Ashton, Toni and Susan John, *Superannuation in New Zealand: Averting the Crisis*, Wellington: Victoria University Press, 1988.

Barbara, Fill, Seddon's *State Houses: The Workers' Dellings Act 1905*, New Zealand Historic Places Trust, 1999.

Bassett, Michael, *The State in New Zealand 1840 – 1984: Socialism without Doctrines?* Auckland: Auckland University Press, 1998.

Baten, J. , *A History of the Global Economy from 1500 to the Present*, Cambridge University Press, 2016.

Beaglehole, Ann, *Benefiting Women: Income Support for Women, 1893 – 1993*, Wellington: Wellington University Press, 1993.

Bolger, James, *Economic and Social Initiavive-December 1990: Statements tp the House of Representatives*, Wellington: Government Print, 1990.

Boston, J. and P. Dalziel, *The Decent Society? Essays in Response to National's Economic and Social Policies*, Auckland: Oxford University Press, 1992.

Boston, J. , *Redesigning the Welfare State in New Zealand: Problems, Policies, Prospects*, Auckland: Oxford University Press, 1999.

Chapman, R. , *Ends and Means in New Zealand Politics*, Auckland: Auckland University Press, 1979.

Castle, F. G. , *The Workling Class and Welfare: Welfare in Australia and New Zealand, Wellington*: Alen & Unwin, 1985.

Condliffe, J. B., *The Welfare State in New Zealand*, Unwind: Unwind Brothers Limited, 1959.

Cox, Shelagh, *Public and Private Worlds*: *Women in Contemporary New Zealand*, Wellington: Shoal Bay Press, 1987.

Dalley, Bronwyn and Margaret Tennant, *Past Judgement*: *Social Policy in New Zealand History*, Dunedin: Otago University Press, 2004.

Dalziel, P., *The New Zealand Macroeconomy*: *A Briefing on the Reform*, Bristol: The Policy Press, 1999.

Davidson, Alex, *Two Models of Welfare-The Origins and Development of the Welfare State inSweden and New Zealand*, *1888 – 1988*, Uppsala: Uppsala University Press, 1989.

Dwyer, P., *Understanding Social Citizenship*, *Themes and Perspectives for Policy and Practice*, Bristol: Policy Press, 2004.

Easton, Brian, *Pragmatism and Progress*: *Social Security in the Seventies*, Christchurch: University of Canterbury, 1981.

Elizabeth, Hanson, *The Politics of Social Security*: *The 1938 Act and Some Later Developments*, Auckland: Auckland University Press, 1980.

Geoffrey, Palmer, *The Welfare State Today*: *Social Welfare Policy in New Zealand in the Seventies*, Wellington, 1977.

Giddens, A., *The Global Third Way*: *The Renewal of Social Democracy*, Cambridge: The Policy Press, 1998.

Gilbert, Neil, *Targeting Social Benefits*: *International Perspectives & Trends*, New Brunswick/London: Transaction Publishers, 2001.

Goodin, Robert E., *Reasons for Welfare*: *The Political Theory of the Welfare State*, Princeton: Princeton University Press, 1988.

Goodin, Robert E. and Julian Le Grand (eds.), *Not Only the Poor*: *The Middle Classes and the Welfare State*, London: Allen & Unwin, 1987.

Gustafson, Barry, *Labour's Path to Political Independence*: *The Origins and Establishment of the New Zealand Labour Party*, *1900 – 1919*, Auckland, 1980.

Gustafson, Barry, *From the Cradle to the Grave*: *A Biography of Michael Jo-*

seph Savage, Auckland: Reed Methuen, 1986.

Gutmann, Amy (ed.), *Democracy and the Welfare State*, Princeton: Princeton University Press, 1988.

Hawke, G. R., *The Making of New Zeanland: An Economic History*, Cambridge: Cambridge University Press, 1985.

Himmelfard, Gertrude, *Poverty and Compassion: The Moral Imagination of the Late Victorians*, New York: Alfred Knopf, 1991.

Holland, Martin and Jonathan Boston, *The Fourth Labour Government*, *Politics in New Zealand*, *Second Edition*, Auckland: OxfordUniversity Press, 1990.

Jensen, P., *Changing LaboursMarkets. Welfare Policies and Citizenship*, Anderson, Bristol: Policy Press. 2002.

Jesson, B., *Fragments of Labour: The Story behind the Fourth Labour Government*, Auckland: Penguin, 1989.

Kelsey, J., *At the Crossroads*, Wellington: Bridget Williams Books, 2002.

King, Michael, *The Penguin History of New Zealand*, North Shore, N. Z.: Penguin Books, 2005.

Knutson, David, *Welfare Reform in New Zealand: Moving to a Work-based Welfare System*, The Sponsors of the Ian Axford New Zealand Fellowship in Public Policy Wellington, 2005.

Lister, R., *Citizenship-Feminst Perspectives*, Basingstoke: Macmillan, 1997.

McClure, Margaret, *A Civilised Community: A History of Social Security in New Zealand 1898 – 1998*, Auckland: Auckland University Press, 2008.

Miller, Raymond, *New Zealand Politics in Transition*, Auckland: Oxford University Press, 1997.

O'Brien, Michael, *Poverty, Policy, and the State: The Changing Face of Social Security*, Bristol: The Policy Press, 2008.

O'Brien, Mike, *New Zealand New Welfare*, Cengage Learning Australia Pty. Limited, 2008.

O'Brien, M. and C. Wilkes, *the Tragedy of the Market: A Social Experiment in New Zealand*, Palmerston North: The Dunmore Pess, 1993.

Oliver, W. H. and B. R. Williams (eds), *The Oxford History of New Zeal-*

and, Auckland, Wellington: Oxford University Press, 1981.

Palmer, Geoffrey, *The Welfare State Today*: *Social Welfare Policy in New Zealand in the Seventies*, Wellington: Fourth Estate Books, 1977.

Richardson, R. and W. F. Birch, *Economic and Social Initiative-December 1990*: *Statements to the House of Representatives*, Wellington: Government Print, 1990.

Ronald, Mendelsohn, *Social Security in British Commonwealth*: *Great Britain, Canada, Australia, New Zealand*, London: Athlone Mendelsohn, 1974.

Roper, B. S. , *Prosperity for All? Economic, Social and Political Change in New Zealand since 1935*, Melbourne: Thomson, *2005*.

Rudd, M. , *State and Economy in New Zealand*, Auckland: Oxford University Press, *1993*.

Shipley, J. , *Social Assistance*: *Welfare That Works*, Wellington: GP Print, *1991*.

Scott, K. J. , *Welfare in New Zealand*, Wellington: Allen & Unwin, *1975*.

Smithin, J. , *Macroeconomic after Thatcher and Reagan*, Aldershot: Edward Elgar, *1990*.

Simpson, T. , *The Road to Erewhon*: *A Social History of the Formative Years in New Zealand, 1890 – 1976*, Auckland: Beax Arts, 1976.

Sinclair, Keinth, *A History of New Zealand*, Auckland: Auckland University Press, 1991.

Sutch, W. B. , *The Quest for Security in New Zealand, 1840 to 1966*, Wellington: Oxford University Press, 1976.

Thane, Pat. , *Foundations of the Welfare State*, London: Longman, 1982.

Tennant, Margaret, *Pauper and Providers*: *Chairtable Aid in New Zealand*, Wellington: Allen & Unwin, 1989.

Tennant, Margaret (eds.), *Women in History*, Wellington: Oxford University Press (NZ), 1992.

Tennant, Margaret, *The Fabric of Welfare*: *Voluntary Organisations, Government and Welfare in New Zealand*, Wellington: Bridget Williams Books, 2007.

Thomson, David, *A World without Welfare: New Zealand's Colonial Experiment*, Auckland: Auckland University Press, 1998.

Thorn, James, *Peter Fraser: New Zealand's Wartime Prime Minister*, London: Odhams, 1982.

Wilson, M., *Growth in Numbers of Sickness and Invalid's Benefit Recipients 1993 – 2002*, Wellington: Ministry of Social Developent, 2005.

二 论文

Alston, Andrew, "State Housing in New Zealand", *Alternational Law Journal*, Dec., 1998.

Ashton, Toni, "From Evolution to Revolution: Restructuring the New Zealand Health System", *Healthcare Analysis*, No. 6, 1993.

Claudia, D. Seott, "Reform of the New Zealand Health Care System", *Health Policy*, No. 29, 1994.

Colleen, M. Floof, "Prospects for New Zealand's Reformed Health System", *Health System*, No. 87, 1996.

David, C. Thorns, "The Remaking of Housing Policy: The New Zealand Housing Strategy for the 21st Centry", *Housing Finance International*, June, 2006.

George, Gavin M., "Introdution to Healthcarere form in New Zealand", *Health Policy*, No. 29, 1994.

Holmes, Rank, "The Quest for Security Welfare in New Zealand 1938 – 1956", *Policy Studies*, No. 19, 2004.

John, Susan St., "Two Legs Are Better than Three: New Zealand as a Model for Old Age Pensions", A Paper Prepared for the International Research Conference on Social Security, Helsinki, Finland, September 2000.

Keith, Rankin, "New Zealand's Gross National Product: 1859 – 1939", *Review of Income and Wealth*, No. 38, 1992.

Krishnan, V., "Modest but Adequate: An Appriaisal of Changing Household Income Circumstances in New Zealand", *Social Policy of New Zealand*, No. 12, 1995.

Laurence, Murphy, "Reasserting the 'Social' in Social Rented Housing: Politics, Housing Policyand Housing Reforms in New Zealand", *International Journal of Urban and Regional Research*, March 2003.

Lichtenstein, Bronwen, "From Principle to Parsimony: A Critical Analysis of New Zealand's No-Fault Accident Compensation Scheme", *Social Justice Research*, Vol. 12, No. 2, 1999.

Maureen, Molloy, "Science, Myth and the Adolescent Female", *Women's Studies Journal*, Vol. 9, No. , I, 1993.

MBIE, "Social Housing Fund 2011/2012: Past Implementation Review", Final Report, Wellington: Ministry of Business, Innovation & Employment, 2012.

Murphy, L. , "To the Market and Back: Housing Policy and State Housing in New Zealand", *GeoJournal*, No. 59, 2003.

O'Brien, Michael. , "Welfare Reform in New Zealand: From Citizen to Managed Worker's", *Social Policy & Administration*, No. 6, 2013.

Strang, J. T. , "Welfare in Transition: Reform's Income Support Policy", 1912 – 1928, MA Thesis, Victoria University of Wellington, 1992.

Thorns, D. , "Housing Policy in the 1990s: New Zealand a Decade of Change", *Housing Studies*, Vol. 15, No. 1, 2000.

Waldergrave, S. , "Allocating Housing Assistance Equitably: A Comparison of in-kind Versus Cash Subsidies in New Zealand", *Social Policy Journal of New Zealand*, No. 18, 2005.

Whyte, Gaynor, "Old-Age Pension in New Zealand, 1898 – 1939," MA Thesis, Massey University, 1993.

三　政府文件

CHRAZH, *Affordable Housing in New Zealand*, Wellington: Centre for Housing Research, Aotearna New Zealand, 2006.

Department of Social Welfare, *Statistical Information Report*, Wellington: Department of Social Welfare, 1993.

Ministry of Social Development, *The Statistical Report 2009*.

Ministry of Social Development, *The Statistical Report 2012.*

Ministry of Social Development, *The Statistical Report*: *For the Year End June 2002*, Wellington: Ministry of Social Development, 2002.

New Zealand Treasury, *Government Management*: *Brief to the Incoming Government 1987*, Vol. I, Wellington: New Zealand Treasury, 1987.

New Zealand Treasury, *Govement Management*: *Brief to the Incoming Government*, Wellington: Government Printer, 1987.

NZPC (New Zealand Planning Council), *The Welfare State? Social Policy in the 1980s*, NZPC, Wellington: New Zealand Planning Council, 1979.

NZ Department of Social Welfare, *Statistical Information Report* 1994.

NZ Department of Social Welfare, *Statistical Information Report* 1995.

NZ Department of Social Welfare, *Statistical Information Report* 1996.

NZ Department of Social Welfare, *Statistical Information Report* 1997.

NZ Parliamentary Library, *Welfare Benefits Trends in New Zealand*, 3, 2000.

HNZC, *Brief for the Minister of Housing*, Welling: Housing New Zealand Corporation, 2011.

Housing Shareholders Advisory Group, *Home and Housed – A Vision for Social Housing in New Zealand*, HSA Group Research Report, 2010.

Royal Commission of Inquiry into Social Security, *Social Security in New Zealand*: *Report of Royal Commission of Inquiry*, Wellington, 1972.

Social Securty Department, *The Growth and Development of Social Security in New Zealand*: *A Survey of Social Secirity in New Zealand from 1898 to 1949*, Wellington, 1950.

The Royal Commission of Inquiry into Social Security, *Social Security in New Zealand*: *Report of Royal Commission of Inquiry*, Appendix IIA, Wellington, 1972.

Task Force on Private Provision for Retirement, *Private Provision for Retirement*: *The Way Forward*, Wellington, 1992.

World Bank, *World Development Report 1994*: *Infrsructure for Development*, Oxford University Press, 1994.

后 记

时光飞逝，经过两年多时间的研究和写作，国家社会科学基金后期资助项目《新西兰社会保障制度》已经结项，即将付梓。回首走过的短短两年多时间，在完全个人研究兴趣的驱动下，亲历了课题研究的每一步过程：提出问题，发现问题，制定研究大纲，搜集资料、阅读分析资料……在这个过程中，困惑过，甚至产生过放弃的念头，但更多的是从中收获的坚持、惊喜和锻炼。

外国问题研究最重要的是搜集国外的文献，没有文献资料，一切的研究将无从谈起。在这里要特别感谢山东省实验中学高二创新班的彭禹森同学，彭禹森同学在 2019 年暑期利用去北京游学的机会，到国家图书馆查阅了与课题相关的资料，*A World without Welfare: New Zealand's Colonial Experiment*，*New Zealand New Welfare*，*To the Market and Back: Housing Policy and State Housing in New Zealand*，这三本英文资料补充了课题研究内容的不足。彭禹森同学还利用假期阅读了部分英文资料，整理出了近 1 万字的读书笔记，帮助我补充了第四章、第六章和第七章的新西兰政府公房制度的部分内容。

衷心感谢社会科学文献出版社，感谢责任编辑宋浩敏老师为本书的出版提供的帮助。

张晓霞

2021 年 3 月 22 日于济南

图书在版编目（CIP）数据

新西兰社会保障制度／张晓霞著. －－北京：社会
科学文献出版社，2021.7
国家社科基金后期资助项目
ISBN 978 - 7 - 5201 - 8617 - 9

Ⅰ.①新…　Ⅱ.①张…　Ⅲ.①社会保障制度 - 研究 -
新西兰　Ⅳ.①D761.27

中国版本图书馆 CIP 数据核字（2021）第 126675 号

国家社科基金后期资助项目
新西兰社会保障制度

著　　者／张晓霞

出 版 人／王利民
责任编辑／宋浩敏

出　　版／社会科学文献出版社·国别区域分社（010）59367078
　　　　　　地址：北京市北三环中路甲29号院华龙大厦　邮编：100029
　　　　　　网址：www.ssap.com.cn
发　　行／市场营销中心（010）59367081　59367083
印　　装／三河市龙林印务有限公司

规　　格／开本：787mm × 1092mm　1/16
　　　　　　印张：14.75　字数：231 千字
版　　次／2021 年 7 月第 1 版　2021 年 7 月第 1 次印刷
书　　号／ISBN 978 - 7 - 5201 - 8617 - 9
定　　价／98.00 元

本书如有印装质量问题，请与读者服务中心（010 - 59367028）联系